일제의
식민교육과
학생의
나날들—

일제의 식민교육과 학생의 나날들

한국 근현대 학교 풍경과 학생의 일상 03

초판 1쇄 인쇄 2018년 8월 10일 \ **초판 1쇄 발행** 2018년 8월 15일
지은이 최규진 \ **펴낸이** 이영선 \ **편집 이사** 강영선 김선정 \ **주간** 김문정
편집장 임경훈 \ **편집** 김종훈 이현정 \ **디자인** 김회량 정경아
독자본부 김일신 김진규 김연수 정혜영 박정래 손미경 김동욱

펴낸곳 서해문집 \ **출판등록** 1989년 3월 16일(제406-2005-000047호)
주소 경기도 파주시 광인사길 217(파주출판도시) \ **전화** (031)955-7470 \ **팩스** (031)955-7469
홈페이지 www.booksea.co.kr \ **이메일** shmj21@hanmail.net

최규진 © 2018
ISBN 978-89-7483-949-9 94910
ISBN 978-89-7483-896-6 (세트)
값 23,000원

이 도서의 국립중앙도서관 출판예정도서목록(CIP)은 서지정보유통지원시스템 홈페이지(http://seoji.nl.go.kr)와
국가자료공동목록시스템(http://www.nl.go.kr/kolisnet)에서 이용하실 수 있습니다.(CIP제어번호: CIP2018024799)

이 저서는 2013년 대한민국 교육부와 한국학중앙연구원(한국학진흥사업단)의
한국학총서 사업의 지원을 받아 수행된 연구임(AKS-2013-KSS-1230003)

進賢
한국학

한국 근현대
학교 풍경과
학생의 일상
03

최규진
지음

일제의
식민교육과
학생의
나날들—

서해문집

오늘날 한국의 교육은 1876년 국교 확대 이전 전통시대 교육과는 판이하다. 19세기 후반부터 오늘날에 이르기까지 일본을 거치거나 직접 들어온 서구의 교육이 미친 영향이 적지 않기 때문이다.

이러한 교육은 한국인의 물질적 생활방식을 바꾸었을 뿐더러 가치관마저 송두리째 바꿨다. 그것은 오늘날 학교의 풍경과 학생들의 일상생활에서 엿볼 수 있다. 매일 일정한 시각에 등교해 교사의 주도로 학년마다 서로 다르게 표준화된 교과서를 학습하고 입시를 준비하거나 취직에 필요한 역량을 키운다. 또한 복장과 용모 지도에서 볼 수 있듯이 여전히 남아 있는 일제 잔재와 군사문화의 일부가 학생들의 일상생활을 통제한다.

그러나 한국의 교육은 서구의 교육과는 동일하지 않다. 그것은 단적으로 해방 후 한국교육의 양적 성장에서 잘 드러난다. 초등교육은 물론 중등교육·고등교육의 비약적인 팽창은 세계교육사에서 유례를 찾아볼 수 없을 정도로 엄청난 규모를 보여 준다. 그리하여 이러한 경이적인 팽창은 한국의 경제성장에 기여했을 뿐만 아니라 사회 전반에 걸친 압축적 근대화에 견인차 역할을 수행했다. 아울러 이러한 성장은 직간접적으로 국민들의 의식에도 영향을 미쳐 산업화와 함께 민주화의 동력이 되었다.

그런데 오늘날 한국교육은 급속한 양적 성장을 거친 결과 만만치 않은 과제를 안고 있다. 사회의 양극화와 더불어 교육의 양극화가 극심해져 교육이 계층 이동의 사다리이자 자아실현의 디딤돌이 되기는커녕 사회의 양극화를 부채질하고 학생들의 삶을 황폐화시키고 있다. 고등학생은 물론 초등학생·중학생들도 입시 준비에 온 힘을 기울임으로써 학생은 물론 학부모, 학교, 지역사회의 일상생활이 입시 전쟁에 종속되어 버렸다.

도대체 1876년 국교 확대 이후 한국의 교육에서 어떠한 변화가 일어났기에 오늘날 이러한 현상이 일어났는가. 한국의 교육열은 어디에서 그 기원을 찾아야 하는가. 고학력자의 실업률이 나날이 증가함에도 이른바 학벌주의가 여전히 기승을 부리는 이유는 무엇인가. 그럼에도 야학으로 대표되는 제도권 바깥 교육이 비약적인 경제성장에도 끈질기게 살아남으며 한국교육에서 차지하는 비중이 낮지 않음은 무슨 까닭인가. 또 이러한 비제도권 교육은 한국의 압축적 근대화에 어떻게 영향을 미쳤으며, 비제도권 교육의 양적·질적 변동 속에서 학생들의 일상생활은 어떻게 변화했는가. 그 과정 속에서 학생들은 어떻게 자신의 꿈을 실현했으며, 한편으로는 어떻게 좌절했는가. 아울러 한국의 교육 현상은 유교를 역사적·사상적 기반으로 하는 동아시아 각국의 교육 현상과 어떻게 같고 또 다른가.

이 총서는 이러한 문제의식에서 역사학자·교육학자 10명이 의기투합해 저술한 결과물로서 다음과 같은 점에 중점을 두었다. 먼저 근현대 학교의 풍경과 학생의 일상생활을 공통 소재로 삼아 전통과 근대의 충돌, 일제하 근대성의 착근과 일본화 과정, 해방 후 식민지 유제의 지속과 변용을 구체적으로 고찰함으로써 한국적 근대성의 실체를 구명하고자 했다. 더 나아가 한국의 교육을 동아시아 각국의 근현대교육과 비교하고 연관시킴으로써 상호작용과 반작용을 드러내고 그 의미를 추출하고자 했다.

따라서 이 총서는 기존의 연구 성과를 디딤돌로 삼되 새로운 구성 방식과 방법론에 입각해 다음과 같은 부면에 유의하며 각 권을 구성했다. 첫째, 한국 근현대교육제도의 변천 과정을 통시적으로 고찰하면서 오늘날 한국교육을 형성한 기반에 주목했다. 기존의 한국 근현대 교육사에 대한 저술은 특정 시기·분야에 국한되거나 1~2권 안에 개괄적으로 정리하는 것이 보통이었다. 그러나 이러한 저술은 한국근현대교육의 흐름을 파악하는 데 도움을 줄 수는 있으나 자료에 입각해 통시적이고 종합적으로 이해하기에는 아쉬운 점이 적지 않았다.

특히 대부분의 저술이 초등교육에 국한된 나머지 중등교육과 고등교육, 비제도권 교육에 대한 서술은 매우 소략했다. 그리하여 이 총서에서는 기존 저술의 이러한 한계를 극복하기 위해 일반 대중의 눈높이를 염두에 두면서 초등교육은 물론 중등교육·고등교육을 심도 있게 다루었다. 다만 대중적 학술총서의 취지를 살려 분량을 고려하고 초등교육·중등교육·고등교육 각각의 기원과 의미에 중점을 둔 까닭에 개괄적인 통사 서술 방식에서 벗어나 특정 시기를 중심으로 구체적으로 서술했다.

둘째, 이 총서의 가장 큰 특징은 기존 연구에서 거의 다루지 않은 학생들의 일상을 미시적으로 탐색하면서 한국적 근대의 실체를 구명하는 데 있다. 따라서 이 작업은 교육제도와 교육정책에 치중된 기존 연구 방식에서 벗어나 삶의 총체성이라 할 일상 문제를 교육 영역으로 적극 끌어들였다고 하겠다. 물론 학생의 일상은 교육사 전체에서 개관하면 매우 작은 부분일 수 있다. 그러나 이들 학생의 일상은 국가와 자본, 사회와 경제 같은 거대한 환경에 따라 규정될뿐더러 학생이 이러한 환경과 상호작용하면서 자신의 체험을 내면화함으로써 새로운 세계를 열어가는 기반이라는 점에서 그 의미가 적지 않다. 그리하여 한국 근현대 시기 학생의 일상에 대한 서술은 일상의 사소한 경험이 사회 구조 속에서 빚어지는 모습과 특정한 역사 조건 속에서 인간 삶이 체현되는 과정으로 귀결된다. 나아가 이러한 서술은 오늘날 한국인의 심성을 만들어낸 역사적·사회적 조건을 구명하는 계기를 제공할 것이다. 이에 이 총서는 문화연구 방법론을 활용하기 위해 기존 역사 자료 외에도 문학 작품을 비롯해 미시적인 생활 세계를 담은 구술 채록과 증언 자료, 사진, 삽화 등을 적극 활용했다.

셋째, 이 총서의 마무리 저술에서는 학제 작업의 장점을 살려 일본·타이완과 같은 동아시아 국가의 교육과 비교·연관함으로써 동아시아적 시야 속에서 한국 근현대교육의 위상과 의미를 짚어보고자 했다. 왜냐하면 일본과 타이완, 한국은 유교를 기반으로 하면서도 각각 제국주의와 식민지라는 서로 다른 처지에서 전통과 다르면서도 공히 자본주의 체제를 내면화하면서 급속한 경제성장과 정치적 권위주의의 병존, 1990년대 이후의 민주화 여정에서 볼 수 있듯이 서구와 서로 다른 동아시아적 특색을 구비했기 때문이다. 따라서 동아시아 속에서 비교·연관을 통한 한국교육에 대한 재검토는 이후 한국교육의 방향을 국민국가 차원에서 벗어나 동아시아적·지구적인 차원에서 모색하는 데 중요한 시사점을 제공할 것이다.

그럼에도 이 총서는 기존 연구 성과를 밑거름으로 삼아 집필되었기 때문에 각 권마다 편차를 보인다. 지금에서야 새롭게 주목받기 시작한 일상생활 영역과 오래 전부터 연구돼 온 영역 간의 괴리로 인해 연구 내용과 자료가 시기마다, 학교급마다, 분야마다 균질하지 않기 때문이다. 다만 총서의 취지와 주제를 적극 살리기 위해 이러한 차이를 메우려고 노력했다는 점도 부기하고자 한다. 그리하여 이 총서가 한국 근현대교육사를 한때 학생이었던 독자의 눈과 처지에서 체계적으로 이해할뿐더러 학생의 일상과 교육의 상호작용을 구체적으로 묘사하는 데 중요한 문화 콘텐츠로 활용되기를 기대한다. 또한 이 총서는 총10권으로 방대하지만 독자들이 이러한 방대한 총서를 통해 한국 근현대교육사의 속내를 엿보는 가운데 한국교육의 지나온 발자취를 성찰하면서 오늘날 한국교육이 나아가야 할 방향을 모색하는 데 기꺼이 동참해 주기를 고대한다. 이 자리를 빌려 이 총서를 발간할 수 있도록 지원해 준 한국학중앙연구원 한국학진흥사업단에 감사의 말씀을 드린다.

끝으로 총서 작업을 해오는 과정에서 저자들에 못지않게 교열을 비롯해 사진·삽화의 선정과 배치 등 온갖 궂은일을 도맡아 주신 출판사 편집진의 노고에 감사의 뜻을 표한다. 아울러 독자들의 따뜻한 관심과 차가운 질정을 빈다.

저자들을 대표해 김태웅이 쓰다

머리말

일제가 침략의 손길을 뻗쳐 조선을 강점했다. 식민통치는 아물지 않은 상처와 지우기 힘든 흔적을 남겼다. 역사적 평가와 기억하는 방식을 놓고 지금껏 한·중·일 사이에 '역사전쟁'이 벌어지고 있지만, 식민지 민중에 대한 억압과 수탈을 그 누구인들 부인할 수 있겠는가. 당근과 채찍을 번갈아 쓰든, 아니면 기만책을 쓰든 일제의 지배정책은 늘 제국주의를 유지하기 위한 것이었다. 식민지 경제가 '근대적'인 모습을 띠어서 얼핏 보면 '수탈'처럼 보이지 않더라도 그것은 끝내 '착취'였을 따름이다. 1920년부터 1945년까지의 학교와 학생문화를 다루는 이 책에서 새삼스럽게 왜 이 사실을 다시 들추는가. 일제 식민지배에 알맞은 '인간 만들기', 이것이 식민지 학교의 가장 중요한 특징이기 때문이다.

이 책은 '식민지 근대'를 뿌리내리게 하는 데 중요한 역할을 했던 학교 공간과 학생문화의 여러 측면을 설명하려고 한다. 그러려면 일제의 교육정책이 학교와 학생에게 미친 영향을 주요하게 고려해야만 한다. 일제의 식민정책과 교육정책은 완벽하게 맞물려 있다. 따라서 일제 식민정책의 흐름을 짚어보는 것이 일제의 교육정책을 이해하는 데 도움이 된다.

일제의 지배정책은 몇 단계를 거치면서 바뀌었다. 익히 알듯이 일제는 1910년대에는 무단통치를 했다. '채찍의 시대'였다. 1910년 8월 29일 일제는 강제로 조선을 '병합'한 뒤 통감부를 조선총독부로 바꾸어 식민지 통치기구를 정비해 갔다. 일본 육해군 대장 가운데 임명된 총독은 일본 정부가 아닌 천황의 통제만 받았고 조선에서 행정·입법·사법·군대 사용권에 이르는 모든 권력을 거머쥔 식민지 지배의 절대 권력자였다. 일제는 행정기관과 경찰·사법 등의 억압기구를 구축하고 경제수탈기관뿐만 아니라 교육기관도 식민지 통치에 맞게 개편했다. 1910년대에 일제는 식민지 민중을 폭압의 공포 속으로 몰아넣으며 식민정책을 발 빠르게 관철했다.

3·1운동에 놀란 일제는 무단통치를 '문화정치'로 바꾸고 기만적인 유화정책과 민족분열정책을 펼쳤다. '당근의 시대'가 왔다. 1919년 8월 조선 총독에 임명된 해군대장 사이토 마코토齊藤實는 부임하자마자 치안 유지, 교육 보급과 개선, 산업 개발, 위생 정비, 지방제도 개혁 등을 내걸었다. 그와 함께 악명 높던 헌병경찰제도를 보통경찰제로

바꾸고 언론·출판·집회·결사의 자유를 일부 허용했다. 그러나 보통 경찰제도라 할지라도 일제는 조선인을 더욱 촘촘하게 감시하고 억압했으며, 〈치안유지법〉을 만들어 민족해방운동을 탄압했다. 언론·출판·집회도 일제의 지배를 인정한 위에서만 '자유'를 누릴 수 있었다.

1929년 세계대공황이 닥쳐왔다. 세계자본주의 중심국인 미국에서 시작된 대공황은 후발 자본주의 국가인 일본에도 큰 영향을 미쳤다. 공황의 여파로 위기가 깊어진 일본 독점자본은 일본·조선·만주 블록체제를 만들어 공황에서 벗어나려 했다. 1931년 만주사변을 일으키고 뒤이어 1937년 중일전쟁과 1941년 태평양전쟁을 일으켰다. 전쟁의 소용돌이 속에서 일제는 억압기구를 강화하고 사상을 통제하면서 지방자치와 농촌진흥운동 등의 체제안정책을 실시했다. 일제는 중일전쟁 뒤부터 본격적인 전시체제로 들어서면서 조선인을 '황국신민'으로 만들려는 황국신민화정책을 적극 펼쳤다. 일제는 민족해방운동을 탄압하고 민중생활을 통제하는 것만으로는 마음을 놓을 수 없었기 때문에 조선인의 민족의식을 뿌리 뽑아 식민지 노예로 만들려고 했다.

세계사 차원에서도 1930년대는 독특했다. '전쟁과 혁명의 시대'라고도 부른다. 그 무렵 일제의 식민지배정책을 좀 더 자세하게 들여다보자. 1931년에 조선 총독으로 부임한 군국주의자 우가키 가즈시게宇垣一成는 "일본이 침략전쟁에 이기느냐 지느냐 하는 것은 조선 2000만 민심의 향배에 달려 있다"면서 '내선융화'를 내세웠다. 우가키의 뒤를 이어 1936년에 조선 총독으로 부임한 전직 관동군사령관 미나미 지로南次郎는 전임 총독의 내선융화정책을 계승해 "조선인과 일본인은 형태도 마음도 피도 살도 하나가 되어야 한다"고 강조했다. 일제는 "우리는 대일본제국의 신민입니다. 우리는 마음을 합해 천황폐하께 충성을 다 합니다" 따위의 내용이 담긴 〈황국신민서사〉를 만들어 조선인에게 외우게 했다. 또 일제는 전국 곳곳에 신사神社를 만들어 참배하게 했다. 조선 사람의 고유한 성씨를 일본식 성씨로 바꾸라는 '창씨개명'을 하게 했으며, 조선말을 쓰지 못하게 하고 일본말을 강요했다.

중일전쟁을 일으킨 일제는 조선민중을 일상생활에서부터 통제할 목적으로 1938년 5월 〈국가총동원법〉을 조선에도 적용해 '국민정신총동원운동'을 했다. 이어 7월에는 국민정신총동원조선연맹을 만들었다. 이 연맹 산하조직인 지방연맹 밑에 10가구를 한 단위로 묶는 애국반을 조직해 조선인의 일상생활까지도 감시하고 통제했다. 일제는 1940년 국민정신총동원운동을 국민총력운동으로 바꾸고 천황제 이데올로기를 강요하며 전체주의를 퍼뜨렸다.

제국주의가 식민정책을 추진할 때 아주 중요하게 여기는 것이 교육이다. 식민본국의 문화와 사회질서를 식민지에 옮겨 심는 데 교육이 가장 좋은 수단이기 때문이다. 일제는 학교를 지렛대로 삼아 식민통치 이데올로기를 전파하고 식민 지배를 위한 문화재생산 구조를 만들려 했다. 이 책 1편 〈식민지 학교와 '충실한 신민'〉은 일제의 지배정책이 어떻게 교육정책에 반영되었는지를 다룬다.

일제강점기에 학생이 식민교육을 받았다는 것은 두말할 필요도 없다. 문제는 이 시기에 '근대'교육제도가 뿌리내리기도 했다는 데 있다. 근대의 학교는 사회 구성원이 근대사회가 필요로 하는 자기규율과 관리의 원리를 몸에 익히는 중요한 학습장이었다. 식민지 학생이 근대를 체험한다는 것, 거기에는 어떤 뜻이 담겨 있을까. 이 책 2편 〈학교생활과 교실 밖 수업〉에서 바로 이 문제를 다룬다.

자꾸만 '식민지 근대'라고 말해 놓고는 그 말이 무엇을 뜻하는지 아직 설명하지 않았다. 아니 못했다고 말하는 것이 솔직하다. 식민지와 근대가 서로 맞물린 '식민지 근대'라는 말은 무척 어렵다. 그래도 좀 쉽게 다가가 보자. 일제가 식민지를 경영하면서 수탈을 일삼았다고 주장하는 것이 '식민지 수탈론'이다. 이에 맞서 식민지 시기에 근대화가 되었다고 주장하는 것이 '식민지 근대화론'이다. '식민지 수탈론'과 '식민지 근대화론'은 정치적 함의가 매우 다르면서도 '근대는 좋은 것'이라는 공통점이 있다. 그 공통점을 비판하면서 '식민지 근대' 개념이 생겨났다. 그럼에도 '식민지 근대'가 무엇이고 그 모습이 어떠했는지 모호했다. '식민지 근대'의 실체가 무엇인지를 파악하는 작업이 뒤따랐다. 그 작업 가운데 하나가 인간의 경험을 바탕으로 '한국적 근대'를 탐색하는 것이었다.¹ 그러한 연구에서는 식민지 자본주의가 나날의 삶 속에 파고들어와 일상의 질서를 흔들고 심성을 바꾸는 모습을 그려냈다. 거기에는 일상의 단면 속에서 구조나 제도 또는 지배정

책을 다시 발견하려는 뜻도 담겨 있었다.[2]

　방금 '일상'이라고 말했다. 일상이란 무엇인가. 일상이란 사소한 것들로 가득한 나날의 삶이다. 하찮고 자잘한 '일상'을 굳이 책으로까지 쓸 필요가 있을까. 그러나 좀 더 일상을 꼼꼼하게 들여다보면, 일상이란 여러 계기와 층위가 얽혀 있는 하나의 장場을 이루고 있음을 알게 된다. 어떤 일상의 사건이 비록 짧은 '순간'에 일어날지라도, 그것은 "여러 순간들로 이루어진 한 순간"[3]의 일이다. 일상이란 보잘것없으면서도 견고한 것이고 부분과 단편들이 하나의 일과표 속에서 서로 연결되어 있는 어떤 것이다. 그 일상은 사회를 알기 위한 하나의 실마리이다.[4] 일상생활세계란 국가 영역과 자본의 생산 영역과 일정하게 구분되면서 국가와 자본이 끊임없이 조정하고 변형하는 세계이기도 하다.[5]

　'하찮고 자잘한' 일상을 연구 대상으로 삼는 까닭은 무엇일까. 앙리 르페브르Henri Lefebvre에 따르면, 일상연구란 "외관상 빈약한 일상성의 밑에 숨겨진 풍요로움을 드러내는 것, 경박함 밑에 깔려 있는 심오함을 드러내는 것, 정상의 비정상을 꿰뚫어 보는 일"이다.[6] 일상생활사는 보통 사람들의 생활세계에 관심을 기울이면서 '아래로부터의 역사'를 구현하는 데 이바지한다. 일상사 연구는 외부 관찰자의 처지에서가 아니라 역사 행위자 내부의 관점으로 일상을 보려 한다. '내부의 시각' 또는 '안으로부터의 관점'은 일상생활사 연구의 큰 장점이다.[7] 일상사 연구는 그동안 국가와 자본, 사회와 경제 같은 거대 담론에 가려졌던 역사의 또 다른 실체를 보여준다. 일상의 세계는 사회구조와 개인의 행위가 상호작용하는 공간이다. 일상사 연구는 일상의 사소한 경험이 사회구조 속에서 주조되는 모습과 특정한 역사 조건 속에서 인간 삶이 재편되는 과정을 해명하는 것을 목표로 삼는다. 이 책에서도 학생의 일상과 경험을 다루면서 '식민지 근대'의 실체에 다가갈 것이다. 이 책 3편 〈학생의 꿈과 좌절, 기쁨과 우울〉은 식민지 근대의 경험을 학생의 일상을 통해 드러내려 했다.

"억압이면 저항이다." 억압과 저항, 이만큼 선명한 대립선이 또 어디 있을까. 그러나 '식민지 근대'란 기묘해서 그 대립선을 흐릿하게 만드는 장치도 작동시켰다. 자본주의적 욕망을 부추겨 식민지 현실을 잊게 만드는 그런 장치 말이다. 보기를 들면, 백화점 진열장과 거리의 쇼윈도는 대중의 욕망을 새롭게 조직했다. 카페·다방, 유선형의 자동차, 극장, 그리고 네온사인이 번쩍이는 밤 풍경. 이러한 도시의 스펙터클은 가난하고 우울했던 식민지를 가리는 근대의 메이크업이었다. 손에 닿을 듯 닿지 않는 상품들과 도시의 현란한 불빛이 사람들의 마음을 흔들어 놓았다. 어디 그뿐인가. 입신양명이든 현모양처든 아니면 스위트 홈이든 근대의 가족주의와 개인주의는 하나의 이데올로기가 되어 일상으로 파고들었다. 일제의 지배정책만이 아니라 자본주의적 원리도 힘을 보태 '생활세계의 식민화'를 꾀했다. 전쟁이 확대되면서 '생활세계의 전시화'에 휩쓸리고 말았지만 식민지 근대는 자본주의 소비문화를 부추겼다.

다시 본론으로 돌아가자. 정의감에 불타는 식민지 자식으로서 식민지 억압에 어찌 저항하지 않았겠는가. 3·1운동, 6·10만세운동 그리고 광주학생운동에서 그들의 활약은 눈부셨다. 노동운동·농민운동·청년운동·여성운동과 연결된 학생도 적지 않았다. 마르크스주의에 빠진 불온학생은 '과격'했다. 그러나 학생은 소비의 주체기도 했고 유행과 새로운 문화를 만들면서 식민지 근대의 틀 안에서 삶을 설계하기도 했다. 식민지 상황은 흔히 이해하듯이 식민권력의 의도가 일방적으로 관철되는 지배와 통제의 영역이라기보다는, 지배와 피지배를 둘러싼 여러 행위 주체의 상호작용을 통해 끊임없이 변형돼 나가는 장이다.[8] 이 책 4편 〈학생의 일탈과 저항〉에서는 불온학생을 통해 억압과 저항의 대립선을 보여줄 것이다. 그러나 굵직한 학생운동만이 아니라 삶 속의 자잘한 저항에 좀 더 주의를 기울일 것이다. 불량학생의 모습을 통해 학생의 소비문화와 욕망도 들추어낼 것이다. 고급문화의 잠재적 향유자이며 예비지식인인 학생은 다른 한편으로는 근대적 도시문화의 '대중'일 뿐이었다.[9] 자기 나름대로 도시문화를 누리려는 학생에게 흔히 불량이라는 딱지를 붙였다. 학생 신분을 벗어났다는 뜻이다. 그러나 이 책에서는 도덕적 규범으로 불량을 재단하기보다는 '일상의 저항'이라는 차원에서 문제에 다가갈 것이다. 현재의 체제와 제도를 표준이며 정상이라고 가르치는 학교는 '불량'을 늘 '비정상' 또는 일탈행위로서 규정하기 때문이다.

이 책은 '교육의 학교화'가 시작된 1920년부터 1945년 해방 직전까지를 다룬다. 초등학생과 중등학생이 그 대상이다. 일제강점기 학교의 유형이 복잡했다. 시기로 나누어 그 유형을 미리 알아두는 것이 이 책을 읽는 데 도움이 된다. 이른바 문화통치기인 1919~1931년까지의 학교 유형을 보자. 일제는 조선인을 위한 학제와 조선에 살고 있는 일본인을 위한 학제를 따로 마련했다. 조선인이 다니는 학교는 보통학교, 고등보통학교, 여자고등보통학교라고 불렀다. 일본인 학교는 소학교, 중학교, 고등여학교라고 불렀다. 각 집단이 들어간 학교의 명칭이 달랐다는 사실에서 민족문제와 젠더문제를 동시에 느낄 수 있다.[10] 1938년 3차 〈조선교육령〉 때에는 보통학교는 소학교로 고등보통학교는 중학교로 여자고등보통학교는 고등여학교로 각각 학교 명칭을 고쳤다. 조선인을 위한 학교와 일본인을 위한 학교의 이름을 똑같게 한 것이다.

　초등학교의 경우만 다시 정리해보자. 식민지 시기에 초등학교 명칭은 세 번 바뀌었다. 일제강점 뒤부터 1938년까지 일본인 아동을 위한 소학교와 조선인 아동을 위한 보통학교로 나뉘어 있었다. 1938년 3차 〈조선교육령〉이 공포되면서 '내선일체'를 이룬다면서 소학교로 통일되었다. 그 뒤 1941년 〈국민학교령〉과 〈국민학교규정〉이 공포되면서 국민학교가 되었다.[11] 이 책에서는 혼동을 피하기 위해 주로 초등학교와 중등학교라는 명칭을 쓰겠다.

2018년 8월

최규진

차례

I

식민지 학교와 '충실한 신민'

2

학교생활과 교실 밖 수업

3

학생의 꿈과 좌절, 기쁨과 우울

4

학생의 일탈과 저항

식민지 학교와
'충실한 신민'

1
'향학열'과
'교육의 학교화'

I

I

'향학열'과
'교육의 학교화'

뜨거운 기운, 이제 학교다

전근대에는 주로 가정이나 서당에서 아이를 가르쳤다. 일제 식민지기를 거치면서 교육 중심이 학교로 옮겨가는 '교육의 학교화' 현상이 나타났다. 초등교육기관인 보통학교는 가장 일반적인 교육 장소였다. 통감부 시기인 1906년 8월 일제는 〈보통학교령〉을 발표했다. 왜 '보통학교'였는가. 대한제국 정부도 '소학교'라고 했으며 일본에도 소학교, 중학교, 고등학교, 제국대학으로 이어지는 교육체계가 있었다. 그런데도 굳이 '보통학교'라고 이름을 지은 것은 중등교육과 고등교육을 억누르고 초등교육으로 끝내려고 하는 식민지교육정책의 의도가 담겨 있었다.[1]

보통학교의 출발은 순조롭지 않았다. 중류 이상의 한국인은 자식을 보통학교에 보내려 하지 않았다. 보통학교는 가난한 아이들만 다닌다는 뜻으로 '빈민학교'로 불리기도 했다. 순사·판임관 등을 채용할 때 일본어를 시험과목으로 넣으면서 중류층 아이들 가운데 일부가 보통학교에 입학하기도 했다. 그러나 1910년 무렵에도 보통학교 취학률은 1퍼센트에도 미치지 못했다. 그러자 일제는 서당을 주요 목표로 삼아 학생을 강제 모집했다. 그때 서당의 모습을 보자.

"숨어라 숨어라 순검 잡으러 올라!" 순사나 헌병 보조원들의 제 키만 한 장검이 동리 밖에만 번쩍여도 이런 탐보가 각 서당에 쫙 퍼진다. 그럴 때마다 서당에서는 일대 소동이 일어난다. 《통감》·《동몽선습》을 배우는 아이들이 저마다 피난처를 찾느라고 고양이 만난 쥐가 담 구멍을 찾듯 쩔쩔맨다. 장검을 앞세운 면서기, 구장, 군청 직원 같은 사람들이 때때로 서당을 습격하여 아이들을 끌고 가는 까닭이다. 머리 깎기는 죽기보다 더 싫고 학교에 다니면 나중에 일본 병정으로 뽑혀 간다는 바람에 학교라면 금방 경풍을 하였다.[2]

학생 모집에 고심하던 학교 교원이 서당에 들어서면 서당 아이들은 모두 뒷문으로 도망갔단다. 1910년대 반일의식과 함께 근대교육에 대한 저항의식이 보통학교에 대한 거부로 나타났다. 1919년까지만 해도 서당은 교육기관의 95퍼센트를, 학생 수는 71퍼센트를 차지

〈그림 1〉식민지배를 합리화하려는 의도로 만든 책에서 옛 서당과 근대의 학교를 서로
견주었다.(朝鮮總督府鐵道局,《半島の近影》, 1937, 8쪽)

하고 있었다.[3] 1910년대 조선 사람은 대부분 보통학교 취학을 거부하
고, 오히려 전통교육기관인 서당에 보내기를 바랐다.[4] 전통교육에 대
한 신념이 아직 강하게 남아 있었다.

　그러나 3·1운동 뒤부터 보통학교에 대한 인식이 달라지고 '향학
열'이 높아졌다. 신문과 잡지에서 널리 쓰던 '향학열'이란 신식학교
에 들어가려는 조선인의 바람을 나타낸 말이었다. 1923년부터는 서
당 학생보다 보통학교 학생 숫자가 더 많아졌다. 차츰 서당을 거쳐
학교로 가겠다는 생각을 하게 되었다.[5] '향학열' 때문에 입학 지원자
가 모집 인원을 넘어서 보통학교에 들어가려면 입학시험을 치러야
했다. 보통학교에 들어가는 것이 사회적 지위를 상승하는 데 유리하
다고 판단하는 사람이 늘었기 때문이다. 조선이 다른 나라처럼 되려

면 배워야 한다는 뜻도 있었지만 자식을 취직하게 하려면 학교에 보낼 수밖에 없다고 생각하는 사람이 많아졌다.[6] 1920년대 후반기에 들어서면 서당을 거치지 않고 곧바로 보통학교에 들어가는 경향이 크게 늘었다.[7] 아이를 학교로 보내려고 아예 도시로 옮겨가 사는 사람마저 생겼다.[8]

그러나 초기의 '향학열'은 주로 남자에게만 해당되었다. 살림살이가 어렵더라도 사내아이만큼은 교육받게 해야 한다고 생각했다. 1927년《조선일보》에 실린 〈보통학교의 여자교육〉에서는 여자아이를 보통학교에 보내지 않는 까닭을 다음과 같이 분석했다.

1. 학교에 보내지 못하는 경우
① 생활난으로 경제적 여유가 없다.
② 거리가 멀어서 통학하기 어렵다.
③ 집안일을 거들어야 한다.

2. 학교에 보내지 않는 경우
① 여자는 시집만 가면 되기 때문에 교육시킬 필요가 없다.
② 교육받은 여자는 집안일을 잘 모르며 노는 것을 좋아하고 서신 왕복이 잦다.
③ 학교에서 교육받은 여자는 바느질과 베 짜기 등 가사 능력이 모자라 남편을 섬기고 시부모 시중을 드는 부덕婦德이 약하다.

④ 학교교육을 받은 여자는 대부분 정조관념이 박약하여 스스로 타락하고 동시에 가문의 수치가 된다.[9]

〈그림 2〉 이 만화는 주먹을 움켜쥐고 공부하러 '경성'으로 가는 소녀의 모습을 그렸다.(《부녀지광》 창간호, 1924)
"인류평등 인권존중의 소리가 들리는 이때 왜 딸은 공부 시켜주지 않는가."

위에 인용한 글을 쓴 사람은 여자아이가 학교가 가지 못하는 것은 '여자를 유린해온 남권 중심의 봉건사상'이 가장 큰 원인이라고 지적했다. 집 밖으로 나가기 힘들었던 여성이 가정을 벗어난 곳에서 공부하기가 쉽지 않았다. 그러나 1930년대에 들어서면서 여성이 학교에 들어가는 일이 예전보다 많아졌다. 그 까닭은 무엇일까. 첫째 학교에서 '현모양처'를 길러낼 수 있다는 생각을 받아들이는 사람이 늘었기 때문이다. 둘째 '교육의 학교화'가 진행되면서 학교에 가는 남성이 늘자 그들의 결혼 상대로 어울릴 만한 자질과 학력을 가진 여성이 사회적으로 필요했기 때문이다. 학력을 통한 결혼과 '계층 내 이동'을 위해 여성이 취학하게 된 것도 크게 작용했다. 셋째 1930년대 들어 조선총독부가 여성을 농촌계몽운동이나 전시동원체제 등에 끌어들이려고 여성교육에 대해 예전의 태도를 바꾸었기 때문이다.[10]

'향학열'이 높아지고 여성이 학교에 들어가는 일이 많아졌다 해도

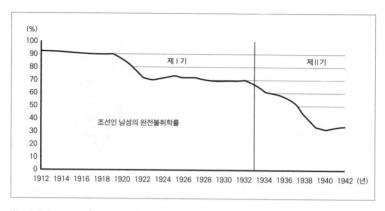

〈그림 3〉조선인 남성 완전불취학률 (김부자 저, 조경희·김우자 역, 《학교 밖의 조선여성들》, 일조각, 2009, 292쪽)

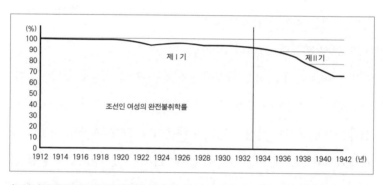

〈그림 4〉조선인 여성 완전불취학률(김부자 저, 조경희·김우자 역, 《학교 밖의 조선여성들》, 일조각, 2009, 292쪽)

보통학교의 문턱은 높았다. 일제 말기에 이르러서도 여성은 3명 가운데 2명, 남성은 3명 가운데 1명이 초등교육조차 받지 못했다. 남자아이는 학교에 보내지만 여자아이는 학교에 보내지 않는 일이 많았다.

어려운 여건 속에서 살아내려는 '가족 전략'에 따라 여자가 배제되었다. 〈그림 3〉과 〈그림 4〉는 남자와 여자의 취학률 차이를 보여준다.

어느 분야든 그렇듯이 교육에도 민족차별이 있었다. 일본 아이는 6년제 소학교, 조선 아이는 4년제와 6년제 보통학교에 들어갔다. 일본인이 사는 곳에는 빠짐없이 소학교를 세

〈그림 5〉 경성제국대학에 입학할 때 민족 차별이 있음을 지적하는 만화(《동아일보》 1925년 4월 7일)
일본 학생을 먼저 들여보내고 있다.

웠다. 초등교육의 경우 취학률이 가장 높았던 1942년에 인구 1만 명당 조선인 학생은 697명이었지만, 일본인 학생은 1379명이었다. 이러한 차별은 중등교육과 고등교육으로 갈수록 더욱 커졌다. 중등교육의 경우 1942년 인구 1만 명당 조선인 학생은 33.7명에 지나지 않았지만, 일본인 학생은 520명에 다다랐다. 고등교육의 경우 1942년 인구 1만 명당 조선인 학생은 1.8명에 지나지 않았지만, 일본인 학생은 46명이었다. 고등교육기관에 들어가려면 조선 학생은 일본 학생에 견주어 여러 불리한 조건을 견뎌내야 했다.

일제는 "실제적 교육을 강화하고 보통교육을 보급한다"면서 1934년에 간이簡易학교제도를 마련했다. 간이학교는 '간단하고 쉽게 마치

는' 초급교육기관으로 농촌간이학교와 도시간이학교가 있었다. 간이학교에서는 일본말과 초보적인 직업교육을 했다.

향학열과 중등교육

일제강점 초기에 중등학교도 학생을 모집하기 어려웠다. 그 무렵 중등학교 교장은 관찰사가 겸임했다. 관찰사는 군수 회의를 열어 각 군수에게 입학 의무인원을 할당하기도 했다. 군수들은 궁여지책으로 자녀나 친척들을 억지로 학교로 보내기도 했다.[11] 일제강점 뒤에 고등학교라는 이름을 고등보통학교로 바꾸고 일본어와 실업교육을 강화했다. 일본인을 위한 중학교가 5년제였지만 조선인이 다니는 고등보통학교는 4년제로 운영했다. 일본 고등교육기관에서는 조선의 고등보통학교 학력을 인정하지 않았다. 그리하여 고등보통학교 졸업생이 상급학교로 진학하는 길은 가로막혀 있었다.[12]

　이러한 상황은 1920년대에 들어서면서 바뀌었다. 먼저 고등보통학교의 수업 연한이 4년에서 5년으로 늘어나면서 일본에 있는 상급학교에 진학할 때 그 학력을 인정받을 수 있게 되었다. 교과과정에서는 실업 관련 과목이 줄고, 외국어·과학·수학 등과 같은 일반교과가 늘어나 인문중등교육의 성격이 강화되었다. 또한 1924년에 경성제국대학 예과가 만들어지고, 1926년에는 경성제국대학 본과가 설립된다. 그 결과 형식상 고등교육기관과 연계성을 지니는 인문중등학교가 등장하게 된다. 이처럼 1920~1930년대는 고등교육기관과 연계성을 지닌 인문중등학교가 등장했다는 점에서 근대 한국 중등교육사에서 중요한 의미가 있는 시기다.[13]

중등교육은 고등교육 진학을 위한 인문계열과 졸업한 뒤에 취업하기 위한 실업계열이 있었다. 인문계열 중등학교의 경우 일본인 학교와 한국인 학교를 사실상 구별했다. 남자 학교와 여자 학교도 구별했다. 남자의 경우 5년이었고 여자는 4년이었다. 일제는 고등교육 진학을 준비하는 중등교육을 확대하는 것에는 소극적이었고, 실업교육에 중심을 두려고 했다. 실업학교에는 농업·상업·공업·수산학교 등이 있었다. 조선인을 위한 실업학교는 대부분 농업학교였다.[14]

보통학교를 졸업한 학생은 고등보통학교만이 아니라 실업학교도 들어가고 싶어 했다. 실업학교 입학경쟁률이 치열했다. 실업학교는 조선인과 일본인이 함께 입학하는 공학제였다. 일본인에게 유리한 민족별 정원 배분 때문에 조선인 학생 사이에 경쟁은 더욱 치열했다.[15] 교육연한이 3년 또는 5년인 실업학교와 2년제인 실업보습학교 두 가지 교육기관이 있었다. 그 밖에도 관립사범학교가 있었으며 여자를 위한 실업학교는 소수에 지나지 않았다.[16]

중등교육도 차츰 증가하는 추세였지만 초등교육에 견주면 매우 적었다. 초등교육이 늘어나는 것에 맞추어 중등교육도 커져야 했지만, 실제로는 그렇지 않았다. 중등학교의 취학률은 여성의 경우 식민지 기간 내내 1퍼센트를 넘지 못했고 남자도 1.3퍼센트 남짓했다. 중등학

〈그림 6〉"지금 세상에서는 중학졸업 정도의 지식이 없으면 승진은커녕 일생을 남의 밑에서
지내야 한다"면서 〈강의록〉 책을 선전하고 있다.(《동아일보》 1938년 9월 16일)
이 밖에도 "여학교에 가지 못한 여성은 각성하라"면서 〈가정 여학강의록〉으로 독학하라는 등의
광고도 많다.(《조선일보》 1934년 7월 3일)

교 입학 경쟁은 치열했다. 조선인은 이를 벗어나려고 보통학교증설운
동처럼 중등학교설립운동도 추진했지만, 총독부는 이를 가로막았다.

초등학교 진학률의 성차에 견주어 중등학교 진학률에서는 남녀 차
이가 좁혀졌다(〈표 1〉 참조). 1920년대 중반부터 여학생 숫자는 빠르게
늘었으며, 1930년대 후반에 이르면 6500명 남짓한 여학생이 중등과
정에 다니고 있었다.[17]

중등학교 학생은 부모가 큰 기대를 했으며 선망의 대상이 되기도
했다. 일제도 그들 나름대로 조선 여성교육에 기대를 걸었다. 일본 학
무과장이 좋은 글이라고 칭찬하면서 소개했던 글을 보자.

<표 1> 중등학교 학생 수의 변화

(단위: 명)

연도	남학생 수	여학생 수	비율(%)
1921	4,928	1,062	21.6
1924	9,951	1,710	17.2
1927	11,076	3,243	29.3
1930	11,949	4,554	38.1
1933	13,527	5,217	38.6
1936	14,831	6,532	44

출전:《조선총독부통계년보》; 김경일,《여성의 근대, 근대의 여성》, 푸른역사, 2004, 283쪽.

조선인 여자교육은 남자교육에 비하여 뒤지지 않는 중요한 의미가 있다. 경제적 융합과 사회적 융합은 식민정책의 뿌리와 꼭지가 되지만 그 가운데서도 뒤의 것 곧 사회 감정의 융합이 한층 더 곤란하다. (…) 자각심이 적은 감정적인 부녀자가 남자보다 훨씬 감화시키기가 쉬운 것은 말할 것도 없다. 일단 감화된 이상 다시 그것을 고치기 어려운 것도 사실이다. 그런데 여자가 감화하면 남자는 저절로 감화되는 것이다. (…) 조선인의 가정을 풍화風化하는 것은 곧 전 사회를 들어 풍화하는 것이니 이와 같이 하여야 비로소 우리와 저들과의 감정적 융합이라는 것이 영구히 될 수 있다.[18]

일제는 조선 여학생이 학교에서 배운 대로 가정을 바꾸어 '사회 융합'의 시멘트가 되기를 바랐다. 여학생은 식민지교육체제에 그렇게 얽매여 있었다. 또 여학생은 사회규범에 강한 속박을 받으며 관찰과

식민지 학교와
'충실한 신민'

37

주목의 대상이 되기도 했다. 식민지에서 여성은 민족차별에 성차별까지 받았다. 여학생의 처지를 요약한 다음 글을 보자.

처음에는 "옳은 사위를 얻으려면 딸자식 공부를 시켜야 해" 하면서 딸 공부시키는 것을 구혼의 유일한 방책으로 생각하고 있는 부형들의 그릇된 뜻에 좇고 나중에는 현모양처주의 아래 보수적 성향을 띤 교사들의 가르침에 그대로 따르며 남자 금단의 수도원과 같은 여학교에 감금되어 사회와 격리된 생활을 하고 있는 중산계급 이상의 딸들이다.[19]

2

'황국신민'을
위한
교육정책

제국의 의지, 식민의 교육

학교제도는 식민지교육 현실을 규정하는 근본 틀이다.[20] 일제의 동화정책을 실현하는 것이 식민지교육정책의 목표다. 이때 동화란 조선 사람을 '일본 국민으로 통합'하는 것이다.[21] 나아가 식민지 학생을 '충량한 황국신민'으로 길러내려 했다. 일제는 그 목표를 이루려고 때에 맞추어 교육정책을 조정했다. 조선총독부 교육정책은 ① 1차 〈조선교육령〉 시행기(1911. 8~1922. 2) ② 2차 〈조선교육령〉 시행기(1922. 2~1938. 3) ③ 3차 〈조선교육령〉 시행기(1938. 3~1943. 4) ④ 4차 〈조선교육령〉 시행기(1943. 4~1945. 8)로 나눌 수 있다.[22] 일제 식민지지배정책과 연관해 각 시기의 교육정책을 요약해보자.

일제는 자신들의 지배정책에 맞추어 〈조선교육령〉을 개정해 식민지교육정책을 뒷받침했다. 1911년 일제는 〈조선교육령〉을 만들어 '충량한 국민의 육성'과 '시세와 민도에 맞는 교육'이라는 교육방침을 내걸었다. '충량한 국민'이란 일본 천황과 제국에 충성하고 순종하는 사람이었다. '시세와 민도에 적합한 교육'이란 일본 국민으로서 지켜야 할 의무를 알리고 노동에 필요한 실용적인 교육만을 하겠다는 뜻이다.[23] '초등교육을 어떻게 할 것인가' 하는 것이 그들의 주요 관심사였다. 1차 〈조선교육령〉 때 총독인 데라우치 마사다케寺内正毅는 "일본인 자제에게는 학술·기예의 교육을 받게 해 국가 융성의 주체가 되게 하고, 조선인 자제에게는 덕성의 함양과 근검을 훈육해 충량한 국민으로 양성해 나가는 것"이 교육의 목적이 되어야 한다고 말했다. 낮은 수준의 실업교육만을 해 피지배민의 노동력을 이용하면 그만이라는 뜻이다. 이 〈조선교육령〉에 따라 일본어를 교육내용의 중심으로 삼고 저급한 실업교육과 최소한의 인문중등교육을 했다.

1919년 3·1운동에서 드러난 조선 민중의 저항에 놀란 일제는 1910년대 무단통치에서 '문화정치'로 간판을 바꾸고 기만적인 유화정책을 펼쳤다. 일제는 이러한 문화정치와 함께 '일시동인'이라는 이름으로 교묘하게 동화주의 정책을 이어갔다. 교육정책으로는 '내선공학'과 '준거주의'에 따라 2차 〈조선교육령〉을 만들었다. '준거주의'란 일본 교육이 조선 교육의 기준이 된다는 뜻이다. 다시 말하면 조선의 교육을 일본의 교육과 똑같이 만들겠다는 것이다. 그에 따라 보통학교와 고등보통학교의 수업 연한을 늘려 교육기회를 넓히겠다고 했다. 2차 〈조선교육령〉이 시행된 시기의 교육은 3·1운동으로 격화한 조선인의 반일 감정을 누그러뜨리려는 일제의 교활한 정책이 숨어 있었다. 교육제도를 고쳐 기존의 학교 체계에서 수업 연한을 늘리고 사범학교를 신설했다. 경성제국대학을 설립하는 등 상급학교 진학의 길을 열어 놓아 형식상 일본의 학교 체계와 비슷하게 개정했다. 1차 〈조선교육령〉 때 4년을 원칙으로 했던 보통학교와 고등보통학교의 수업 연한을 6년과 5년으로 연장해 학제상 고등보통학교를 고등교육기관과 연결되게 했다. 이는 학교제도상의 차별에 대한 비난을 피하려고 한 것이지만 실제로 지방에는 1940년대 초까지 상당수의 4년제 보통학교가 그대로 남아 있었다.[24] 학교 명칭도 조선인 학교와 일본인 학교는 달랐다. 조선인을 위한 초·중등교육기관 이름은 보통학교, 보통학교 고등과, 고등보통학교, 여자고등보통학교였지만, 일본인을 위한 교육기관 이름은 심상소학교, 고등소학교, 중학교, 고등여학교였다. 일본과 조선의 학교제도를 같게 만든다는 '내선공학'은 허울에 지나지 않았다.

1922년 2차 〈조선교육령〉에서 공포한 학교제도 구성은 〈표 2〉와 같다. 진하게 표시된 곳은 1차 〈조선교육령〉의 학교제도와 비교해 2차 〈조선교육령〉에서 신설되거나 변화한 내용이다.

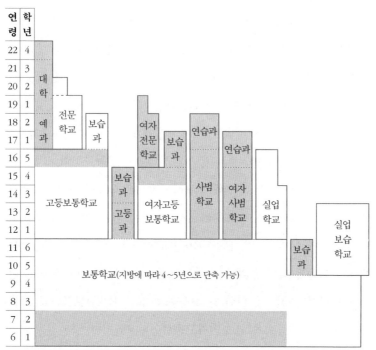

〈표 2〉 2차 조선교육령 때의 학교제도

출전: 강명숙, 〈일제시대 학교제도의 체계화: 제2차 조선교육령 개정을 중심으로〉, 《한국교육사학》 32-1, 2010, 13쪽.

전쟁과 교육, 정책과 법령

일제는 중일전쟁을 일으킨 이듬해인 1938년 3월 3차 〈조선교육령〉을 만들었다. 이 시기는 일제가 중일전쟁에 이어 태평양전쟁을 일으키고 조선을 병참기지로 삼아 인적·물적 자원을 가혹하게 수탈하던 때다. 이에 발맞추어 '국체명징'·'내선일체'·'인고단련' 따위를 조선의 교육강령으로 삼았다. '국체명징'이란 황국 일본의 신민 즉 천황폐하의 충량한 적자를 육성하는 것이며, 조선 사람은 일본제국의 번영에 온 힘을 기울이라는 뜻이다. '내선일체'를 주장한 것은 조선 사람이 일본에 헌신하게 만들려는 속셈이었다. '인고단련'이란 전쟁 때의 어려운 상황을 극복하려면 신체와 정신을 단련하라는 말이다.[25] 모든 학교에서는 〈황국신민서사〉를 암송·제창해야만 했다. 이때의 교육은 군국주의 이념에 따라 황국신민을 길러내는 수단에 지나지 않았다. 3차 〈조선교육령〉 개정을 주도한 일본 관리는 내선일체란 "조선인으로서 몸에 지니고 있는 조선의 전통·풍습·문자 등의 특색을 모두 없애고, 태어나면서부터 일본인과 같이 일본의 전통·풍습·문화 등을 완전히 몸에 지닌 국민으로 동화하는 것"이라고 정의했다. 이 3차 〈조선교육령〉의 주요 목적은 조선의 학생을 병력자원의 텃밭으로 삼고 지원병제도를 뒷받침하려는 데 있었다. 이 〈조선교육령〉이 발표된 뒤에 보통학교 결석자가 많아졌다. 이는 학부모가 '학교 졸업하면 지원병에 채용되는 것'으로 해석하고 학교를 그만두라고 했기 때문이다.[26]

일제는 1941년 들어 '국민학교'제도를 식민지 조선과 일본에 함께 실시하면서 '내선일체의 내실이 갖추어져 의무교육을 향해 일보 전진한 것'이라고 선전했다. 그러나 이것도 전쟁이 더욱 커지면서 황민화 교육을 강화할 필요가 있었기 때문이다. 일제가 국민학교제도를 만들어낸 배경에는 자유·평등의 사상과 개인주의를 내쫓고 개인은 국가

〈그림 7〉 덕수 소학교의 〈조선교육령〉 개정 1주년 기념식 사진(《매일신보》 1939년 4월 2일) 어린 학생이 줄지어 서 있다. 학교마다 제3차 〈조선교육령〉 개정 1주년 기념식을 했다. 제3차 〈조선교육령〉에 따라 황국신민화교육을 철저하게 하겠다는 의지를 드러낸 것이다.

를 위해 희생해야 한다는 전체주의사상이 자리 잡고 있었다.[27]

1943년에 만든 4차 〈조선교육령〉에 따라 조선어교육이 모두 사라졌다. 4차 〈조선교육령〉 시기는 태평양전쟁에서 일본의 전세가 불리해진 때부터 완전히 패망할 때까지다. 이때 일제는 군사 방면으로 자원을 동원하는 것에 온 힘을 기울였다. 황민화교육을 강요하는 것에서 더 나아가 학생을 군사력의 배후로 만드는 데 중점을 두었다. 일본은 중일전쟁과 태평양전쟁이 확대됨에 따라 학교교육을 군사교육체로 전환했다. 교육 과정도 통합교과로 편성해서 침략전쟁을 위한 전시체제에 알맞게 바꾸었다. 그 목적은 '황국의 도에 기초한 국민의 연성'에 있었다. 마침내 일제는 4차 〈조선교육령〉을 발표하면서 '학원의 결전체제가 완성되었다'고 선언했다. 일제는 '학도 전시 동원체제 확립 요강'·'학도 군사교육 강화 요강' 따위를 만들어 학생을 생산현장과 전쟁에 동원하는 데 혈안이 되었다. 일제는 학생에게 전장에 나가 일본 천황을 위해 목숨을 바칠 수 있는 '황국 일본의 신민'이 되어야 한다고 가르쳤다.

일제는 패망하기 3개월 전인 1945년 5월에 〈전시교육령〉을 공포해서 학교의 병영화를 더욱 다그쳤다. 〈전시교육령〉은 형편에 따라 교과목과 수업시수를 조정할 수 있게 규정했다. 〈전시교육령〉을 공포하면서 학교는 군대조직처럼 되고 학과수업은 완전히 멈추었다. 학교의 모든 교육은 식량생산·군수생산 등으로 바뀌고 말았다. 〈조선교육령〉을 표로 정리하면 다음과 같다.

〈표 3〉 조선 교육령의 목표와 주요 내용

구분	배경	교육목표	교육방침	학제	수업 연한
1차	무단 통치	·충량한 국민 육성 ·시세와 민도에 맞는 교육	·조선어교육 축소 일본어 교육 강화	관립남녀고등보통학교에 사범과 교원속성과를 두어 보통학교 교원 양성	·보통학교 4년(지방 실정에 따라 1년 단축) ·고등보통학교 4년 ·여자고등보통학교 3년 ·실업학교 2~3년 ·전문학교 3~4년

2차	문화정치	·'일시동인 一視同仁' ·내지內地 연장주의	·일본과 동일한 학제 ·내선공학 內鮮共學	○ 학교명칭 변경 ·조선인 학교 명칭 ① 초등학교: 보통학교 ② 중등학교: 고등보통학교·여자고등보통학교 ·일본인 학교 명칭 ① 초등학교: 소학교 ② 중등학교: 중학교·고등여학교 ○ 초등교육 양성기관으로 사범학교 신설 ○ 고등교육기관으로 대학 제도 신설	·수업 연한 연장 -보통학교: 4년→5년 -여자고등보통학교: 3년 →4년 ·근대적 학력주의 성립
3차	중일전쟁	충량한 황국신민 육성	국체명징·내선일체·인고단련	·학교 명칭 통일 보통학교가 소학교로 됨 (1941년 국민학교로 또 변경) 고등보통학교가 중학교로 됨 여자고등보통학교가 고등여학교로 됨 조선어 과목을 선택과목으로 하고 그나마 공립학교에서는 폐지	·소학교: 심상소학교 6년, 고등소학교 2년 ·중학교 5년, 고등여학교 3~5년 ·실업학교 3~5년, 실업보습학교 2~3년 * 비고: 1943년 1월 중등학교령에 따라 중등학교의 수업 연한을 5년에서 4년으로 단축
4차	태평양전쟁	황국의 도道에 따른 국민의 연성練成	교육의 전시체제화 학교의 병영화	조선어 수업 폐지, 통합교과 운영	·국민학교: 초등과 6년, 고등과 2년 ·중학교 4년, 고등여학교 4년 ·실업학교 4년, 실업보습학교 2~3년 ·사범학교 심상과 5년(여 4년), 예과 2~4년, 본과 3년 ·전문학교 3년 이상 ·대학: 예과 2년, 학부 3~4년

3

교과서에
둥지를 튼
식민주의

무엇을 가르쳤을까

학생들은 어떤 과목을 배웠으며 교과서에는 무슨 내용이 담겼을까. 먼저 교과과정의 특징을 시기별로 간추려보자.[28] 1910년대 보통학교 교과과정에서 두 가지 사항이 특별하다. 첫째 예전의 '국어 및 한문' 이 '조선어 및 한문'으로 바뀌었다. 이때부터 '국어'란 조선어가 아닌 일본어였다. 일본어 교수시간을 크게 늘린 것은 말할 나위 없다. 둘째 예전에는 '지리 · 역사'가 있었지만 1911년 보통학교 교과과정에서는 그 이름조차 사라졌다. 중등학교의 교육과정에서도 예전의 '일어'를 '국어'로 바꾸고 비중을 크게 늘렸다. 역사지리는 일본과 외국의 것만 가르쳤고 조선은 아예 다루지 않았다.

1920년대 교육과정은 어떠했을까. 보통학교의 경우 일본 사람과 조선 사람을 똑같이 대한다면서 조선 학생에게 일본 역사와 지리를 배우게 했다. 중등학교의 경우 조선어 수업시간을 크게 줄였다. 1930년대 공황과 전쟁의 시기를 거치면서 '황민화교육'이 뿌리를 내렸다. 초등교육과정에서 가장 주목해야 할 것은 조선어가 선택과목이 되었다는 사실이다. 초등학교 교장이 거의 다 일본 사람이었던 점으로 미루어 볼 때 조선어교육은 이미 끝났다고 볼 수 있다. 수신시간이 예전에 견주어 많이 늘어났다. 체련시간도 큰 비중을 차지했다. 조선을 병참기지로 만들려는 정책에 맞추어 학교교육은 전쟁 분위기에 휩쓸렸다. 시간이 흐를수록 중등교육도 모든 교육과정이 황국신민화와 전시체제에 맞게끔 조정되었다.

여자고등보통학교의 교육과정은 수신·국어, 조선어 및 한문, 지리 역사·산술·이과·습자·도화·재봉·수예·음악·체조·가사·영어 등으로 짜였다. 실기 위주의 과목이 많았고 배당 시간도 인문지식을 가르치는 학과목이 남학생에 견주어 적었다. 이러한 교육내용은 1890년대 말 일본이 채택한 '양처현모' 교육정책을 목표로 한 것으로, "부덕을 기르고 국민된 성격을 도야"하는 것이었다.[29] 가사와 재봉은 여성에게 "실생활에 유용한 지식 기능"을 가르치는 교과목이었다.[30] 여학생들은 학교에서 '진짜' 공부를 하고 싶어 했다. 따라서 현모양처교육이 강제하는 재봉과 가사·수예 같은 교과과정은 이들에게 '배움'으로 다가오지 않았다.[31]

태평양전쟁 때 일제는 '전시의 현모양처' 교육을 강화했다. 보기를 들면 영어교육 대신에 가사 과목을 더 늘렸다. 그 가사에는 육아·보건·가정위생뿐만 아니라 간호에 대한 지식도 가르쳐 전쟁터에서 간호사

〈그림 8〉〈재봉선생〉 삽화(《동아일보》 1937년 10월 31일)

로도 활용할 속셈이었다.[32] 다음 글에서 보듯이 '씩씩한 현모양처' 교육도 강화했다.

"건강한 병사는 건강한 어머니에게서." 이것은 싸우는 일본이 지향하는 거룩하고도 절실한 현실문제일 것이다. 그리고 더욱 징병제 실시를 앞둔 우리 반도에서는 미래 국가의 간성을 양육할 청소년들의 보건문제 여하야말로 곧 미래의 국방을 좌우할 것이다. 튼튼하고도 씩씩한 현모양처를 목표함은 즉 현대 여자교육의 최고 이상인 이유도 여기에 있다.[33]

전시체제기에는 여학생에게 현모양처에서 한 걸음 더 나아가 '군국의 어머니'가 되어야 한다고 교육했다. "학원은 전장으로 통한다. 모두 궐기하자."[34] 초등학교 음악 교과서에는 "어머니야말로 황국의 힘. 자기 자식들을 전쟁터에 멀리 보내고 마음도 씩씩하게. 자기를 희

생하는 어머니의 자태"라는 노래를 실었다. 《중등교육 여자수신서》에
는 만약 남편이나 아들이 전사하면 슬픈 모습을 보이지 않고 나라가
요구하는 강한 여성으로 남아 있어야 한다며 다음과 같이 썼다.

나는 여러 번 출정하는 병사를 환송했습니다만, 또 무명용사의 유골을 앞
에 두고 슬픈 노래를 부른 적도 있었습니다. 지금 생각해도 이 작은 가슴
이 벅차오르는 것은 어쩔 수 없습니다. (…) 혹시라도 비겁, 미련의 행동을
해서는 안 됩니다. 만회할 수 없는 불충·불효자가 되어서는 안 된다고 가
르친 용사의 어머니를 지금 눈앞에 보는 듯 떠오릅니다.[35]

교과서가 만들고 싶은 학생

일제 식민정책에 발맞추어 여러 차례 개정한 〈조선교육령〉은 학교교
육의 틀을 지었다. 〈조선교육령〉의 목적과 취지는 교과서에 고스란히
반영되었다. 조선총독부는 교과서를 철저하게 통제했다. 특히 초등용
교과서는 총독부가 직접 펴내는 국정교과서였다. 일본은 이미 1904년
에 소학교 교과서를 국정으로 했다. 조선총독부는 중등학교용 교과서
도 주요 과목은 직접 펴내거나 국가에서 인정한 것만 사용하게 했다.
3차 〈조선교육령〉에 따른 교과서에서 이 조치는 해제되었지만, 이는
일본에서 쓰는 교과서를 자유롭게 사용할 수 있게 하려는 조치였다.[36]
　학교에서는 여러 과목 가운데 수신을 매우 중요하게 여겼다. 수신

이란 '선량한 조선인'을 만드는 도덕 교과서였다. 수신 교과는 학생이 천황을 받들고 일제에 순종하는 태도를 기르며 국가주의와 충효사상을 몸에 익히게 했다. 수신 교과서는 때에 맞추어 여러 번 개정하면서 일제 정책을 곧바로 반영했다. 일제는 초등학교 수신 교과서에 대한 교사용 지도서도 빠짐없이 간행했다. 이를 통해 교사들이 수업내용을 똑같이

〈그림 9〉 수신교과서 삽화

가르치게 해서 식민지교육정책을 흐트러짐 없이 관철하려 했다.

　일제 수신 교과서는 천황제사상을 뼈대로 삼고 있다. 수신 교과서는 '동화주의'를 곁들였다. 수신 교과서 속의 동화주의란 일본의 빼어난 점을 조선 사람이 본받아야 한다는 내용이었다. 또 수신 교과서는 유교 논리에 따라 남자의 의무와 여자의 의무를 따로 규정하면서 성차별을 뿌리내리게 했다.

<표 4> 《보통학교수신서》의 개정 연도와 주요 성격

구분	개정 연도	내용의 주요 성격	비고
1기	1911	교육 침략 시도와 동화정책 시도의 교과서	1차 〈조선교육령〉
2기	1922	일시동인·내선연장주의 등 동화정책 강조의 교과서	2차 〈조선교육령〉
3기	1928	근로 존중 등 실천도덕 중시의 교과서	
4기	1938	내선일체를 비롯한 동화정책과 충량한 황민화교육 강화의 교과서	3차 〈조선교육령〉
5기	1941	국민학교기와 전시체제제하의 군사적 교과서	4차 〈조선교육령〉

출전: 장미경, 《〈수신서〉로 본 조선총독부의 '식민지 여성' 교육〉, 《일본어문학》 41, 2009, 380쪽.

남자와 여자는 태어날 때부터 다릅니다. 성장함에 따라 남자는 더욱더욱 남자답게 강해지고, 여자는 더욱더 여자답게 정숙해집니다. 그 다름이 합쳐져 가정을 이루고, 세상의 임무가 나누어져서 집안을 번영시키고, 국가를 융성하게 만듭니다. 안에서 가사를 꾸려가고, 어른을 돌보며, 어린이를 양육하는 것이 여자에게 어울리는 의무입니다.[37]

여자고등보통학교 《수신서》에서도 그와 같은 논리는 이어진다.

여자가 그 부모의 교훈, 명령에 따르지 않고, 아내가 남편에게 순종치 아니한다면 집안의 질서나 평화는 결코 지켜지지 않겠지요. (…) 양친과 선생의 교훈에 따르지 않는다면 나중에 결혼하는 경우 어떻게 남편과 시부모를 섬기고 좋은 가정의 평화를 지키겠는가.[38]

수신교육에는 도덕교육과 정치교육의 목적이 섞여 있었지만, 최종 목표는 통치 이데올로기를 주입하는 정치교육이었다.[39] 정치교육의 한 사례로 보통학교 5학년 수신 교과서 내용을 보자.

조선인 중에도 민리민복을 위해 일본과의 합병을 원하는 사람이 많이 나왔습니다. 그래서 한국 황제는 통치권을 천황에게 양도하고, 제국의 신정 新政에 의해서 더욱 국민의 행복을 증대하는 것을 바라서 천황도 또한 그 필요를 인정하셨기 때문에 1910년 8월에 마침내 일본과 한국이 합병하게 되고, 여기에 동양 평화의 기반이 굳어진 것입니다. 그 뒤 폐단은 해가 감에 따라 제거되어 우리 반도 백성은 제국의 국민으로서 천황의 은혜를 입고, 세계의 일등국민으로서 그 문화에 공헌할 수 있게 되었습니다.[40]

조선총독부는 "국체 관념의 완성, 국민정신의 함양, 국가발전의 유래를 몸으로 익히려면" 일본 역사를 반드시 교육해야 한다고 생각했다.[41] 초등 역사 교과서는 주로 일본 역사를 다루지만, 드문드문 조선 역사도 다루었다. 일본 초등학교에서 사용하는 교과서에 조선 내용을 일부 보충했다. 그 역사 교과서에서는 청일전쟁과 러일전쟁에서 승리한 일본의 힘을 자랑했다. 또 조선은 끊임없이 침략을 당하는 힘없는 나라였으며 스스로 근대화할 수 없다고 설명했다. '천황의 은혜를 입어 조선 사람이 천황의 신민이 되었다'는 식의 황국사관과 조선은 정체되고 자율성이 없다는 식민사관이 기본 줄기를 이루었다. 일제의

'국사(일본사)'교육은 '황국의 역사적 사명을 자각하게 하는 것'을 목표로 삼은 국가주의적이고 군국주의적인 성격을 지니고 있었다.[42]

지리도 학생에게 국가주의사상을 주입하는 역할을 했다. 지리 교과서는 학생들에게 애국심을 기르고 '산업 강국 일본'을 강조하면서 황국신민의 자부심을 느끼게 만들었다. 지리 교과서는 일본의 힘을 선전하고 부풀려서 대륙 침략을 정당화하려는 목적을 그대로 드러내었다. 보기 하나만 들자. 지리 교과서에 실린 〈대동아전쟁 지도〉를 보면 일본에서 시작되는 힘찬 파도가 '대동아'의 모든 곳으로 퍼져가는 것으로 그렸다. 지도는 권력을 함축하고 있으며 감정을 일으키기도

〈그림 10〉 '국방색' 교복을 입은 초등학생이 어머니에게 전투가 일어나는 곳을 설명하고 있고 갓난아이는 일본 비행기 장난감을 들고 있다.(《半島の光》 1942년 3월호, 표지)

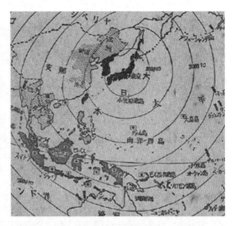

〈그림 11〉 〈대동아전쟁 지도〉(조선총독부,《초등지리 제5학년》; 심정보, 〈태평양전쟁기의 일본 지정학 사상과 국민학교 지리교육〉,《한국지리환경교육학회지》 23-3, 2015, 13쪽)

한다.[43]

일제가 마지못해 가르치던 '조선어독본' 교육에서도 식민교육의 장치를 마련했다. 일제는 식민정책의 변화에 맞추어 《조선어독본》을 자주 바꾸면서 일제의 정책을 전파하는 데 힘을 쏟았다. 또 "조선어를 가르칠 때에는 될수록 일상생활에 관련시키고 항상 국어(일본어)와 연락을 가지고 황국신민으로서의 신념을 함양해야 한다"고도 했다.[44]

조선어 교과서가 그러한데 일본어 교과서야 더 말할 나위 없다. '일본어 교과서'는 일본어만 가르치는 것이 아니라 제국주의 정치를 전파했다. 《보통학교국어독본》에 실린 다음 글을 보자.

조선은 오랫동안 정치가 혼란하여 백성은 편안하게 지낼 수 없고 또 때때로 외국에 침략당해 항상 동양의 화근이 되었습니다. 그래서 메이지천황은 동양 평화를 유지하고 백성의 행복을 진작시키기 위해 1910년에 총독을 두시어 조선을 통치하게 하시고 정무총감을 두시어 총독을 보좌하게 하셨습니다.[45]

전시체제기에 들어서자 《국어독본》은 전쟁을 선동하는 글과 삽화를 넣어 마치 실전을 위한 리허설 같았으며,[46] 정부의 시책을 선전하는 역할을 했다.

음악교육도 마찬가지였다. 창가 교과서는 국정교과서였던 《수신서》·《국어독본》 등과 서로 연계해서 편찬했다. 창가 교과서의 "가사는 될 수 있는 대로 황국신민으로서의 정조를 함양하는 데 적절한 것을 골라서 취하도록 한다"고 했다.[47] 그에 걸맞은 가사 하나를 보자.

〈황국의 민〉
황국의 백성으로 태어나 영원히 빛나는
일장기의 깃발 아래에서 나라에 목숨 바치리라
맹세는 굳세어라 일억의 우리들 천황의 방패되리!

나라의 보배에 걸맞은 백성의 영광을 온몸에 받아
천황의 말씀 받들어 화목하고
맹세는 굳세어라 일억의 우리들 나라의 근본되리[48]

교과서에 군가도 실었다. 저학년 교과서에는 "총탄에 맞아도, 끄떡 없는 철모, 써보고 싶어요, 철모"[49]와 같은 가사를 실어 군인을 동경하게 만들었다. 고학년으로 갈수록 참여를 유도하는 가사를 실었다. "미영 공격하라는 천황의 명령에/ 머나먼 길 가네 태평양/ 무적함대 거느리고 나타나니/ 순식간에 달아나는 적 주적함"[50]

일제는 학생이 학교로 올 때 군가에 발맞추어 '집단등교'하라고 유도하기도 했다.[51] 그 밖에 의식을 치를 때 부르는 모든 노래는 천황숭배사상으로 가득 찼다.[52]

학교생활과
교실 밖
수업

2

I

교복
입고
학교로

일제강점기에는 4월 초에 입학식을 했다. 봄날 처음 학교에 갈 때 초등학생은 어떤 옷을 입었을까. 식민지 초기에 거의 모든 남학생은 한복에 두루마기를 입었다. 그러나 모자는 반드시 지정된 것을 써야 했다. 구두를 지정한 학교도 있었다. 1920년대 남자 초등학생도 그와 똑같았다. 1894년에 개교한 우리나라 최초의 초등학교인 교동초등학교도 1927년까지 대부분 두루마기를 교복으로 입었다. 이 학교는 1929년부터는 양복을 교복으로 입었다.[1]

보통학교 학생들은 경제적 여건 때문에 교복을 입지 않았으나 1930년대 중반부터 일부 남학생은 검은색 교복을 입기도 했다. 1938년까지 학생복은 검정색이었지만 일제가 성인 남성에게 국민복을 입도록 하자 남아의 교복은 국민복 비슷했으며 색깔도 국방색으로 바뀌었다.[2] 국민복이란 기존에 양복을 입던 사람에게 양복 대신 입으라는 전시패션이었다. 그러나 전쟁으로 물자가 부족해서 한꺼번에 교복을 바꾸지는 않았다. 따라서 검은색 교복과 국방색 교복이 섞여 있었다. 또한 1945년까지 양복이 아닌 한복을 교복으로 입은 학교도 적지 않았다.[3] 한복과 두루마기를 입어도 반드시 모자는 써야 했다.[4]

〈그림 12〉 삽화 속에 나오는 초등학교 남학생 서양복 교복(《동아일보》 1938년 10월 13일)

1920년대 초등학교에 다니는 여아들은 가슴 언저리에 오는 길이의 저고리와 종아리 길이의 통치마를 통학복으로 입었다. 1930년에 들어서면서 일부 초등학교에서 서양복을 교복으로 입기도 했지만, 대부분의 여

〈그림 13〉 새 학기 초등학생이 등교하는 모습(《매일신보》 1932년 4월 2일) 남학생은 서양복을 입었고 여학생은 한복을 입었다.

아는 여전히 한복을 입었다.[5] 여아에게 교복이라는 개념은 아직 희박했던 것으로 보인다.

이제 중등학생 교복을 보자. 1910년대 남자 중등학생은 바지 저고

〈그림 14〉1913년 계성 중등학교 교원과 학생(계성90년사편찬위원회 편, 《계성90년사》,
계성중고등학교, 1996)
학생들이 두루마기에 모자를 썼다.

리에 두루마기를 입고 모표가 붙은 모자를 썼다. 그때 양복은 아직 때
가 일렀다.

(1915년 무렵 - 인용자) 경성고등보통학교 재학 당시 교복이 우리 조선 의복이
었으므로 학생들이 양복이 입고 싶어서 오륙백 명 학생이 일일이 도장을
쳐서 학교 당국에 청원서를 제출했더니 시기가 아직 이르다는 이유로 퇴
각을 당하고 말았습니다.[6]

1920년대에 들어서 남자 중등학생 교복은 검정색 군복형 교복에

둥근 모자로 바뀌었다. 군대식 복장과 비슷했다. 학교마다 교표나 배지는 달랐지만 교복 디자인은 엇비슷했다. 1970년대까지 중고등학생들이 널리 입었던 교복과 거의 같다. 양정고등보통학교의 교복에 대한 규정을 보면 모자 양식이 해군모자 형태라고 규정하고 있으며, 외투에 대한 규정에서도 군대식 외투라는 표현을 쓰고 있다. 교복은 학생을 다른 집단의 사람과 구분해준다. 교복은 교내뿐만

〈그림 15〉 '변형 교복'에 대한 풍자(《별건곤》 1927년 2월호, 94쪽)
"윗저고리가 점점 짧아지고 색 허리띠 길게 늘어뜨리고 배꼽을 내놓고 다닐 날도 며칠 안 남았다."

아니라 교외에서 외출할 때에도 입는 것을 원칙으로 했다. 대체로 10월에서 4월까지는 동복, 5월에서 9월까지는 하복을 입었다.[7] 획일화한 교복일지언정 남학생은 그 교복에 패션을 넣었다. 유행은 때에 따라 달라지기 마련이다. 어느 때는 위보다 아래가 훨씬 넓은 나팔바지가 유행했다.[8] 1929년 '변형 교복' 패션을 보자.

여름철 양복의 상의는 요즈음 여자 저고리보다도 짧게 해서 입고 게다가 등골을 어깨에 이르기까지 째어 놓아서 바람이나 불면 펄렁펄렁 때 묻은

속옷이 보여서 모습도 비열하고 이것 때문에 채신이 떨어져 보이건만 학생 자신들은 그것이 일본 유행이라나 미국 유행이라나 하면서 가장 모양이나 낸 듯이 우쭐대는 것을 보면 참으로 우습습니다.[9]

〈그림 16〉 1932년 유행(《동광》 1932년 11월호, 95쪽)
오른쪽부터 보면 여자는 치마가 짧아졌다. 중학교 3학년생은 "모자에는 뿔이 나고 바지에는 혹이 돋았다." 양복바지가 차츰 넓어진다.

남학생들은 옷만이 아니라 모자도 변형했다. 모표를 찌그러뜨리거나[10] 모자를 찢어서 그들 나름대로 멋을 냈다. 그 증거를 대자.

학생들은 최근에 와서 찢어진 모자를 대단히 좋아하는 경향이 있다. 모자 뚜껑을 십자형으로 일부러 찢어가지고 다시 빨강 실, 파란 실로 찍어매어 쓰기도 하고 좀 더 그런 것을 기쁨으로 삼는 학생이면 찍어매지도 않고 모자 밑에 색깔 있는 수건을 받치고 해서 그 색 수건이 밖으로 불거져 나오게 하고 다닌다.[11]

학생 나름대로 교복과 모자에 '패션을 넣었다'는 것은 그래도 좀

〈그림 17〉 군복 비슷한 차림으로 등교하는 학생들(전고 · 북중 80년사 편찬위원회 편, 《전고 · 북중 팔십년사》, 전고 · 북중 80년사 편찬위원회, 1999)

'자유'가 있었다는 징표다. 1920년대 일제가 기만정책으로 내놓은 '문화통치'의 정세가 반영된 것일까. 그러나 중일전쟁 뒤부터 분위기가 달라졌다. 온갖 규제가 뒤따랐다. 일제 말기에 이르러 '평화 복장'이 사라지고 '전시 복장'이 되었다. 옷 색깔마저 '국방색'으로 바뀌었다. 조선총독부 학무국은 1942년 1학기부터 중등학교에 모양이 똑같은 제복을 입게 했다. 남학생들은 국방색 교복에 학생모 대신 전투모를 썼고 행전을 차야 했다. 이들에게 총만 쥐여 준다면 곧바로 병사가 될 수 있도록 했다. 회고를 들어보자.

내가 입학하기 전해(1941년 - 인용자)까지의 중학생 교복은 겨울은 검은색,

여름과 봄가을은 연회색 바탕에 검은 반점을 섞어서 짠 '시모후리'였다. 태평양전쟁 후의 1학년생인 나의 학년부터 사계절 모두 국방색으로 바뀌었다. 손에 들던 책가방도 군대의 배낭 같은 '란도세루'로 바뀌었다. 전해까지는 군사교련시간에만 차던 각반이 등교 하교 시에도 제도화했다. 학과 시간 중에만 각반을 풀 수 있었다. 전시 학생 복장이다. 일제 식민지하에서나마 낭만의 외적 표시였던 평화적 복장이 군대화한 것이다. 그뿐이 아니다. 평화 시의 중학생에게 그렇게도 어울려 보였던 모자마저 마루보丸帽(둥근 모자 - 인용자)에서 일본 군대식 '전투모'로 바뀌었다. 중학생 이상은 이제 준군인이 된 것이다.[12]

이제 여학생 교복을 보자. 1910년대에는 서양식 옷, 한복 등 여러 갈래였다. "교복 지정 없는 중등학교 여학생들은 십중팔구는 흰 치마에 옥색 저고리 또는 옥색 치마에 흰 저고리이며 기껏해야 검은 치마에 남빛 유록빛 저고리였다."[13] 1920년대에 들어와 거의 모든 여학생이 흰 저고리에 짧은 통치마를 입었다. 그렇기는 해도 학교마다 차이가 있었다. 치마에 흰 선이 있는가 없는가, 있다면 그 선은 몇 개인가. 치마에 주름이 있는가 없는가, 주름이 있다면 넓은가 좁은가. 이런 식으로 학교를 구별했다. 다음 글에서 보듯이 옷감은 사람마다 달랐다.

남학생들은 어떤 학교나 대개 제복이 있어서 복장이 일치하고 그 제복의 지질은 거의 전부가 일본서 산출되는 것으로 조선 학생이나 일본 학생이 동일한 것을 사용합니다. 그런데 여학생도 혹 학교에 따라서 제복 비슷한 것이 있다 할지라도 지금 여학생의 복장은 재래복을 조금 개량한 것으로 흰 저고리 검정치마 또는 전부 흑색을 사용하게 되는데 그 재질이 염색이나 모양이나 튼튼한 것으로나 여학생 복장에 가장 적당하다고 할 만한 것이 아직까지 조선 내에는 별로 산출이 되지 않는 것이 유감입니다. 그리하여 오늘날 여학생 복장은 가지각색의 재질을 마음대로 사용하게 되는 것입니다.[14]

여학생 사이에 발목이 드러나는 짧은 통치마가 유행하자 여학교마다 통치마 길이에 무척 신경 썼다. 대체로 무릎에서 발목 길이의 3분의 1로 치마 길이를 규정했지만, 치마 길이가 자꾸만 짧아져 갔다.[15]

학교에서는 얼굴에 분을 바르지 못하게 하고 반지도 끼지 못하게 했지만, 남모르게 분을 바르고 집에 가면 반지를 끼곤 했다. '손목시계'는 여학생 사이에 크게 유행했다.[16] 학교에서 돌아와서 외출할 때는 편한 옷을 입었다. "학교에 갈 때 입는 의복과 밤 나들이에 입는 의복이 다르고 팔뚝시계가 없으면 동무들 틈에 들기가 어렵다."[17] "호리호리하게 보이려고 겨울에도 속옷에는 여름 속옷을 입고" 다니거나 학교에 교복을 놓아두고 학교에 와서 교복으로 갈아입는 여학생도 있었다.[18]

1920년대 뒤부터 여학생들과 그들의 옷차림은 사회적 관심의 대상이었다. 새로운 시대에 새롭게 등장한 집단, 더구나 사회적으로 공개

〈그림 18〉여학생 짧은 통치마 풍자 만화(《신여성》 1925년 6월호, 36쪽) "공부가 너무 골몰하여 차리고 나선 꼴이 앞머리 깡동 자르고 저고리 주책없이 길고 굽 높은 구두로 쓰러질 듯한 걸음거리."

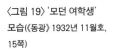

〈그림 19〉'모던 여학생' 모습(《동광》 1932년 11월호, 15쪽)

〈그림 20〉외출할 때 사치스럽게 치장한 여학생을 비난하는 그림(《매일신보》 1928년 9월 26일)

된 여성이 그동안의 관습을 벗어나 어떠한 방식으로 근대 생활에 적합한 외형을 갖출 수 있을까 하는 문제가 사회적 논의의 대상이 되었다. 그들이 곧 근대 여성 외형의 표준이 될 가능성이 높았다.[19] "조선에서는 여자 사회의 유행의 중심이 화류계에 있었으나 이제 유행의 중심은 여학생에게 옮겼다." 마침내 여학생이 패션 리더가 되었다. 여학생의 "긴 저고리 짧은 치마 37로 가른 머리에 털실 목도리 이러한 것이 유행의 표적"이 되었으며, 현대인의 취미에 맞는 모양으로 평가되었다. 여학생이 아니면서 여학생 복장을 한 여성을 '밀가루'라고 비난하기도 했다.[20]

1930년대 들어 양장을 한 여성이 크게 늘었다. 양장은 종류가 다양해졌고 차츰 지방까지 퍼졌다. 여학생 교복에도 양장 바람이 불었다. 1930년대에 서양식 교복이 힘을 얻었다. 특히 숙명여자고등보통학교 교복이 눈에 띄었다. 숙명여자고등보통학교는 1931년에 완전히 서양식으로 바꾸어 블라우스에 점퍼스커트, 감색 세일러복을 교복으로 했다. 대부분의 학교가 양장 교복으로 바꾸었지만, 이화와 진명에서는 계속 한복 교복을 입었다.[21] 잡지에서는 두 학교의 교복을 다음과 같이 평했다. "이화여자고등보통학교, 이 학교 교복은 양장 아닌 것이 특색이다. 조선옷인 것만큼 조선 맛이 든다. 그리고 색채에서는 덜 검은 빗을 택했으니 실용적이라고 생각한다." "진명여자고등보통학교, 새하얀 저고리와 새까만 치맛자락에 한 줄 두 줄을 쳐서 입은 것이 조선옷 입은 교복 가운데 가장 명랑하고 경쾌해 보인다."[22] 그러나 중일

〈그림 21〉 '탕녀'가 여학생 교복을 흉내 내어 입는다.　　〈그림 22〉동덕여고보 교복
《동아일보》 1923년 12월 17일)　　　　　　　　　　《신여성》 1924년 2월호)

전쟁 뒤에 물자 절약 등을 이유로 일제의 의복 통제가 심해지면서 두
학교 교복도 바뀌었다. 총독부 학무과에서는 여학생이 '조선복'을 못
하게 하라고 지시했다.[23] 그 무렵에는 여학생 양말도 '자원 애호' 차원
에서 짧은 것을 신으라고 명령할 정도였다.[24] 이화여자고등보통학교
를 끝으로 조선 교복이 드디어 자취를 감추었다. 그때 신문은 다음과
같이 보도했다.

　흰 저고리 검정 치마 빨간 댕기로 부내 여학교 중에서 조선옷 제복으로
　는 오직 하나이던 이화고녀의 제복이 양복으로 변한다. 남빛 치마에 흰 블
　라우스 치마허리에 흰 줄을 친 것이 특징이며 유월 초하루 날부터 전교생

(1909~1927)　　　　　　(1928~1935)　　　　　　(1935~1952)
검은치마·흰저고리　　　검은치마·수박색 저고리　　　세라복

〈그림 23〉 여학생 교복의 변천(호수돈여자중고등학교 편,《호수돈백년사》, 호수돈여자중고등학교,
1999, 51쪽)

도가 일제히 입게 되어 이로써 부내 여학교의 조선옷 제복은 전부 없어졌
다.[25]

지방 학교도 마찬가지였다. 보기를 들면 대구여자고등보통학교 제
복은 1930년대 중반까지는 동복·하복 모두 개량 한복이었다. 그러나
'세라복'으로 바꿀 수밖에 없었다.[26]

전쟁이 길어지면서 일제는 전시에 맞는 검소하고 간단한 차림을
권장했다. 일제는 조선 여성에게 몸뻬를 입으라고 강요했다. 몸뻬는
에도시대 일본 동북지방 농촌에서 일할 때 입던 옷이다. 처음에는 주
로 방공훈련할 때 입게 했지만, 시간이 지나면서 보통 때에도 강제로

입게 했다. 몸뻬가 치마를 대신했다. 몸뻬는 여학생들의 교복과 여교원의 제복으로까지 확대되었다.[27] 몸뻬를 입고 운동화를 신은 학교도 있지만, 몇몇 학교는 교묘하게 몸뻬를 피했다. 숙명여자고등보통학교는 교복으로 바지를 처음 입으면서 몸뻬 대신이라고 우겨 몸뻬 입기를 비껴갔다. 나머지 여러 학교도 이를 본받아 바지를 교복으로 정했다.

〈그림 24〉 몸뻬를 입고 분열식을 하는 여학생(《매일신보》 1944년 5월 23일)

그 무렵 여학생 바지가 대부분 밑을 죄었던 것은 몸뻬를 피하려는 뜻이었다. 배화여자고등보통학교와 덕성여자고등보통학교는 몸뻬를 거부했다. 배화여자고등보통학교는 1938년에 개정했던 흰 넥타이를 단 검은 세일러복에 주름치마로 개정한 뒤에 해방될 때까지 계속 입었다.[28] 세일러복이란 해군이 입는 옷을 본떠 등에 네모진 깃을 드리운 옷이다.

2

학교
풍경의
이모저모

학교 건물과 운동장

무섭도록 우뚝 선 건물, 그리고 드넓은 운동장. 이것이 집 울타리를
나선 어린이가 맞닥뜨릴 첫 번째 삶의 공간이 아닐까 싶다. 건축은 그
자체가 메시지를 전달하는 미디어다.[29] 학교는 '설계'되었고 그 공간
에는 '목적'이 있다. 학교 설계는 사회적 권력과 관계가 깊으며 근대
교육공간은 사회의 지배 이데올로기를 표현한다.[30] 학교 건물은 식민
지 학생에게 무슨 메시지를 전달했으며 어떤 사회적 관계와 이데올로
기를 작동하게 했을까. 학교 건축의 역사를 간추려보면서 의미를 짚
어보자.

1880년대에 선교사들이 신식교육을 하면서 서구식 건축양식을 선

〈그림 25〉 경성에 있는 교동공립보통학교

보였다. 한국 학교 건축의 새로운 모델로 등장했다. 서양식 붉은 벽돌
과 석조로 만든 근대건축물이 전국 곳곳에 들어서면서 일반인도 새로
운 건축물을 보게 되었다. 처음에 학교 건물은 기둥과 지붕은 목조로
구성하고 외벽만을 벽돌로 해 한국과 서구의 절충식 형태를 띠었다.
학교에 가는 학생들이 덜 놀랐을 것이다. 교정 안에 있는 기숙사도 한
옥이나 초가집을 그대로 사용함으로써 학생이 친근하고 익숙하게끔
배려했다.[31]

　1905년 일본과 체결한 을사늑약으로 교육환경이 크게 바뀌었다.
특히 일본은 자신이 바라는 교육시설환경을 만들려고 학교 건축에도
많은 신경을 썼다. 1920년대 보통학교가 뿌리를 내리면서 교사 건축
형식이 틀에 잡혔다. 기존의 목조교사를 쓰면서 벽돌로 지은 학교나

목조로 된 구조에 철망을 넣은 콘크리트로 외벽을 두른 학교를 지었다. 1930년대에 이르면 철근콘크리트로 만든 학교도 생겼다.[32]

거의 모든 학교는 학교 운영자가 교사와 학생의 행동을 감시하는데 유리하게 일자―字형 건물을 세우고 복도마저 곧게 뻗은 일자형으로 연결했다. 그리하여 한곳에서 모든 교실을 쉽게 감시할 수 있고 통솔에 유리하게 만들었다. 복도와 교실 사이는 유리창으로 만들어 교실 내부의 모든 상황이 복도에서 잘 보이게 지었다.[33] 교장실을 비롯한 관리통제 기능을 하는 곳이 건물의 중앙에 자리 잡고 있다. 각 교실을 통제하면서 운동장을 비롯한 학교의 모든 공간을 바라볼 수 있는 자리였다. 그만큼 건물 배치는 권위적이었다.[34] 군인 막사처럼 직선으로 쭉 늘어놓은 학교 건축의 배치 형태는 모든 학교에 적용되었다.

우리나라 전통교육기관이었던 서당이나 성균관에는 딱히 운동장이 없었다. 운동장은 언제부터 생긴 것일까. 아직 정확하게 알 수 없다. 우리나라 근대 학교체육의 도입과 성립과정에 적지 않은 영향을 끼친 일본은 어떠했던가. 일본은 메이지시대(1868~1912)에 교지 면적 가운데 거의 2분의 1을 차지하고 평탄하고 장애물이 없으며 한곳에 정리된 운동장을 만들었다. 그 이름은 유희장→체조장→운동장으로 바뀌었다.[35] 그들은 "운동장은 일상적으로 교사가 실행하는 훈련의 효과가 어떠한지를 관찰하기에 절호의 기회를 준다. 따라서 앞으로 집행할 훈련방법을 결정하는 재료로 참고할 만하다. 운동장은 정밀하게 아동의 성품과 행동을 갈고 다듬는 데 가장 긴요한 장소다"라고 생각했다. 일본에서는 운동장이 학생을 감독하기 편리하다는 특성이 있음을 강조됐다.[36] 우리나라 운동장이 등장한 배경도 이와 비슷했을 것이다.

우리나라에서는 보통학교가 자리를 잡는 1920년대부터 운동장 시설을 제대로 갖추기 시작한 것으로 보인다. 아동 1인당 운동장 평균 면적이 4.5제곱미터로 운동장 설치 상황이 매우 좋았다. 교지 면적 가운데 운동장이 차지하는 비율은 평균 54퍼센트였다.[37] 대개 운동장은 교장실 앞에 높은 단을 놓고 이를 중심으로 좌우로 크게 펼쳐져 있다. 이는 한꺼번에 모든 구성원을 통솔하기 쉽게 하고, 관리자가 위엄과 권위를 드러낼 수 있는 배치 전략이었다.[38]

넓은 운동장이 왜 필요했는가. 운동장은 각종 체조와 운동을 통한 '신체 훈련'의 장소였다. 학교운동장은 조선 사람을 '선량한 황국신민'으로 만드는 훈육 장소가 되었다. 운동장은 학생들을 점검하는 조회와 온갖 의식을 치르는 학교의 중심이었다. 학급순서에 따른 군대식 정렬, 엄숙한 경례, 일사불란한 합창, 위엄이 넘치는 훈시, 그리고 집단 체조 등이 바로 운동장에서 펼쳐졌다. 운동장에서 치르는 갖가지 의식에는 학생의 몸과 머리에 서열적·권위주의적·복종적·기계적 세계관, 그리고 감성과 행동습관을 주입하는 장치들이 교묘하게 결합돼 있었다.[39] 운동장은 갖가지 집회와 행사를 하면서 집단적으로 이데올로기를 강요하는 공간이 되었다.[40] 운동장은 연설회나 영화를

〈그림 26〉'농작물 재배 실습지'가 된 운동장(경북중고등학교 동창회60년사 편찬회 편,
《경북중고등학교60년사》, 경북중고등학교 동창회60년사 편찬회, 1976)

〈그림 27〉 군대의 위병소처럼 서슬이 푸른 일제말기 경북중학교 교문(경북중고등학교
동창회60년사 편찬회 편,《경북중고등학교60년사》, 경북중고등학교 동창회60년사 편찬회, 1976)

상영하면서 정책과 이데올로기를 선전하는 곳이었으며,[41] 교련훈련을 하고 사열하는 곳이기도 했다. 교문 옆에 붙어 있는 수위실은 위병소이며, 운동장은 연병장이고 운동장 중앙 전면에 자리 잡은 구령대는 사열대다.[42] 다음 글에서 보듯이 일제 패망 직전의 학교 운동장은 식량 생산의 텃밭이자 방공훈련 장소였다.

3학년(1944년-인용자) 여름 어느 날. 요란한 싸이렌 소리와 함께 나는 언제나 하던 대로 다른 학생들과 함께 수업을 하다 말고 교사를 뛰쳐나와 밭 가운데 여기저기 파헤쳐진 대피호에 뛰어 들어갔다. 이때는 이미 전국 각급 학교의 운동장은 완전히 파헤쳐져 밭으로 바뀌었다. 한 뼘의 땅도 식량에 전용한다는 정책이 학생들에게서 운동장마저 빼앗은 지 한참 되는 때다.[43]

교실과 상징물

운동장을 지나고 학교 건물 속으로 들어가 복도에 다다른다. 1930년 후반 '교실의 연장'인 복도에는 시국과 관련된 지도와 사진이 쭉 걸려 있다. 처음 들어선 교실은 아주 낯설다. 여자아이가 적은 시골 학교가 아니라면 학급은 남녀를 구분했다. 교실 전면에는 커다란 칠판 그리고 교단과 교탁이 자리 잡고 있다. 칠판 위에는 일본 역사 연대표가 걸려 있다. 그 위에 교실 안에서 가장 중요한 상징이라 할 수 있는 일본 천황 궁성 사진이 걸려 있었다. 학생들은 교실을 출입할 때마다 또는 수업시간에 교단 위로 올라설 때마다 이 궁성 사진을 향해 경례해야 했다. 칠판의 오른쪽에는 학교 규율의 집약이라 할 수 있는 교훈과 급훈이 걸려 있고 왼쪽에는 〈황국신민서사〉와 '지나사변' 지도가 있다.[44] 지도는 단순히 공간을 묘사하는 시각이미지를 넘어서 국가 통치에 필요한 중요한 요소다. 더욱이

〈그림 28〉《半島の光》1942년 12월호 표지
《半島の光》은 관제 잡지다. '대동아공영권' 지도 앞에서 일제 삭발령에 따라 머리카락을 자르고 국민복을 입은 사람이 결의에 차 있다.

가치 판단을 제공하는 지도는 보는 이에게 무엇인가를 믿고 이해하도록 설득할 뿐만 아니라 행동을 하도록 이끄는 도구다. 지도에서 내용이 바뀌면 세상이 바뀐 것으로 생각할 만큼 지도에는 권력의 의미가 담겨 있다.[45] "교실 벽에 걸린 커다란 중국 지도에는 매일 아침 담임 선생님의 전쟁 소식과 함께 일장기가 새로 그려졌다. 일장기의 열은 중국대륙의 해안에서 점점 내륙으로 전진하고 있었다."[46] 뒷면 벽에는 학습 기사와 통고 사항 등을 게시하는 칠판과 함께 그림 등 학생 작품 등을 전시하는 성적 게시판이 있으며 그 위에 일본 지도와 세계

지도가 걸렸다. 양쪽 벽으로는 '바르게 앉기 쓰기 자세도'가 걸려 있거나 액자 그리고 각종 슬로건을 담은 서예 걸이 등이 걸려 있다. 이 액자에는 일본 전쟁 영웅의 초상화가 들어 있다. 학생들이 앉은 책상은 모두 정면을 바라보고 열을 지어 있었다.[47] 좁은 교실에 학생이 빽빽하다.

보통학교에서는 하나의 교실에 몇 십 명, 많게는 70명이 넘는 학생을 수용했다. 그들에게 교사가 똑같은 교과서를 가지고 똑같은 내용으로 강의했다.[48] 일본 학생이 다니는 소학교에는 50명 남짓했지만, 조선 학생들은 70명을 한도로 73~74명까지 수용했다.[49] 선생이 칠판에 쓰면 학생이 그것을 읽고 따라 썼다. 모든 수업은 정해진 시각에 일제히 시작되며 또한 정해진 시각에 일제히 끝났다. 종소리로 시작하고 끝나는 시각을 모두가 알았다.

교실의 구조와 학생의 배치는 수업방식의 성격을 드러내는 하나의 지표다. 교사는 교실의 전면 중앙에 자리 잡고 학생들을 열과 오를 지어 전면을 보게 했다. 이것은 원형의 공간배치나 몇 개의 집단이 마주 보는 공간배치와 구별된다. 학생 사이의 의사소통은 억제되었으며 하나의 중심점으로 집중해야 했고, 동시에 그 중심에 따라 통제되는 구조였다.[50]

황민화교육이 한창일 때 학교 안에는 천황제 이데올로기와 관련된 여러 상징물이 곳곳에 들어섰다. 〈교육칙어〉 등본과 천황 사진을 넣어둔 봉안전, 학교 게양대 앞에 높이 걸어놓은 히노마루, '국체명징'

을 상징하는 국체실 따위가
그것이다. 학생들은 이 상징물
앞을 지날 때면 늘 공손하게
경례를 해야 했다. 눈길이 자
주 갈 만한 곳에는 어김없이
게시판을 두어 학생들에게 황
국신민의 자세를 익히게 했다.

〈그림 29〉 일황의 사진을 넣어두었던
봉안전(경기고등학교70년사편찬회 편,
《경기70년사》, 경기고등학교, 1970)

기숙사

부모 곁을 떠나기 힘들었던
초등학생이 기숙사 생활을 할
까닭이 없다. 기숙사는 중등학교 학생을 위한 학교시설이다. 일제강
점기에 중등학교는 도시에만 있었기 때문에 지방에서 온 학생을 위해
기숙사가 필요했다. 특히 여학교는 기숙사를 반드시 운영해야 했다.
여학교가 생기기 시작한 초창기에는 기숙사에 대한 편견도 컸다. 기
숙사는 고아나 가난한 집 딸이 어쩔 수 없어 들어가는 고아원처럼 여
겼다.[51] 그러나 향학열이 생기고 학교가 집중된 도시로 학생이 몰려들
자 특히 여학생에게 기숙사는 학교 선택의 중요한 기준이 되었다.
  기숙사 크기와 건축양식은 학교 사정에 따라 달랐다. 관립중등학교
의 경우 기숙사는 교사 뒤편의 가까운 곳에 두는 것이 보통이었다. 기

숙사는 학생이 자고 머무는 곳, 사감이 있는 곳, 식당으로 영역이 구분되었다. 기숙사의 작은 방에는 4명, 큰 방에는 8명이 들어갔다. 온돌방도 있고 다다미방도 있었다. 한국인 학교는 온돌형에 작은 방이었고 일본인 학교는 다다미방에 자습실과 침실이 구분된 큰 방을 두었다.[52] 지방 도시의 기숙사는 어떠했을까. 공주고등보통학교의 경우를 보자. 공주 시내에 사는 사람을 빼고는 모두 기숙사에 들어가야만 했다. 학년이 올라갈수록 기숙사 학생은 차츰 줄어들어 공부 잘하는 '모범학생'만 기숙사에 남았다. 보통 한 방에 1학년 세 명, 2학년 두 명, 3학년 한 명씩 잤다.[53] 1930년대 중반 대구여자고등보통학교의 기숙사를 보자.

구조는 남향으로 온돌방 10개가 동서로 길게 한 줄로 붙여서 지어졌고 북쪽으로 복도가 있고 그 너머로 취사장이 있었다. 서쪽 끝으로 공동 화장실과 세탁소를 겸한 목욕탕이 있는 아주 단조로운 집이었다. 남쪽 뜰에는 장미원이 있어 해마다 5월이 되면 형형색색의 아름다운 장미꽃이 피었고 북쪽 학교 운동장 쪽으로 정구장이 있었다. 토요일 방과 뒤에 교복을 벗어 던지고 방 대항 시합을 즐기기도 하였고 삼삼오오 장미원을 거닐면서 소녀의 아름다운 꿈을 꾸기도 했다. 기숙사의 생활양식은 사감 선생님의 감독하에 약 40명의 사생이 완전히 자치, 자취제도로 생활하였다. 한방의 식구는 1학년에서 4학년까지(그 당시는 4년제였음) 한 명씩 배치되었고 4학년 언니가 조장이 되어 그 방을 통솔, 감독하였다. 또 4학년이 되면 요장이

〈그림 30〉 전주고보 기숙사 건물, 1946년 촬영(전고·북중 80년사 편찬위원회 편, 《전고·북중 팔십년사》, 전고·북중 80년사 편찬위원회, 1999, 158쪽)

되어 일 개월씩 교대로 전체 기숙사 살림살이를 맡아서 주관하는 책임이 지워졌다.[54]

전체 학생 가운데 기숙사 생활을 하는 학생은 얼마나 될까. 정확하게 알 수 없다. 1917년 대구개성학교의 경우 82명 가운데 기숙사 생활을 하는 학생이 48명이었다. 60퍼센트 남짓이 기숙사 생활을 한 셈이다.[55]

현진건이 쓴 소설 《B사감과 러브레터》(1925)에도 잘 나타났듯이 여학교 기숙사 규율은 엄격했다. '낮에는 학교 시간이 바쁘고 밤에도 시

간이 정해져서' 거의 틈이 없
었다. "너무 규칙적이기 때문
에 일거수일투족에 자유가 없
어서 항상 밧줄에 얽어 매인
것 같은 느낌"을 받았다.[56] 그
러다가 때로 "꽃구경이 있다
든가 또는 활동사진 좋은 것
이 왔다거나 할 때에 사감을
졸라서 여럿이 함께 구경 갈
때는 정말로 기뻤다."[57]

〈그림 31〉 1940년대 학교 기숙사 풍경

　전시체제기 남학생 기숙사
는 군대와 같은 엄격한 위계
질서가 있었다. 하급생은 일
찍 일어나 상급생의 이불을
개어 주고, 시간표를 확인해
책보도 꾸려놓고, 기숙사에서
마련해주는 도시락을 챙겨서
갖다 바쳐야 했다. 학교가 끝
난 뒤에는 상급생의 도시락

〈그림 32〉 "일요일에 기숙사에서 빨래할 차례가
된 학생은 온종일 빨래해야 한다"(《조선일보》
1930년 10월 5일)

을 깨끗이 씻어 엎어놓아야 했다. 그런 일을 하지 않으면 상급생에게
매를 맞았다. 그러나 배고픈 것이 가장 견디기 힘들었다. 늘 학교에서

주는 식사량이 적었으며 도시락을 싸주면 아침에 다 먹고 빈 도시락을 들고 등교해 집에서 도시락을 싸 오는 친구에게 밥을 얻어먹곤 했다.[58] 다시금 일제 말기 전주고등보통학교 기숙사 생활을 보자.

교실 크기의 절반쯤 되는 방이 일층 이층에 셋씩 있었다. 방은 중앙을 책상으로 서로 맞대어 놓은 양편에 각각 5명씩 한 반에 10명의 사생들이 기거했다. 바닥은 일본식 다다미방이고 겨울에도 난방시설 없이 추위를 견디고 생활했다. 그러나 그보다 더 힘든 것은 배고픔이었다. 기숙사 2층 건물 뒤에 단층 식당이 있었는데, 아침, 저녁 식사는 모든 기숙사생이 모여서 이곳에서 했으며 점심은 도시락을 싸주었다. (…) 시커먼 콩깻묵이 소량의 흰쌀을 덮어버려 보기도 흉하고 먹기도 힘든 식사를 하고 살았다. 당시 근로봉사 작업에 동원되는 것이 다반사였던 터라, 기숙사생들은 거의 먹을 점심이 없이 배를 곯아야 했다. 왜냐하면 아침 식사 뒤에 받아온 점심 도시락을 방에 들어오기가 무섭게 위아래로 흔들어 대고 밑바닥에 얇게 달라붙은 점심을 그 자리에서 홀랑 입속에 털어 넣고 빈손으로 학교에 가기 때문이다.[59]

식민지 선생님

'선생님 말씀 잘 들어야 한다.' 그런 이야기는 이미 귀에 못이 박혔다. 아이들은 두려움과 호기심으로 선생님과 마주한다. 보통학교에는 한 학급마다 현재와 같은 학급 담임제를 했다. 중등학교는 교과 담임제였지만, 두 과목 넘게 가르치는 선생도 있었다. 심지어 내용에서 서로 연관성이 없는 과목을 가르치기도 했다.[60]

식민지 조선의 선생은 일본 사람도 있고 조선 사람도 있다. 1943년에 초등학교에는 일본인 교사가 전체에서 3분의 1이 넘었다. 중등학교는 68.7퍼센트 전문대학과 대학에는 68퍼센트가 일본 사람이었다. 조선인 교사는 월급 등에서 차별대우를 받았다.[61] 그때 말로는 '훈도'였던 보통학교 선생은 일본 교장의 지시를 받아야 했다. 교장은 교사의 독서 경향이나 복장과 같은 사생활까지 간섭했다. 교장은 '불온'한 교사를 더욱 옥죄었다. '훈도'는 꼼짝없이 학교 방침에 따를 수밖에 없었다.[62]

〈그림 33〉'국민학교' 교실과 선생님(《半島の光》1941년 4월호, 48쪽)
선생님은 국민복을 입었고 정부 지시에 따라 머리를 짧게 잘랐다.

어떻게 선생님이 되었을까. 일제는 3·1운동 뒤에 꾸준히 늘어나는 보통학교 학생을 교육하려고 사범학교를 설립하는 등 한국인 초등교육에 필요한 교사를 한국 안에서 양성했다. 보통학교 교원은 "겨우 학비의 여유를 얻어서 고등보통학교를 억지로 졸업하고, 저 사람들의 완전한 교화 기관인 교원양성소(사범과)를 은혜롭게(!) 마친"[63] 사람이었

〈그림 34〉 공립 중등학교와 초등학교 여교원 표준복(《文教の朝鮮》1938년 8월호, 95쪽) 여교원의 복장을 통제했음을 보여준다.

다. 사범학교 경쟁률은 매우 높았다. 특히 여학생에게 인기가 많았다. 학비를 들여가며 상급학교에 갈 처지가 못 되는 학생들은 사범학교를 졸업하고 선생님이 되고 싶어 했다.

일제는 중등학교 교원 양성에는 매우 소극적이었다. 중등 교원은 주로 일본에 있는 고등사범학교를 나왔다. 조선에는 전문학교에 임시교원양성소를 두어 일부 교사를 양성하는 데 그쳤다.[64] 일제강점기에 교사라는 직업은 자율성을 지니기보다는 상급자의 명령에 복종하는 관리와 비슷했다. 일제는 그들에게 갖가지 보고를 하게 해서 교원의 삶을 통제했다.[65] 학교 재정도 통제했다. 각 학교는 식민지 행정기관

의 하부 조직이나 마찬가지였다.

선생님은 학생에게 어떤 영향을 미쳤을까. 인품이 훌륭한 선생님도 있었지만, 그렇지 않은 선생도 꽤 많았다. 동맹휴학까지 하면서 교사 배척운동을 한 것은 그 때문이었다. 선생이 학생을 몹시 때려 사회문제가 되는 일도 적지 않았다. 일제강점기에 중등학교 선생이었던 이만규는 선생을 다섯 부류로 나누었다. 첫째 강한 민족적 양심을 가지고 식민지교육제도를 거부하면서 일본어로 교육하라는 학무과의 지시를 듣지 않고 교육계를 떠난 선생. 둘째 기회 있을 때마다 학생에게 배일사상과 민족의식을 일깨워 주다가 탄로가 나 일제의 법망에 걸린 선생. 셋째 학생들에게 민족의식을 불어넣어 학교 당국이나 일본 경찰이 주목했지만 간신히 교원생활을 유지한 선생. 넷째 대부분을 차지하는 부류로서 양심이 있기는 하지만 미약하고 타협적이거나 마비 상태에서 복종 제일주의가 되어 교육이념도 없고 양심의 가책도 없이 지내는 선생. 다섯째 친일 단체 등에서 적극 활동하면서 오히려 학생 앞에서 그것을 자랑하는 선생.[66]

적극 친일을 하지 않더라도 이미 세속에 찌든 선생도 있었다. 교육가를 뼈아프게 풍자한 다음 글은 여러 가지를 생각하게 한다.

교육가가 되려면 먼저는 학생에게 "이애 저애" 하는 말버릇부터 배워야 자기의 위신을 보존할 것이요. 그다음에는 자기 반 학생에게 월사금 독촉을 집달리 이상으로 해야 그 반의 성적을 낼 것이요. 학생에게는 시간 시

〈그림 35〉 1930년대 양정고등보통학교 교무실

간에 신문 잡지나 사회과학은 절대로 읽지 말도록 훈시를 하고 동맹휴학
이 생길 때에는 "요새 애 자식들은 아비도 스승도 모르고 막 뛴다"고 크게
개탄할 줄 알며 어떤 경우에는 ○ ○ ○(경찰서 - 인용자)에 전화를 걸어야 '교
경일치敎警一致'가 되고 저녁때나 그렇지 않으면 밤에는 극장, 술집, 마작구
락부 또는 카페도 가야 된다. 학생이 그런 곳에 가고 안 가는 것을 조사하
기 위하여 그런 곳을 간다고 구실을 삼으면 남의 비평은 그만 두고 학부형
까지도 감사하게 여길 터이다. 그리고 교주의 집에는 선물도 잘하고 가끔
문안을 잘하여라. 그래야 자리를 오래 보존하고 교육을 할 수 있다. 또 한
가지 비방은 봄에 입학기가 되거든 부잣집 자식을 많이 입학시켜라. 그러

면 요리도 잘 생기고 선물도 많이 생기며 어떤 때에는 돈도 생길 것이다. 작년 봄에는 어떤 보통학교 선생님까지도 학생 한 사람을 입학시키고 60원까지 받은 일이 있지 않으냐.[67]

학교 관리자-교사-학생은 하나의 관계 속에 묶여 자신들의 삶을 재생산한다. 그러므로 억압당하는 사람뿐만 아니라 억압하는 사람도 자신의 사회적 역할에서 빠져나올 수 없다. 선생은 관리자에게 신임을 얻어야 했으며 조선의 학교 현실에서 교사가 살아남을 수 있는 방법은 부패한 사회만큼 부패해야만 했다.[68]

일제는 선생이 학생의 의식에 크게 영향을 미친다고 판단해 "두뇌가 우수한 자보다는 내선일체 이념에 투철한 인물을 선발할 필요가 있다"고 했다. 그러나 1930년대 중반부터 학교 수가 늘고 전시 인력이 모자라자 좀 더 많은 조선인을 채용할 수밖에 없었다. 그들 가운데는 민족의식을 가진 사람도 많았다. 이 무렵 학생의 의식과 활동에 그런 선생님의 영향도 크게 작용했다.[69]

3

학생
만들기

규율과 훈육

학교는 질서와 감각을 훈육하는 곳이다. 입학철이 되면 어린아이를
학교에 보낼 때 집에서 미리 가르쳐야 할 내용이 신문에 자주 실렸
다. 그 가운데 규칙적인 생활, 곧 시간관념을 심어주라는 권고가 빠지
지 않았다.[70] 근대에 들어와 인간 활동을 분할하고 측정할 수 있는 '시
계시간'이 생활 속으로 파고 들어왔다. 그 '시계시간'은 시간을 표준
화하고 시계 바늘에 따라 모든 시간을 잘게 썰었다. 근대교육의 특징
가운데 하나는 시간표에 따라 가르친다는 것이다. 연간 행사표에 따
라 학교를 운영하고 시간을 단위로 수업을 한다. 교과과정도 시간표
에 따라 구분했다. 학교에서 학생은 시간을 분할하는 방법을 저절로

배우고 시간 통제에 익숙한 신체로 길들여졌다. 학생은 '학교생활의 시간표화'를 통해서 '규율적 시간'을 몸에 익혔다. 학교는 일상생활의 사소한 영역까지 시간에 따라 통제함으로써 신체의 욕망을 규제하는 새로운 형태의 인간, 곧 '규율화한 주체'를 만들어냈다.

식민지기 보통학교에서는 '훈육訓育' 또는 '훈련'이라는 이름으로 학생에게 갖가지 규율을 강요했다. 보통학교 규율은 공동생활에서 필요한 일반 규범도 포함하고 있었지만, 전체주의적인 내용을 담고 있었다. 보통학교 규율에서 가장 강조했던 것은 집단의 규칙에 순응하고 상급자에게 절대복종하는 일이었다. 학교는 학생의 집단의식을 형성하려 했다.

전쟁 바람이 불자 보통학교 규율은 군사주의적 성격을 띠었다. 황국신민화교육정책 속에서 천황숭배 규율이 학교에 넘쳐났다. 황국신민화교육을 압축해서 보여주는 것이 바로 〈황국신민서사〉 암송이다. 〈황국신민서사〉는 1937년 10월 총독부가 만든 초등학생용과 중등 이상 성인용의 두 가지가 있었다. 초등학생용은 다음과 같다.

〈황국신민서사〉

1. 나는 대일본제국의 신민입니다.

2. 나는 마음을 합해 천황폐하께 충의를 다합니다.

3. 나는 인고단련해 훌륭하고 강한 국민이 됩니다.

교사들은 때때로 학생에게 〈황국신민서사〉를 암송하라고 강요했다. 일제는 그것을 마치 종교기도문처럼 학생 의식 속에 새기려 했다.[71] 교사는 학생을 자주 단속하고 검사했다. 그것은 학무국의 방침이기도 했다. 초등학생 통제는 학교 밖의 '교외 단속'으로도 이어졌다. 교외 단속은 학부형과 상급생이 맡기도 했다.[72] 1931년 보통학교 교외 감독의 모습을 살펴보자.

교외에서 아동생활을 단속하는 것은 매우 성가신 일이지만, 이를 등한시하면 교육의 효과가 떨어질 뿐만 아니라 왕왕 학교에 누를 끼치기 때문에 적절한 단속 방법을 강구해야 한다.
1) 담임 감독: 항상 교외를 순회하여 아동의 생활, 위생과 학습 감독을 하고 이를 지도한다.
2) 보조 감독: 선량한 부형과 상급생 가운데 감독 보조자를 선발하여 부단히 아동의 행위를 조사 보고 시켜 선악 행위에 대해 각각 처리하게 한다.[73]

일제가 조선인 경찰 보조원을 이용하는 것과 마찬가지로 교사는 부형과 상급생을 이용해서 학생들의 교외 활동을 감독하게 했다. '교외 감독'에 상급생을 이용한 것은 학생 내부에 위계적 권위구조를 뿌리내리게 할 뿐만 아니라, 학생을 '분할 지배'하려는 의도가 있었다.[74]

식민 당국은 중등학교 학생에게 더욱 엄격한 규율을 적용했다. 학교는 〈생도소지품검사규정〉 같은 것을 마련해서 소지품을 검사하고 일상 행동을 감시했다.[75] 복장 검사, 교과서와 독서물 조사를 비롯해 소지품·머리카락·손톱 등도 단속 대상이었다. 교복은 옷감의 종류와 색깔, 주머니와 단추의 개수와 위치, 휘장 등을 자세하게 규정했다. 외출할 때도 교복을 입어야 했다. 옷 말고도 신발·안경·모자 따위도 꼼꼼하게 규제했다. "여자중등학교, 자원 애호

〈그림 36〉 학교 지시에 따라 짧은 양말을 신은 경기고등여학교 학생들(《매일신보》 1939년 4월 22일)

공헌하고자 짧은 양말로"[76], "인천상업학교, 맨발에 게다 신도록 한다"[77]는 내용이 신문에 크게 실리기도 했다.

중등학교 학생의 교외 활동도 통제를 받았다. 학생들은 자신의 숙소를 정하거나 바꿀 때에도 학급 주임이나 감독계의 허가를 받아야만 했다. 학급 주임과 감독계는 정시 또는 수시로 가정과 숙소를 방문해 학생들을 관찰했다. 숙소 변경에 대한 허가와 이에 대한 감시는 단순한 교육적 목적만이 아니라 학생들의 사상과 저항 활동을 감시·억압하려는 목적도 강하게 작용했다.[78]

학생이 늦은 밤에 집 밖으로 나가지 못하게 했으며, 어쩔 수 없이

나가야 한다면 밤 10시까지 집으로 돌아오게 했다. 학급 주임과 감독계가 밤늦게 다니는 학생을 단속하는 일을 맡았다. 모든 교사가 월 1회 또는 2회의 야간 순시도 했다. 이밖에도 학생이 학외 단체에 가입하거나 영화 보는 것을 막았으며 신문이나 잡지 등에 기고하는 것도 학교장의 허락을 받아야 했다. 심지어 문예부에서 발간하는 교지에 실리는 글도 학교의 사전 검열을 받아야 했다. 학생들은 그런 학교를 '제2의 감옥'이라고 부르기도 했다.

학교 규율 가운데 조회朝會가 가장 중요했다. 조회는 학과수업 전에 전교생이 군대식 대열을 이루어 운동장에서 열었던 집단 훈련이다. 조회는 피식민지였던 조선만을 대상으로 한 것은 아니었다. 일본 근대교육 역사에서 조회의 연원을 찾을 수 있다.[79] 조회에서는 경례·호령·훈화·검열 따위를 했다. 학년별·학급별로 죽 늘어서 호령에 따라 일사불란하게 행동해야 한다. 거기에는 엄격한 명령과 복종의 상하질서가 있었다. 좀 더 가까이 조회 모습을 보자. 월요일에 열리는 애국조회는 천황 숭배와 〈황국신민서사〉 제창 그리고 조국 일본을 사랑하는 애국 훈화가 뒤따랐다. 이어 고학년 학생이 주훈을 읽고 교사는 그것을 실행하는 데 힘을 쏟는다. 화요일·목요일·금요일에는 보통조회가 있다. 그 또한 〈황국신민서사〉를 제창하고 천황이 있는 곳을 보고 절을 한 다음 아침체조를 한다. 수요일에는 교련조회를 해서 질서의식을 기르고 용맹심과 복종심을 환기한다. 훈계가 끝나면 복장 검사를 하고, 오후에는 일본정신을 함양하기 위한 무도연습과 보건위생

〈그림 37〉 조회 시간에 마치 나무토막처럼 줄을 맞추어 늘어선 학생(경북중고등학교 동창회60년사 편찬회 편,《경북중고등학교60년사》, 경북중고등학교 동창회60년사 편찬회, 1976)

점검을 한다. 토요일에 다시 애국조회를 했다.[80] 터무니없는 《칙어》 봉독'과 교장의 긴 훈화가 이어지는 조회는 학생들에게 견디기 힘든 시간이었다.

관리와 통제, 상과 벌

학생의 관리와 통제는 근대교육의 특징 가운데 하나다. 학생이 입학 하면서부터 학교는 관리와 통제를 시작한다. 교사는 신입생을 위한 준비물로 가정조사와 개성조사를 하며, 학적부, 출석부, 성적고사부,

개성조사부, 성적일람표, 성적 통지표 따위를 준비한다. 정렬용 번호찰도 준비한다.[81]

학적부는 가정환경과 출결 상황, 그리고 성적 등을 자세하게 기록했다. 학적부는 학교의 호적부다. 학적부는 "교육 전반에 관한 기초자료를 확보하고 이를 근거로 학교를 감독하며, 나아가 학생 개개인을 국가의 자산으로 관리하기 위한 기록"이다.[82] 일제강점기 학적부는 '황국신민'을 기준으로 해서 학생을 모범과 불량으로 분류하고, 불량인간을 검열하며 모범인간을 사회적으로 유통하려는 뜻이 분명했다.[83] 개성조사부는 학생 개인의 지적 능력과 정신상태·건강, 그리고 신체 조건을 기록했다. 이러한 기록은 학생뿐만 아니라 학생 가족까지도 조사하고 관리할 수 있는 기초를 제공했다.

일제는 학생이 얼마나 규율을 잘 지키는지를 기록하는 '조행操行평가'를 했다. 학생들이 정해진 규범과 행동의 틀에서 벗어나지 못하게 하려는 뜻이다. 아예 통지표에는 학업 성적 말고도 조행평가를 적는 자리가 있었다. 조행평가는 갑·을·병 세 단계로 했다. 입학시험이나 취직할 때 조행평가가 중요한 기준이 되었다. 선생은 학생을 통제하기 위해 조행평가를 적절하게 활용했다. 선생은 특히 동맹휴학을 하는 등 불온한 행동을 하면 조행평가를 '병'으로 준다고 협박해서 학생이 규율을 지키게 강요하곤 했다.[84]

학교는 학생의 속마음과 방과 후 생활까지도 관찰하려고 일기를 써서 내게 했다.[85] 일기는 학부모와 교사에게 생활을 '지도'하는 재료

가 되며 학생에게는 '생활을 반성하는 계기'를 만들어 학생 규율을 유지하는 중요한 수단이 된다.[86]

일제는 학부모회도 동원했다. 식민지시대 말기에는 학부모회에서 "각 가정에서도 늘 일본어를 써서 아이가 훌륭하게 자라도록 힘쓰라"는 따위의 가정교육 방침을 전달했다. "숟가락이라도 남겨놓으면 아이를 퇴학시킨다"는 협박을 해서 학부모가 공출에 협력하게 만들기도 했다.[87]

학생 훈육에 상과 벌을 이용했다. 상으로는 '품행방정, 학업우수상' 같은 것을 주었다. '품행방정'과 '학업우수'를 함께 짝을 지어놓음으로써 행실이 바른 것과 성적이 빼어난 것이 다르지 않다는 인식을 심어주었다.[88] 벌로는 정학이나 퇴학 말고도 규율을 어길 때마다 체벌을 했다. 교사에게 맞는 매는 두려움만이 아닌 수치심을 불러일으킨다. 수치심은 도덕성과 연결된다. 그러므로 공개적인 처벌은 하나의 윤리적 장치이기도 하다.[89]

보통학교에서도 교사들은 학생이 지각을 하거나, 교실에서 떠들거나, 실습을 열심히 하지 않거나, 금전을 훔쳤다고 의심이 되거나, 조선말을 하거나, 월사금을 가져오지 않는다면서 체벌을 했다. 심지어 수업시간에 질문한다고 학생을 곤봉으로 마구 때려 신문에까지 실리기도 했다.[90] 벌을 세우는 일도 있었지만, 나무나 채찍으로 학생을 때린 일이 흔했다. '유도법'으로 학생을 때리기도 했다.[91] 손가락 사이에 만년필을 넣어 고문을 하는 일도 있었다. 일부 교사는 금전 분실이나 동맹휴학 때 범인이나 주동자를 찾는다면서 학생들을 송곳으로 찌르고 매로 때리는 등의 고문을 했다.[92] 회고에 따르면 "날마다 두들겨 맞고 얻어터졌다."[93] 이러한 폭행으로 학생이 크게 다치는 일이 심심찮게 신문에 실리기도 했지만, "학생을 선도하기 위한 일"이라면서 선생을 처벌하거나 징계하지 않았다.[94] 중등학교에서도 체벌이 흔했다. 특히 군사교련과 같은 시간에는 더욱 심했다. "지휘봉으로 사정없이 휘갈기고 장총으로 어깨를 내려치기 일쑤였다."[95]

4

스포츠와
운동회

체육과 스포츠

서구의 선교사나 외교관 또는 해외 유학생이 근대 스포츠를 이 땅에
소개했다. 스포츠란 '규칙이 지배하는 경쟁적인 신체 활동'을 일컫는
다. 또한 스포츠란 '제도를 통해 전파되고 재생산되는 운동'이다. 그
러나 구한말에는 스포츠라는 말을 쓰지 않았다. 스포츠라는 말 대신
'승벽 있는 장난' 또는 '규칙 있는 장난'이라고 했다. 1905년 야구와
축구, 1906년 자전거경기와 유도, 1907년 농구, 1908년 빙상과 정구
가 이 땅에 들어왔다. 이러한 근대 운동경기는 처음에는 몇몇 '구락
부'나 학교에서 했지만 빠르게 일반에게 보급되었다. 스포츠는 승패
를 가르는 경쟁이 있기 때문에 사람들이 더욱 흥미를 느꼈다. 1920년

〈그림 38〉 학생이 야구 방망이를 들고 책을 보고 있다. '야구 규약'을 익히고 있는 듯하다.(《청춘》 1914년 10월호, 122쪽)

대에 들어 스포츠 대회가 많이 열리고 큰 인기를 얻었다.[96]

중등학교의 체육활동은 우리나라 체육계를 형성하고 이끄는 데 큰 힘이 되었다. 교내 운동부에는 야구·정구·배구·농구·탁구·축구·수영·스케이트·육상·기계체조·검도·유도 등이 있었다. 경성제일 고등보통학교는 1920년대부터 400여 조의 스케이트를 마련해놓고 체육시간에 타게 했다. 겨울에 동대문 밖 미나리 밭, 창경원 연못 등에서 스케이트를 탔다. 대부분의 학교에 체육관이 있어 실내 구기 종목을 할 수 있었다. 운동장에 정구 코트가 마련되어 있기도 했다. 중등학교 남학생의 대부분은 운동부서 가운데 하나에 소속되어 활동했다. 구기 종목이 인기가 높았다. 학교끼리 대항전을 할 때면 자기 학교를 목청껏 응원했다. 학교의 브라스밴드가 응원의 열기를 달구었다.[97] 이 '학교대항경기'의 부작용도 있었다. 다음 글에서 보듯이 운동선수 특별대우가 문제였다.

학교대항경기가 폐지되어야 각 학교도 선수양성에만 열중하지 않고 생도 전체 대중의 보건운동에 전력을 쓸 수 있게 될 것입니다. 운동 챔피언십으로 학교의 명예가 좌우되는 오늘에 있어서는 학교로써 선수양성에 열중하지 않을 수 없을 것입니다. (…) 첫째 학교에서는 대항경기에 우승할 욕심으로 선수 몇 사람에게만 자연 전력을 쓰게 되고 일반 생도 대중의 운동은 등한시하게 됩니다. 그래서 운동장은 소수 선수 몇 사람의 독점이 되고 체육교원도 선수 몇 사람의 개인 교원처럼 되어 버립니다. 모든 설비가 소수 선수 본위가 되고 생도 대중은 응원할 때 성대 운동이나 한다고 할까? 그 외에는 운동설비를 이용할 기회가 없게 되는 것입니다. (…) 그다음에 선수들 자신도 몸에 해롭습니다. 운동이 좋기는 좋지마는 그것도 알맞게 해야지 도가 넘치면 도리어 몸에 해가 됩니다. (…) 대항경기에 이기기 위해서 선수들은 미련하다고 할 만큼 지나치게 연습을 하게 됩니다. 이것은 자살에서 다를 것이 없는 일입니다.[98]

여성에게도 체육과 스포츠는 중요한 역할을 했다. 여성이 사회로 진출하면서 여성의 신체활동에 대한 관심이 크게 높아졌기 때문이다. 초기 여학생들이 운동장에 모여 팔을 흔들고 다리를 벌리며 뜀뛰기를 하는 체조가 장안의 호기심을 불러일으켰지만, 여성도 건강하려면 운

〈그림 39〉 여자 정구대회를 앞두고 연습하는 여학생(《동아일보》 1929년 9월 21일)

동을 해야 한다는 주장이 나타났다. 1920년대 여학교에 스포츠가 활발하게 보급되었다. 스포츠를 중요하게 여기면서 '건강미'가 미인의 새로운 기준이 되었다.[99]

여학생 스포츠 가운데 동아일보사가 주최한 여학교 정구대회가 큰 관심을 끌었다. 처음에는 남학생 출입이 금지된 운동장에서 열린 경기가 남학생들의 호기심을 더욱 자극했다. 구경하러 몰려온 인파는 경기 못지않은 장관을 이루었다.[100]

스포츠는 식민지 학생의 울분과 저항의 열기를 해소하는 역할도 했다. 그러나 잇따른 전쟁으로 체육과 스포츠의 방향이 바뀌었다. 1937년 중일전쟁이 일어나고 전시체제가 되면서 일제는 '국민의 체

위 향상과 연성鍊成'을 내걸고 '스포츠의 재편성'·'국민 스포츠의 확
립' 등을 외쳤다. 나아가 체위 향상과 보건을 위한 '스포츠의 생활화'
를 사람들에게 강제했다. '스포츠의 생활화'란 전쟁을 위한 체력 기르
기와 황국신민 정신을 강화하는 것이었다. 일제의 군국주의는 학교체
육정책에서도 그대로 드러났다. 1937년 학교체조를 군사 능력을 강
화하는 내용으로 바꾸었다. 1939년 초등학교 체육시간을 보자.

4학년 초(1939년 - 인용자) 체육 시간에 즐기던 야구가 폐지되었다. 배트·글
러브·미트는 운동기구 창고에 내동댕이쳐졌다. 남자아이들의 손에는 목
도木刀가 쥐어지고, 여자아이들 손에는 '나기나따薙刀'(창칼 - 인용자)가 쥐어
졌다. 유희와 경기 스포츠 대신 수류탄 던지기, 모래주머니 메고 뛰기 호壕
뛰어넘기 등으로 바뀌었다.[101]

전쟁 분위기 속에서 국민 체력 향상을 위한 새로운 방식이 나타났
다. 체조와 라디오방송을 결합한 '라디오체조'가 그것이다. 식민지 조
선에서 라디오체조를 방송하기 시작한 것은 1931년부터였다. 이때의
"라디오체조는 말 그대로 라디오만 하는 체조여서 사람들이 따라 하
지 않았다."[102] 그러나 1938년부터 국민체력 증진과 국민정신운동을
목표로 여러 사람이 아침 일찍 한자리에 모여 라디오에서 흘러나오는
음악에 맞추어 똑같은 동작으로 체조를 하게 했다. 그 전에는 학교 밖
에서 일반 사람이 체조를 하는 일이 거의 없었지만 이제 라디오체조

〈그림 40〉교과서에 실린 라디오체조 삽화　　〈그림 41〉애국반의 지도에 따라
새벽 6시 30분에 라디오체조를 하는
어린이들(《매일신보》1940년 8월 31일)

로 일반인을 끌어들였다.[103] 학교에서도 라디오체조를 했음은 두말할
나위 없다.

　1938년 개정된 〈조선교육령〉에 따라 다시 학교체조 교수요목을 바
꾸어 황국신민을 양성하는 것을 목표로 삼았다. 곧바로 일제는 학교
체육에 '황국신민체조'를 도입했다. 일본에서는 이름조차 없는 기묘
한 체조였다. 검도를 변형해서 만든 황국신민체조는 조선 사람에게
일본의 무도정신武道精神을 심어주는 것을 목표로 삼았다. 1938년 9
월 3일 총독부 학무국은 경기 때나 체육대회를 열 때는 "궁성요배, 국
기게양, 기미가요, 우미유카바海行かば(바다에 가면 - 인용자) 합창, 황군의
무운 장구 기원, 황국신민 의식을 철저하게 할 것, 운동경기 용어는
일본어를 사용할 것" 등을 지시했다. 마침내 일제는 1939년에 들어와
'체육교육의 군사화'를 천명했다. "지금까지 학교체육이 흥미 위주여

서 전체주의에 어긋나기 때문에 앞으로는 행군력行軍力의 기초를 다지려면 걷는 힘, 짊어지는 힘, 달리는 힘을 늘리고 수영력을 길러야 한다"는 기본 방침을 마련했다.[104] 전시체제기에 열렸던 학생들의 장거리 마라톤 대회도 지구력과 '인고단련'의 전투훈련용이었다.

〈그림 42〉 교동소학교 학생이 맨발로 '목검체조'(황국신민체조)하는 모습을 독일신문사 사절단이 지켜보고 있다.(《매일신보》1939년 5월 14일)

여학생에게는 '굳센 여성, 억센 어머니'로 만들려는 군국주의 체육 교육을 강화했다. 1943년에는 '전시 체력'을 키우려고 중학생 이상의 학생에게 체력장 검정제를 실시했다. 이때 실시된 여학생 체력장 검정종목을 보면 무게 8킬로그램 두 개를 두 손에 들고 35초 안에 100미터를 달려야 하고 수영은 200미터를 해야 하며 무게 4킬로그램을 쥐고 24킬로미터를 5시간 안에 다다라야 하는 등 굉장히 높은 수준을 요구했다.[105]

즐거운 운동회

1896년 5월 2일 관립영어학교에서 영국인 교사 윌리엄 허치슨William Duflon Hutchison과 학생들이 동소문 밖 삼선평(지금의 삼선교)으로 '화류花流'를 갔다. 이것이 운동회의 효시로 알려져 있다. 본디 화류란 예부터 성행한 세시풍속으로 음력 3월 무렵에 남녀노소 할 것 없이 무리를 지어 경치 좋은 곳으로 가서 즐기는 꽃놀이다. 봄날에 소풍 가듯이 학교를 벗어나 하루를 즐겁게 보냈던 행사가 차츰 운동회로 발전했다.

운동회가 열리는 곳은 대개 훈련원이나 사찰·고궁 등 여러 사람이 모이는 공공장소였다. 운동회에서는 주로 달리기와 오락 종목을 했다. 그 운동회에 지역 주민이 많이 참여했다. 주로 5월 단오절이나 추석 등 명절을 끼고 하거나 국가 경축일에 운동회를 했다. 운동회는 부인네들이 오랜만에 나들이하는 놀이터이기도 했다. 운동회는 체육행사뿐만 아니라 유희·오락과 연설회 등을 함께 해서 축제의 성격을 띠었다.

운동회는 해를 거듭할수록 규모가 커져서 마침내 각 학교 연합운동회로 발전했다. 1905년 뒤부터 운동회는 지방으로 확산됐다. 이는 애국계몽 지식인들이 학교설립운동을 하면서 체육으로 국민을 단결하게 하고 국가의 힘을 기르려는 뜻이 있었기 때문이다. 운동회는 학생이 중심이었지만, 일반 사람에게 체육을 보급하고 체육활동에 참여할 수 있는 기회를 만들었다는 점에서 사회체육의 성격도 있다. 여학교도 운동회를 열었다. 기록으로는 1908년 5월 이화학당에서 메이데이 화류 놀이가 처음이다. 한성여학교의 운동회는 1909년 창덕궁 비원에서 황제 내외가 지켜보는 가운데 열렸다. 이때 달리기, 뜀뛰기, 공 던지기, 간이 도수체조(맨손체조)와 함께 그네뛰기도 했다.

운동회는 학생과 주민이 신체를 단련하고 즐기는 잔치를 넘어서 '체력을 길러 독립에 대비한다'는 뜻이 담겼다. 그러자 일제는 '학교운동회가 국가 방어에 아무런 도움이 되지 않는다'며 운동회를 못하게 했다. 통감부는 1908년 〈사립학교령〉을 통해 병식체조와 연합운동회를 금지했다. 운동회는 1910년대에 다시 시

〈그림 43〉운동회 때 1등 상품도 타고 음료수와 호떡도 먹고 싶다. 《매일신보》 1912년 4월 20일, 〈운동회 전야의 몽夢〉

작되었다. 일제강점기에 학교뿐만 아니라 일반 시민이나 상점가·청년회 등도 운동회를 열었다. 학교운동회 종목은 유희와 오락이 중심이었지만, 단체경기를 하면서 협동정신을 기르는 것이 많았다. 운동회는 지역사회에서 가장 큰 행사가 되었다. 제2차 세계대전이 일어나

는 1940년 초반까지 운동
회는 해마다 빠뜨릴 수 없
는 학교행사로 자리 잡았
다. 운동회에는 학급운동
회 · 학년운동회 · 전교운
동회, 몇 개 학교가 연합
해 여는 연합운동회, 체육
경기회 등이 있었다.[106]

〈그림 44〉 경성 창경공립심상학교 운동회

　운동회에서 무엇을 했을까. 개회사를 시작으로 달리기, 공 굴리기,
줄 당기기, 박 터뜨리기, 기마전 등이 있었다. 그 밖에 집단체조와 릴
레이 등을 했다. 마을 주민이 함께하는 경기는 달리기가 가장 많았다.
지원자는 모두 경기에 참여할 수 있었다. 점심시간은 운동회에 또 다
른 즐거움을 주었다. 운동회에 가져가는 음식은 대부분 직접 농사를
지은 농작물로 대개 감자 · 고구마 · 옥수수 · 땅콩, 삶은 계란 등이며 감
은 운동회 날짜에 맞추어 미리 삭혀놓기도 했다. 잘사는 집에서는 김
밥을 싸오기도 했지만, 형편이 어려운 집에서는 보리밥에 김치만 싸
오는 일도 많았다.[107] 운동회 때면 "학생들의 사돈에 팔촌까지 왔으
며 부인네들이 나들이 삼아 왔다. 부인네들에게 운동회는 소풍날이었
다."[108] 장사꾼도 몰려들었다. 운동회는 학생과 지역 주민이 한데 어
우러지는 축제 마당이었다. 그러나 1937년 중일전쟁이 일어난 뒤부
터 운동회 성격이 바뀌거나 아예 없어졌다. 다음 글을 보자.

(1940년 - 인용자) 5학년이 되자 운동회가 폐지되었다. 전체 면민의 축제였던 시골 국민학교의 운동회가 폐지되면서 학교생활을 감쌌던 웃음과 노래의 분위기는 사라지고 호령과 군가와 함성이 살벌하게 메아리쳤다.[109]

'국민학교'에서 운동회를 한다 해도 '비행기폭격'·'백병전'·'장애물넘기 경쟁'·'육탄전'·'들것 운반 경주' 등의 종목을 했다.[110] "운동회의 규모를 줄여 검소하게 하며 아동의 체위 향상에 힘쓰라"라는 방침에 따른 것이다.[111] 여학교에서도 체조와 육상이 주를 이루던 흥겨운 운동회는 사라지고 군사훈련에 가까운 힘겨루기 종목을 했다.[112]

〈그림 45〉 무거운 짐을 들고 뛰어가는 여학생, 1943년 배화여고보의 체련대회(김명숙, 〈배화여고보 《졸업기념사진첩》으로 본 일제강점기 여학교의 일상과 식민지 근대〉,《한국사상과 문화》 88, 2017, 182쪽)

5

'원족'과
수학여행

학교에서 학생들을 늘 교실에만 가두어두지는 않았다. 학교를 벗어나 원족과 수학여행을 갔다. 원족이란 소풍이다. 1908년 무렵부터 '원족'이라는 용어를 쓰기 시작한 것으로 보인다.[113] 원족은 봄, 가을 두 번 갔다. 주로 하루 일정으로 다녀올 수 있는 가까운 교외로 떠났다. 왜 원족을 갔는가. 학교 당국자의 말에 따르면, "원족이란 마치 어른들이 들놀이 가는 기분으로 가서는 안 된다. 심신을 맑게 하고 견문을 넓히는 것, 산에 오르거나 먼 길을 걸어서 신체를 단련하자는 것, 규율 있는 공공생활의 정신을 불어 넣는 것"[114]이 원족이다. 그 목적이 무엇이든 학생들은 원족을 나름대로 즐겼다. 운동회 때와 마찬가지로 보통 때 먹지 못하던 음식을 먹을 수 있어서 원족을 손꼽아 기다렸다.

그러나 공부하지 않고 논다는 것 말고는 특별할 것도 없다고 생각하는 학생도 있었다. "산이나 계곡으로 가서 특별식도 아닌 그저 새까만 보리밥에 장아찌를 넣은 도시락을 먹고 그냥 놀았다."[115]

중일전쟁과 태평양전쟁을 거치면서 정상적인 학사 운영을 할 수 없어 원족도 제대로 가지 못했다. 일제는 중등학교에 소풍을 없애고 근로보국작업으로 대체하라고 했다.[116] 설령 '원족'을 가더라도 그야말로 신체단련 차원에서였다. 다음에 인용한 창가 교과서에서 보듯이 그때의 소풍이란 '몸과 마음을 단련하는 집단훈련'이다.

〈그림 46〉 화학조미료인 아지노모도를 넣어서 만들어야 원족 때 맛있는 '벤또'(도시락)를 먹을 수 있다는 광고(《중외일보》 1930년 4월 13일)

〈겨울소풍〉

1. 만사의 근본인 나의 한 몸을 강건케 할량이면 단련할지라, 편안하게만 자라난 약질의 몸은 무슨 일 당한 때에 감당 못하네.

2. 두만강의 얼음과 백두산의 눈, 평지같이 밟아서 갔다와 보세, 못갈 것이 무엇인가 가면 가겠지. 목적지에 도달 못하면 남자 아닐세.

3. 철교 같은 다리와 돌 같은 발목, 용기 있게 나아감을 누가 막을까. 장쾌한 소풍을 마친 뒤에는, 두뇌의 건실함도 있게 되리라.[117]

일제강점기에 조선인이 다녔던 여행 가운데 수학여행이 규모가 가장 컸다. 수학여행은 학생들의 단체여행이다. 수학여행은 일본에서 1886년 도쿄고등사범학교가 실시한 원거리 소풍에서 비롯되었다. '수학여행'이라는 말이 처음 나타나는 것은 1887년《대일본 교육회 잡지》54호라고 한다. 일본에서는 1890년 초반부터 학교마다 수학여행을 갔고 러일전쟁(1904~1905) 뒤에는 중국과 한국으로 해외 수학여행도 떠났다. 다른 나라에서는 거의 사례를 찾아보기 어렵다.[118]

우리나라에서 수학여행이라는 말이 처음 나타난 것은《황성신문》1901년 7월 26일 기사에서다.[119] 기차가 수학여행의 길을 열었다. 경인선(1899) 개통을 시작으로 경부선(1905)·경의선(1906)·호남선(1914)·경원선(1914)이 잇달아 뚫렸다. 1910년대부터 수학여행의 시대가 막을 올렸다. 철도는 항구와 도시, 도시와 도시를 연결하면서 공간을 확장했고 여행을 하나의 문화로 뿌리내리게 했다. 학생들은 그 철도를 이용해 수학여행을 떠났다. 주로 고등보통학교 4, 5학년 학생이 수학여행을 갔다. 조선에서 수학여행이 학교의 정기 행사로 뿌리내린 때는 1920년 무렵부터다. 이는 고등학교와 연계된 인문중등교육이 본격적으로 실시된 것과 맞물려 있다.[120]

1920년대에는 주로 경성·평양·개성·경주·수원·부여·강화 등의 전통도시와 인천·진남포·신의주·원산 등 일제가 건설한 신흥도시로 수학여행을 갔다. 수학여행지는 회사·관공서·군사시설·박람회 등의 근대시설을 중심으로 한 코스와 조선의 전통문화 유적을 살피는

〈그림 47〉 경성으로 수학여행 온 학생이 백화점 식당 쇼윈도 앞에서 음식 이름을 적고 있다(《별건곤》1932년 11월호, 13쪽).

〈그림 48〉 1935년 서창공립보통학교 학생들의 수학여행단(박규택, 〈사진과 구술을 통해 본 민중의 삶과 터전〉, 《한국사진지리학회지》20-1, 2010, 32쪽)

코스였다. 그것은 국내 관광단의 관광코스와 크게 다르지 않았다.[121]

1930년대 수학여행지는 국내뿐만 아니라 만주와 일본까지 확대되었다. 그때의 수학여행은 "내지(일본-인용자) 또는 만주로 여행해 국민으로서 자각자중自覺自重의 마음을 함양하는" 것이 목적이었다.[122] 국외 수학여행에는 30~40원이 들었다. 학생들이 달마다 4원 남짓한 월사금을 낼 때 20~40전의 수학여행비를 함께 내서 졸업반이 될 때까지 모았다. 적립금에서 모자란 경비는 한꺼번에 내었다.[123]

1931년 만주사변 뒤에 만주 붐이 일어났다. 그 전에는 생계를 위해 국경을 넘어갔지만, 일본이 만주국을 선전하고 환상을 일으키자 부호

학교생활과
교실 밖 수업

와 지식층이 만주 여행
을 떠났다. 만주 여행 때
거쳐 가는 뤼순·다롄은
러일전쟁의 흔적과 기
억이 담긴 곳이다. 그곳
은 러시아로 대표되는
서구를 물리친 일제의
군국주의의 힘을 확인
하는 장소였다. 펑텐(심

〈그림 49〉 1933년 봉천역 앞에서 찍은
광성고등보통학교 수학여행단(광성중고등학교 편,
《광성구십년사》, 광성중고등학교, 1984)

양)은 옛 청나라의 풍물을 구경할 수 있는 곳이었다. 근대적 계획도시
로 건설되는 만주국 수도 신징(장춘)은 만주국의 발전을 상징하는 곳
이었고, 하얼빈은 서구의 도시적 풍물과 생활상을 구경할 수 있는 장
소였다.[124] 일본 사람에게 만주는 러일전쟁 때 '산화'한 영령에 대한
'위령 공간'의 의미가 강했다. 일본 사람에게 만주는 일종의 '성지 순
례'였다.[125] 중등학교 교원 대부분이 일본인이었고 그들이 만주 수학
여행을 기획했다. 만주로 가는 수학여행은 '만주를 점령한 일본 제국
의 위대한 승리의 역사'를 몸소 체험하게 하려는 의도가 컸다. 일본
학생들의 수학여행도 이와 비슷했다.[126] 만주 수학여행은 어쩌면 만주
여행이 아니라 일본여행인 셈이다.[127]

　중등학생은 일본으로도 수학여행을 갔다. 서울에서 경부선을 타고
부산에서 다시 증기선에 몸을 싣고 현해탄을 건너 일본으로 떠났다.

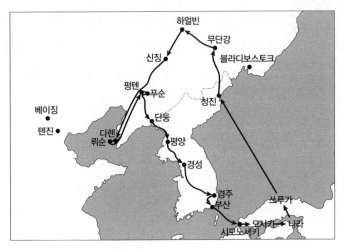

〈그림 50〉 1939년 나라여자고등사범학교 만선 수학여행의 경로(임성모, 〈1930년대 일본인의 만주 수학여행: 네트워크와 제국의식〉, 《동북아역사논총》 31, 2011, 170쪽; 정재정, 〈식민도시와 제국일본의 시선〉, 《일본연구》 45, 2010, 74쪽)

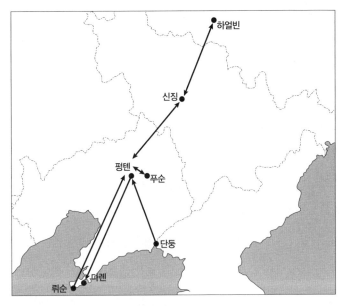

〈그림 51〉 1934년 경성중학교 만주 수학여행단의 경로(김도연, 《경성중학교의 만주 수학여행》, 한국교원대 석사학위논문, 2017, 15쪽)

식민지 본국의 수도인 도쿄로 가는 수학여행은 근대화한 제국주의의 위용을 과시하려는 뜻이 컸다. 일본 천황의 궁 앞 광장과 신사 참배는 거의 필수 코스였다. 아예 '일본 사상을 주입하는 총정리 목적의 수학여행'도 있었다. 전주고등보통학교 수학여행에서는 일본인의 사상적 상징인 천황궁성을 직접 '배례'하고, 일본의 건국이념의 표상인 일본 황조皇朝를 모신 신궁神宮을 비롯해 일본 중흥의 왕인 메이지를 제사해 그의 업적을 기리기 위해 만든 메이지신궁을 참례하게 했다.[128] 수학여행을 떠나기 전에는 "황대신궁의 참배이며 시국에 즈음하여 국위의 영광과 무운장구를 위해 기도하는 것이 무엇보다 중요하다"는 사전 교육을 받았다.[129]

일본 수학여행은 "여행 중 일본 궁성 앞에서 근로봉사라는 것도 하고 신사만 찾아다녀 반드시 유쾌한 것만은 아니었다." 그러나 학생들은 '우리에게는 없는 국회의사당·군항·공장과 같은' 여러 시설을 견학하면서 식민지 본국의 수도인 도쿄에서 조선과는 비교할 수 없이 발달된 근대 문물을 보았다. 일제는 일본의 전통과 문물을 조선 학생에게 견학하게 하면서 일본 국민으로서의 의식 함양과 동화를 기대했다.[130]

수학여행은 인솔자를 따라 정해진 순서와 장소를 방문하는 기획된 교육여행이다. 수학여행을 참가하는 학생은 스스로 경험을 쌓기보다는 교육 당국과 인솔자의 지시에 따라 움직일 수밖에 없다. 그러나 그들의 의지가 그대로 관철되었다고 볼 수만은 없다.[131] 수학여행은 "위

로부터의 주입과 아래로부터의 일상적 욕망의 분출이 서로 어긋나고 때로 충돌하는 장"이다.[132]

낯선 곳에서 친구와 함께 '외박'하기, 학교의 규율과 통제를 벗어나 일탈을 꿈꾸기, 그리고 학교 울타리 밖의 세상을 보고 싶다는 욕망이 어우러졌다. 그 누가 수학여행이란 이러해야 한다고 주장하든 말든 학생들은 수학여행을 자신만의 잊을 수 없는 추억거리로 만들었다. 설레고 들뜨는 수학여행을 학생들은 '생명세탁'이라고 불렀다. 수학여행을 떠나는 학생들의 설레는 모습을 보자.

숙고, 재고, 재삼고 해보아도 학창생활에서 제일 유쾌한 것은 석가모니가 무엇이라고 떠들고 염라대왕이 무엇이라고 연설을 한다 해도 첫째로 수학여행을 제쳐놓고는 다시없을 것이다. 사실 수학여행 그날은 추기 대운동회와 더불어 유일한 희열의 날이며 생명세탁일이다. 예배당에 가서 성부성자를 부르짖는 것보다 더 확실한 생명세탁일이다. (…) 어저께 꺼내 입은 동복에 사과, 장조림국물이 스며 나오는 낫목 전대를 메고 퀴퀴한 황금빛나는 각반을 치고 출전이라도 나가는 군병들의 그림자 같기고 하고 때 아닌 전시 기분을 자아내는 듯도 하는 일행은 정거장 밖으로 몰려나와 정렬했다.[133]

소설가 채만식만 해도 학창시절 수학여행 때 밤이 되자 유행가를 불러대고 몰래 피우던 담배를 대놓고 피웠다.[134] 특히 국외 수학여행의 밤은 학생들에게 더 큰 해방감을 주었을 것이다. 다음 글은 만주 수학여행에서 밤의 유흥으로 성병에 걸린 학생의 사례를 적었다.

> 여행은 즐거운 것이다. 더구나 학생의 여행은 별명조차 '생명세탁'. (…) 만주국 여행은 중학 생활 5년 가운데 가장 빛나는 여행이다. (…) 기차 바퀴는 구른다. 국경을 넘어섰다. 다른 나라다. '비적'을 경계하라는 어마어마한 긴장을 급행열차에서 느낀다. 그리고 봉천이다. 선배들이 견문하고 탐험한 이야기를 자기가 실험할 모험의 찬스가 왔다. 엽기적 탐험으로 출발할 시간이 닥친 것이다. 낮 동안의 견학은 똑같은 유형이다. 문제는 밤이다. 엑조틱한 밤이다. 우리도 청춘이어든 모험욕이 없으랴. 거기다 낯선 나라고 자유의 벌판이다. 만사를 이해하는 여관주인은 참모가 되고 뽀이들은 나서서 통역을 해준다.[135]

밤의 유흥이 그 정도였을까 싶지만, 수학여행 때의 '풍기 문란'은 경주수학여행에서도 발견할 수 있다.

> 야간에 시정에 나와서 타교 여학생만 보게 되면 만나는 곳마다 '히야카시 ひやかし'(희롱·놀림 – 인용자)를 하면서 뒤에 따라다니며 그들의 행동을 자유롭지 못하게 하는 것은 그만두고라도 (…) 기생집들을 가가호고 방문하여 농락하는 그것은 마치 경성 신정유곽에서 보던 것과 조금도 다름이 없다. (…) 올봄 모 고보생들이 대낮에 공공연하게 대를 지어 들어와서 마음대로

놀고 뛰고 밤에는 요리옥 승원에서 밤이 깊도록 소동을 일으켰다.[136]

수학여행 때 문제를 일으키는 선생도 있었다. 개성 수학여행을 마치고 돌아오던 용산 중학교 선생이 기차 안에서 옆에 앉은 여자와 점잖지 못하게 굴었다. 학생들이 잘못을 지적하자 오히려 건방지다고 야단을 쳤다. 이에 흥분한 학생들이 선생을 몹시 때린 사건이 신문에 보도되기도 했다.[137]

군이 일탈 때문이 아니라 수학여행은 조선의 현실에서는 무리라고 비판하는 사람도 있었다. 딸을 밖에서 재워야 한다는 불안감 때문인 사람도 있었지만, 수학여행비가 문제였다. 대부분의 가정에서 수학여행비는 큰 부담이었다. 1935년 고무공장 노동자의 하루 임금이 30전 안팎이었음에 비추어 볼 때 5박 6일 동안의 금강산 수학여행비 16원을 마련하기란 결코 쉬운 일이 아니었다. 일본이나 만주로 수학여행 갈 때는 40원 넘게 들었다. 다음 글에서 보듯이 수학여행을 '수박 겉핥기'처럼 해서는 견문을 제대로 쌓을 수 없다고 비판하는 사람도 있었다.

요새 수학여행에서 하는 일은 (시골서 도회로 오거나 도회에서 명산으로 가거나 일본이나 만주로 가거나 어디를 가거나) 주마간산 격이다. 생도들을 줄줄이 세워가지고 이리저리 한참 끌고 다니고는 다시 기차간으로 몰아넣고 만다. 수학여행이란 사실 기차 타는 모임처럼 생각된다. 그리고 여행을 끝내고 돌아와야 그저 무슨 희미한 꿈이나 한 번 꾼 것처럼 밖에 그 인상도 깊지 못하고 또 배울 것도 없게 되는 것이다.[138]

"수학이 아닌 관광이다. 차라리 학생 여행대 또는 관광단이라고 명칭을 바꾸라"[139]는 비판도 있었다. 중일전쟁으로 일본군을 실어 나르고 군수 물자를 옮기느라고 철도가 바빠지게 되자 수학여행을 못 가게 했다. 중일전쟁이 끝나자 속개되었다가 태평양전쟁이 터지자 다시 중지되었다.[140] 일제 당국은 "수학여행은 되도록 폐지하고 멀리 걸어서 가고 더위나 추위를 이겨내는 강행군을 하여 체력을 향상하도록 하라"[141]고 지시했다. 그때 학생들은 수학여행 대신 야영훈련을 하거나[142] 근로봉사에 동원되었다.

6

즐거운 방학과
시원섭섭한
졸업

서로 다른 방학

'즐거운 방학', 그러나 방학은 학생을 차별했다. 첫째 방학은 일본 학생과 조선 학생을 차별했다. 여름방학 때면 일본인 학생은 소학교 여학생까지도 월미도·원산·부산·몽금포 등에서 캠핑을 하거나 단체로 해수욕과 일광욕을 했다. 조선 학생은 보이지 않고 조선인 가운데는 부랑자만 있었다.[143] 겨울이면 스키장에 일본 학생이 몰렸다. 조선 학생은 꿈도 꾸지 못했다. 둘째 방학은 도시와 농촌을 차별했다. 농촌에 있는 보통학교 아동이면 '즐거운 여름방학'이라고 하겠으나, 서울 아이들의 방학은 지루하기도 했다. 서울에 사는 어린이를 즐겁게 해주자면 돈이 많이 든다. 피서는 생각도 못할 일이고 좁은 집안에 그대로 두자니 얼마나 답답할 것인가. 그리하여 일부 가난한 가정에서는 차라리 여름방학을 줄이거나 아이들이 학교에 나가서 놀 수 있게 해주기를 바랐다.[144] 셋째 방학은 빈부를 차별했다. 보통학교 다니는 학생이 쓴 시를 보자.

〈방학 날〉
방학 날 다른 애들 다 좋다지만
나는요 월사금을 못 내었다고
통신부 나 혼자만 못 받았으니
나는요 이 방학이 좋을 것 없소

부잣집 아이들은 공부 못해도
사탕만 사먹으라 돈만 주는데
나는요 최우등을 하였건만은
아버님 돈 없어서 월사금 못줘요.[145]

그래도 방학은 누구에게나 똑같은 시간을 주었다. 그 방학을 어떻게 보낼 것인가. 방학은 한 학년 동안에 봄, 여름, 겨울 세 번 있다. 그 가운데 여름방학이 가장 길다. 방학이 시작될 무렵 신문마다 학생이 읽을 만한 책을 추천하기 시작한다. 방학 때 과외독본으로 어떤 책을 읽는 것이 좋은지, '청춘의 성공자'가 되는 방법 등을 기획으로 다룬다.[146] 사회는 학생들의 방학에 끼어든다. 사회에서는 "'계몽운동'이니 '하기 아동성경학교'니 '브나로드'니 '하기 수양강좌'니 해서 방학의 틈을 노린다."[147] 브나로드Vnarod란 '민중 속으로'라는 뜻을 지닌 말로 《동아일보》가 학생들을 농촌에 보내 문맹퇴치운동을 한 것을 일컫는다. 선생과 지식인들이 여러 제안을 했다. 시골에 가서 집안일을 거들어라 또는 심신을 단련하고 호연지기를 기르려면 무전여행을 떠나라는 등 여러 권유를 했다. '유혹의 손길'이 뻗치기 쉬운 여학생의 방학을 걱정하는 사람도 있었다. 어느 여학교 당국자의 말을 들어보자.

방학 때가 되면 지방에 계신 부모는 손을 꼽아 귀여운 자녀가 고향에 돌아올 날만 고대하십니다. 그러나 때때로 부모의 고대하는 마음은 생각도 아니하고 "영어 복습을 더 하느니, 하기 강습소에 다녀야 하겠다"면서 고향에 가기를 꺼리는 학생이 많습니다. (…) 여름 한철 공부를 하기로 그다지 진보될 것은 없고 공연히 방심만 되어 산으로 물로 제 마음대로 뛰어다니다가는 불량한 동무와 어울리기도 쉽고 타락의 구렁텅이에 빠지기 쉬우니 부모 되신 이는 기어코 지방으로 데려다가 바느질이라도 가르치시고 쌀을 삶아서 밥 되는 이치나 가르치는 것이 제일 상책일 것입니다. 또 경성에 계신 부모들은 귀여운 따님을 함부로 내어놓지 마시고 저녁 산보나 해수욕장 같은 곳은 항상 여름의 유혹의 검은 손을 벌리고 있는 터이니 믿을 만한 동행을 붙여 보내시기를 바라는 바입니다.[148]

이처럼 방학 때 고향으로 가는 것이 좋다고 말하는 사람이 있었지만, 오히려 집에 가지 말라고 당부하는 선생도 있었다. 여름방학 때 귀향했다가 2학기에 다시 오지 못하는 학생이 적지 않았기 때문이다. 학비를 더 낼 수 없는 딱한 처지 탓이다. 그 선생은 학교에서 '고학증명서' 같은 것을 떼어주니 그것을 들고 여름 동안 지방을 돌면서 약을 팔거나 책을 팔면서 돈을 벌라고 권유했다.[149] 여비가 없거나 "마음에도 없는 혼인문제 같은 것으로 부모의 강제를 받기 싫어서" 또는 그밖의 여러 사정으로 고향으로 가지 못하는 학생이 있었다.[150] 문학평론가 김팔봉은 여름방학 때 서울에 남아 있는 남자 중등학생의 속마음을 다음과 같이 적었다.

아침에 느지막하게 일어나서 점심 겸 아침을 먹고 교외로 나가서 절밥이나 사서 먹고 놀든지, 혹은 한강에 가서 보트나 타고 놀다가 저녁때 집으로 돌아와서 세수하고 밥 먹고 옷 갈아입고 활동사진관에 가서 서양 여배우의 얼굴과 발 맵시나 보다가 일찍이 나와서 진고개 카페로 다니면서 아이스크림, 아이스커피, 칼피스, 소다수, 삐루, 이런 것을 마시고 먹고 한 뒤에 극장이 파할 때에 여학생 궁둥이를 쫓아가다가 히야카시 좀 하고 그냥 돌아서서 집으로 오든지 혹은 그 집까지 쫓아가서 번지를 알아가지고 편지질을 하여 데리고 다니든지 (…) 이렇게 날마다 다니면 좋겠지.[151]

방학은 그런 상상만 해도 즐겁다. 여학생은 학교에서 하지 말라는 화장을 하고 외출도 한다.[152] 그러나 방학이 불편한 점도 있었다. 성적이 나쁘면 마냥 놀기가 미안했다. 방학 숙제도 골치 아프고 일기도 귀찮았다. 잡지《학생》에서 그 해답을 우스갯소리 삼아 제시했다. "성적표 점수를 고쳐서 아버지에게 갖다 바치면 효도도 하고 방학을 마음껏 즐길 수 있다", "숙제는 첫 장만 잘하고 그다음부터는 교과서를 모조리 베껴 놓으면 그만이다. 대개 선생님은 첫 장만 주목해서 보고 끝까지 점검하는 일은 없다", "일기는 작년 것을 그대로 베껴라. 그것도 귀찮으면 표지만 갈아라."[153]

방학 때가 되면 기차할인권을 손에 쥔 학생이 기차역으로 한꺼번에 몰렸다. 1939년에는 서울에 와서 공부하는 학생이 6000명쯤 되었다.[154] 그들은 집에 가져갈 선물도 샀다.[155] 고리짝 안에는 호떡과 다듬이 방망이 봉지과자, 그리고 종로 야시에서 샀을 이러저러한 물건도 있다. 특히 호떡은 빠지지 않았다. '서울 호떡' 맛을 기다리는 시골사람이 많았기 때문이다. 때로는 백화점에서 비싼 물건을 산 학생도 있으리라. 아마도 몇몇 학생은 집에 가기 전에 "오래 못 볼 활동사진을 힘껏 날마다 구경했음에 틀림없다. 머리 큰 학생은 헤어지는 몇 친구와 한 잔의 술을 나누었을지도 모른다."[156]

설레는 마음으로 고향으로 가겠지만, 마냥 기분 좋을 수만은 없었을 것이다. 그곳 삶의 현장에도 온갖 문제가 얽혀 있을 테니까. 한 여학생이 쓴 글을 보자.

〈그림 52〉 기숙사에서 나와 백화점에 들러 물건을 사들고 고향으로 가는 여학생(《조선일보》 1930년 7월 19일)

하기방학이란 얼마나 기다리던 때이랴. 그러나 우리가 경성역을 떠날 때 그 몇 분 동안에는 가슴속에는 유쾌한 기분으로 가득하다가도 서울이 10리 20리 멀어질수록 우리의 그 유쾌한 기분은 어디로 자취를 감추고 기운 없는 센치멘탈한 생각이 그만 사지四肢를 무겁게 누르고 마는 것이다. 그 철로연변에 쓰러져가는 집들, 궁상이 얼굴에 더덕더덕한 사람들! 우리가 저들이 보내주는 돈으로 공부를 하는구나. 저들은 그 값으로 우리에게 바라는 것이 무엇일까.[157]

이 여학생은 '양반식 학생관념'을 버리고 민중과 함께하자고 제안했다. 이 같은 사회의식을 지닌 학생이 적지 않았다. 그 가운데 일부

는 학생운동에 나섰으며 때로는
민족해방운동에 과감하게 뛰어들
었다. 그 정도는 아니더라도 "계
몽운동이며 등산탐험이며 자기
의 건강을 위한 수양이며 또는 창
작과 그림 그리기, 그리고 학자금
을 얻기 위한 단기고용인으로 생
활하기 등등 훌륭하게 방학 생활
을 하는 학생이 많았다. 서울은 적
막에 울었지만, 학생을 맞이하는
시골은 쾌활해졌다."[158] 그러나 일
제는 방학 때도 감시의 눈길을 멈

〈그림 53〉 방학 때를 노린 아지노모도
광고(《동아일보》 1928년 7월 22일)

추지 않았다. 일제 당국은 방학 때
학생들이 고향으로 돌아가 농민에게 '악영향'을 미친다고 생각하고,
전국 곳곳의 경찰서에 귀향 학생의 명부를 만들어 자주 학생의 움직
임을 보고하게 했다.[159]

중일전쟁 뒤부터 방학 분위기가 달라졌다. 일제는 방학 때 학생들
을 근로보국대에 동원했다. 중학교나 전문학교에는 여름방학이나 겨
울방학을 '휴업일'이라고 부르지 않고 '심신단련' 기간으로 불렀다.
초등학교에서도 방학 때 근로봉사를 시키기로 했다.[160] 일제는 방학
이라는 관념을 아예 없애고 학생들의 '국방전력'을 기르는 때로 만들

어야 한다고 했다.[161] 보기를 들면 1943년, 7월 20일부터 8월 20일까지 여름방학이었지만 대학·전문을 비롯해 중등·초등에 이르기까지 약 2주 동안 근로와 연성을 시켰다.[162] 연성이란 '황국신민의 자질을 연마 육성한다'는 뜻이다. 방학마저 빼앗긴 학생들의 심정이 어떠했을까. 전쟁 때의 방학 모습은 뒤에서 좀 더 자세하게 다룰 것이다.

빛나는 졸업장

'빛나는 졸업장'을 타는 날, 졸업식 모습은 어떠했을까. 1920년 진명 여자고등보통학교 졸업식장으로 가보자. 강당의 전면에는 일장기가 큼지막하게 걸렸다. 교장이 메이지 천황이 내렸다는 〈교육칙어〉를 읽고 학생들이 〈칙어봉답가〉를 부른다. 부교장이 학사보고를 했다. 교장이 졸업증서와 상장을 준다. 상장을 받은 사람에게 상품도 준다. 특별히 도지사상도 있다. 시학관이 조선 총독의 훈시를 읽는다. 도지사가 마지막 연설을 했다. 졸업생이 답사를 하고 졸업생 모두 일어나 졸업식 노래를 불렀다. 그 노래는 비장하기도 하고 화창하기도 했다.[163]

이제 1922년 지방 초등학교의 졸업식을 보자. 내빈석에 군수와 서장 그리고 지역 유지가 자리 잡고 학부형도 모였다. 교장의 연설과 군수의 훈시가 있고 내빈 축사가 이어졌다.[164] 이어서 교장이 우등상과 정근상을 주고 상품을 준다. 뒤이어 학생들은 졸업증서를 받아갔다. 재학생이 축가를 합창하고 졸업생도 답가를 부른다. 일제 말기 졸업생이 일본말로 불렀던 〈졸업의 노래〉는 이렇다.

밤낮없이 부지런히 애쓴 보람 있어
그 열매가 오늘 마침내 꽃피었도다.
자, 우리 모두 소리를 모아
부르고 축하하세 오늘의 기쁨![165]

졸업식 모습은 어디서나 비슷했다. 다만 전시체체기에는 황국신민
화교육정책에 알맞게 졸업식에 천황숭배와 국가주의 의식을 더 강화
했다. 가야마 미쓰로香山光郎의 이야기를 들어보자. 그는 계속 병을 앓
고 있는 아들 대신에 1943년 '국민학교' 졸업식에 참석했다. 강당에
모인 선생·학생·학부모는 궁성에 요배했다. "저희들은 천황폐하의
백성입니다. 천황폐하의 은덕으로 오늘날까지 살았고, 앞으로는 천황
폐하의 일에 이 목숨을 바치겠습니다"라는 요배였다. 교장이 졸업증
서와 상을 주고 부윤이 부윤상을 주었다. 뒤이어 졸업생 대표가 답사
를 읽었다. "명년부터 조선에 징병령이 시행되니, 저희들은 머잖아 부
르심을 받게 될 것입니다. 저희들은 모교의 이름을 빛내는 좋은 군인
이 되겠습니다." 가야마 미쓰로는 답사에 감격하여 눈물을 흘렸다. 가
야마 미쓰로, 본명 이광수는 이렇게 "아이들에게서 다시 배웠다."[166]
　판에 박힌 졸업식 행사야 그렇다 치고 졸업하는 학생의 마음은 어
떠했을까. 상급학교에 진학했거나 바라던 직장을 얻은 학생이라면 우

〈그림 54〉 졸업식 광경(경북중고등학교 동창회60년사 편찬회 편, 《경북중고등학교60년사》,
경북중고등학교 동창회60년사 편찬회, 1976)

쭐댈 것이다. 그렇지 못한 학생은 착잡했을 것이다. 하물며 불온학생
으로 낙인찍혀 제적당한 학생이나 학비 때문에 학교를 그만두어야 했
던 학생은 말해서 무엇 하겠는가. 넉넉한 집 아이와 가난한 집 아이의
졸업식 분위기가 어찌 같을까. 지방 초등학교 졸업식장으로 가보자.

　일제 말엽, 서울은 모르지만, 지방의 '국민학교' 졸업식은 기쁨과 웃음의
행사가 아니라 걱정과 울음의 행사였다. 오늘날처럼 국민학생의 절대다수
가 중학교로 진학하는 것이 상식처럼 되어 있는 것과는 전혀 다르다. 지금
은 초등학교가 중학교로 가기 위한 과정에 지나지 않지만 그때 '국민학교'

는 과정이 아니라 그것으로 끝나는 '종결'이었다. 그렇지 않은 것은 불과 몇 안 되는 예외적인 중학 진학 아동의 경우뿐이다. 나머지 9할 이상의 아동에게는 졸업식은 천진난만하고 즐겁기만 했던 어린 시절의 종말을 뜻했다. 그날부터 그들은 '어른'이 되는 것이다.[167]

'어른'이 되어버린 어린아이는 그날부터 집안 살림을 돕는 일을 해야 했고 일제의 노동력 징발에 끌려 다녀야 했다. 더는 공부할 수 없다는 절망과 함께 닥쳐올 운명에 어찌 눈물이 흐르지 않겠는가.

졸업을 하는 중등학생 심정은 어떠했을까. '제2의 감옥'인 학교를 마치니 일단 기쁘고 후련했을 것이다. 들뜬 마음에 졸업생 환송회 등에서 때때로 사건이 터지기도 했다. 〈그림 55〉는 그런 학생들의 마음을 읽을 수 있게 한다.

옷은 몸을 보호하는 기능 말고도 자기 자신과 그 사회를 표현하는 '또 하나의 몸'이다. 옷은 삶의 방식을 표현하는 수단이 되기도 하고 사회 집단의 성격과 문화를 드러내기도 한다. 교복을 찢는 행위에는 학교 규율에서 해방되고 앞으로 새로운 문화를 누릴 것이라는 기대가 담겨 있다. 그러나 해방감은 잠깐이고 현실은 그 기대를 저버리기 일쑤다. 하물며 식민지 조선에서야. 다시 〈그림 56〉과 〈그림 57〉을 잇달아 보자.

남학생, 졸업장을 들고 학교 울타리를 벗어나자마자 곧바로 험난한 파도가 닥쳐온다. 여학생, 고등보통학교 졸업장을 받았지만 울고 있

〈그림 55〉《별건곤》 1927년 3월호, 140쪽

〈그림 56〉 졸업장을 들고 학교 문을 나서는
학생(《동아일보》 1924년 3월 21일)

〈그림 57〉 졸업장을 받은 뒤에 우는 여학생(《별건곤》
1928년 2월호, 103쪽)

다. 이들의 앞날은 어떠했을까. 어찌되었든 그들은 어떻게든 살아내야만 했다.

학생의 꿈과 좌절,
기쁨과 우울

3

I

노는 아이,
도시의
매혹

아이들 놀이

일제강점기에 '맘껏 뛰노는 아이'가 몇이나 되었을까마는 그래도 아이들은 틈만 나면 또래를 지어 놀았다. 많은 아이는 예부터 했던 놀이를 하면서 어린 시절을 보냈다. 아이들은 자기가 사는 곳을 놀이터로 삼았다. 여름이면 바닷가와 강가에서 멱을 감거나 산을 오르내리며 놀잇감을 찾았다. 겨울이면 얼음판 위에서 팽이를 돌리고 썰매를 탔다. 바람 세찬 날이면 연날리기를 했다. 실에 풀을 먹여 상대방 연줄을 끊는 승부도 곁들였다. 때를 가릴 것 없이 마음 내키면 씨름과 말타기를 했으며, 넓은 터가 있다면 장치기놀이도 했다. 여자아이는 놀이에 제한이 따랐다. 부모가 여자아이가 집 밖에서 노는 것을 꺼

렸기 때문이다. 여자아이는 집 안에서 널뛰기와 윷놀이를 많이 했다. 단오 같은 날에는 마을 장정이 나무에 그네를 만들어 주면 여자아이들이 신나게 그네를 뛰었다. 일정한 거리에서 손바닥만 한 작은 돌을 발로 차거나 던져서 상대의 비석을 쓰러뜨리는 비석치기를 여자아이도 했다.

식민지시대에 신구 문화가 뒤섞이며 '혼종의 근대'를 맞이했다. 어린이 놀이문화도 변화했다. 일본 아이가 노는 것을 보고 따라 하기도 했고, 축구나 야구처럼 학교에서 새로 배운 놀이도 했다. 마을에서 놀 때면 골대를 적당히 만들어 놓고 '미니 축구'도 했을 것이다. 또래가 모여 야구 비슷한 놀이도 했다. 고무공을 자신이 직접 위로 던져서 내려오는 공을 주먹으로 치는 놀이였다. 구슬치기와 병마개 치기(따먹기)는 남자아이가 즐겼다. 잡화점에서 산 구슬은 아이들에게 소중했고 '구슬 따먹기'는 그만큼 더 짜릿했다. 여자아이들은 학교에서 배운 줄넘기와 고무줄놀이를 했다. 줄넘기와 고무줄놀이를 할 때면 일본 창가와 군가를 불렀다. 또 여자아이들은 '오자미(공기주머니)' 놀이를 즐겨 했다. 모래를 넣은 '오자미'를 던지면서 노래를 불렀다. 오자미를 혼자 높게 던져서 받기도 하고, 두 사람이 서로 주고받으며 놀았다. 그 밖에도 여자아이들은 땅따먹기와 훌라후프를 했다.[1]

언제부터 장난감이 들어왔는지는 알 수 없다. 이미 1920년에 "어린이용 장난감 총으로 눈속임하여 강도질했다"[2]는 기사가 실린 것으로 보면 일찍부터 서구식 장난감이 들어왔음을 알 수 있다. 1914년에 태평통(태평로)에서 열린 첫 야시에서도 중고 장난감을 사고 팔았다.[3] "어린이에게 장난감을 주는 것은 교육에 필요하다"는 신문기사도 많다.[4] 일본은 제1차 세계대전 뒤에 전 세계 장난감 시장의 강자가 되었

〈그림 58〉 백화점에서 아버지는 술 코너로 아이는 장난감 코너로 가려고 한다.(《매일신보》 1934년 1월 29일)

다.[5] 일본은 산업화와 함께 백화점이 성장하면서 더욱 장난감 시장이 활기를 띠었다. 장난감은 일본에서 중요한 문화산업이었다.[6] 주로 일본에서 생산한 장난감이 조선에 들어왔다. 세발자전거 같은 비싼 장난감이야 부잣집 아이들이 가지고 놀았을 것이고 어쩌면 시골 아이들도 운이 좋다면 인형이나 나팔 같은 장난감을 손에 넣을 수 있을지도 모를 일이다.

놀이문화에서 한 가지 이변이 생긴 것이 '요요yoyo 열풍'이다. 문학평론가 백철이 쓴 글을 보자.

실로 페스트균의 전염률보다도 몇 백 배 위대한 전파력을 가진 요요의 유행성이여! 물론 서울은 지금 요요의 왕성 도시다. 보라 학교에서 돌아오

〈그림 59〉 요요광시대에 엘리베이터도 요요로
보인다. 남편이 부인을 요요 다루
듯이 하고 있다.(《신여성》1933년 5월호, 6쪽)

〈그림 60〉 햇볕 드는 곳에서 요요를 하고 있는
소녀(《신동아》1933년 4월호)

는 소학교 생도의 조그마한 손에 요요가 오르내리는가 하면, 징글징글하
게 큰 세비로를 입은 신사 양반이 가두에서 태연하게 이것을 희롱하고 있
다. 그러나 그뿐이랴. 카페와 끽다점에는 여급과 어린 기생의 손에! 데파
트에서는 남녀점원의 손에! 그리고 사장실 50의 고개를 넘어선 사장의 책
상 서랍 가운데도 요요가 하나씩 들어 있다고 하지 않는가.[7]

아이들 장난감이었던 요요가 어른에게까지 '페스트보다 빠르게'
유행했던 까닭이 무엇일까. 백철은 '자본주의 말기의 퇴폐' 때문이라

〈그림 61〉《국어독본》에 실린 전쟁놀이 삽화(박경수, 〈일제말기《국어독본》의 교화로 변용된 '어린이'〉,《일본어문학》55, 2011, 559쪽)

고 주장했지만, 그는 놀이와 유희의 본질을 잊고 있다. 우울한 식민지에서 명랑해지기 위한 한 방편이 아니었을까.[8]

　이쪽저쪽으로 패를 나누어 마치 전쟁을 흉내 내며 놀았던 '전쟁놀이'는 일제 말기가 되면 교과서에서도 적극 권장했다. 〈그림 61〉의 교과서 삽화를 보자. 아이들이 군복처럼 생긴 교복을 입고 '전쟁놀이'를 하고 있다. 여학생도 전쟁놀이에서 간호사 역할을 하는 것으로 그렸다. 〈군국軍國소년 소설〉에서 묘사하고 있는 전쟁놀이 장면을 보자.

　우리들은 매일 학교에서 돌아오는 산기슭에서 전쟁연습을 합니다. 우리 동리에서 학교까지 10리인데 갈 때는 마라톤을 하고 올 때도 마라톤을 해서 오다가는 마을에서 2리가량 떨어진 산에서 연습을 하는 것입니다. (…) 전에는 '니뽕'(일본-인용자)과 '지나支那'(중국-인용자)라는 파를 갈라서 싸웠는데 선생님이 영국과 미국에 선전포고를 하였다고 하여 우리들은 '지나'

를 떼어버리고 '양코'라고 이름을 고쳤습니다.[9]

전쟁이 놀이가 되게끔 유도하는 이 같은 선전·선동은 어떻게든 아이들 놀이문화에 영향을 미쳤을 것이다.

중등학생의 소비문화

1920년대 말에 30만 명을 조금 넘던 경성의 인구는 행정구역이 확장된 1930년대 중반에 이르면 70만 명에 다다랐다. 경성만이 아니라 철길을 따라 도시가 들어서고 항구도 붐볐다. 근대도시는 새로운 문화가 싹트고 새 문화를 수입해 보급하는 통로가 되었다. 그 도시에 학교가 들어섰고 학생이 몰렸다. 학생은 도시문화에 영향받으면서 그들만의 문화를 만들기도 했다.

일본 사람이 살던 남촌에서 불어오는 일본풍이 있고 할리우드 영화가 내뿜는 미국풍도 있다. 옷차림새가 바뀌고 "비행기만큼 유행의 속도가 빨라졌다."[10] "유행은 고승高僧이나 목사의 설교, 그 어떤 법률보다도 더 큰 힘을 가지게 되었다."[11] 영화·잡지·유성기 등이 유행을 이끌었다. 일본식 과자나 단팥빵, 그리고 캐러멜이나 비스킷 같은 서양과자가 학생의 혀끝을 자극했다. 일본음식점·중국음식점·양식당이 생겨서 입맛을 다시게 했다. 1930년대에 들어서면 미쓰코시백화점을 비롯한 일본 백화점들이 문을 열어, '실업자의 경성'을 '메이크업'했다. 도시의 심장인 백화점은 일정한 구매력을 가진 모든 사람을 똑같이 대접하며 동등한 사치의 가능성을 제공해주는 '환상의 공간'이 되었다. 커피를 파는 다방이 생기는가 싶더니 네온사인이 번쩍이는 카페에서 '파란 술 붉은 술'을 팔았다. 강철과 유리가 도시를 장식하기 시작했고 길을 따라 사람들이 산책했다. '도시의 스크린'인 쇼윈도는 물건을 파노라마처럼 진열해서 산책자를 유혹했다. 옛 주막과는 다른 선술집이 생기는가 싶더니 색주가와 내외주점이 흔해졌다. 듣도 보도 못한 유곽도 곳곳에 들어섰다. 우울한 식민지에서 전통이 바뀌고 그 위에 '모던'이 겹쳐졌다. 초라한 서민의 집 근처에 웅장한 식민 건축이 들어선 부조화의 도시였다. 그래도 새로운 도시문화가 생기고 학생도 소비문화에 합류했다.

〈그림 62〉를 보면 방학을 맞이해서 지방 학생이 고향으로 떠나버려 하숙집과 학용품점 그리고 서점이 한산하다. 그 밖에도 중국요리, 과자상, 호떡집, 세탁집, 화장품 가게, 악기점, 병원, 극장이 문을 닫을 지경이다. 학생이 도시의 소비자로서 중요한 역할을 하고 있음을 익살스럽게 표현하고 있다.

또 〈그림 63〉을 보자. 이 그림을 그린 사람은 학생이 "시험공부도 활동사진관에 가서하고, 연애사진 보랴, 여학생 보랴, 책 보랴, 눈알이 몇 개 있어도 부족하다"[12]고 비꼬았다. 이 만화에서 보여주듯이 학생에게 영화 보기가 큰 취미였다. 영화는 '학교의 수신 과목이나 목사의 설교, 부모의 회초리보다도 젊은이들에게 감화력이 큰 것'이었다.[13]

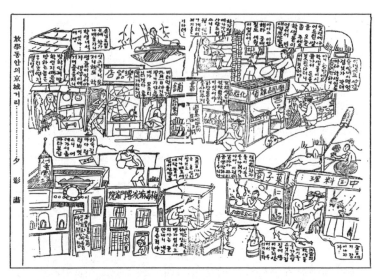

〈그림 62〉 안석영, 〈방학 동안의 경성거리〉, 《별건곤》 1927년 8월호, 60~61쪽

'월사금은 못내도 영화 구경은 꼭 챙기는' 학생도 있었다. 극장에 가거나 '노는 학생'을 사회에서는 불량학생으로 여겼다. 그들이 도시문화를 어떻게 누렸는지는 다음 장에서 '불량학생'을 다루면서 다시 설명하기로 한다.

시골이 고향인 여학생은

〈그림 63〉 눈이 몇개 있어도 모자란학생(《별건곤》 1927년 2월호, 82쪽)

기숙사와 하숙집에서
친구·선후배와 또래
집단을 형성해 가족을
벗어난 공동체를 경험
했다. 여학생들은 거
리를 힘차게 다녔고,
전차를 타고 소풍을
가거나 일본으로 기차
와 배를 타고 수학여
행을 갔다. 성악 발표
회나 피아노 연주회,

〈그림 64〉 한설야 소설 〈탑〉 삽화에 나오는 1910년대
극장 모습(《매일신보》1940년 11월 7일)
두루마기를 입은 학생도 보인다. '대활극'·'카우보이'
등의 글을 써넣은 깃발 선전과 영화간판 등이 눈에 띈다.

정구대회, 발레·연극·영화 같은 서구적 근대 문화를 체험했고 찻집
에 가서 원두커피를 마시기도 했다. 조선의 여학생은 넉넉한 집안의
자식으로서 이러한 서양과 일본의 문물과 문화를 체험할 수 있었고
그것을 생활의 감각으로 만들어갔다.[14] 그렇게 여학생은 문학 취미,
음악과 영화 감상과 같은 교양 취미를 획득하고 자유연애와 유희의
감각을 익혀갔다.[15] '사치와 허영에 들 뜬 여학생'이라는 부정적인 눈
길에 시달리기도 했지만, 여학생은 그들 나름대로 패션에 신경을 쓰
고 몸단장을 했다. 여학생 옷차림을 한 '가짜 여학생'이 생길 만큼 패
션리더의 자리도 차지했다.

학생들은 스포츠문화를 앞장서 이끌었으며 당연히 영화를 보고 축

음기에서 흘러나오는 음악도 들었다. 흥이 나면 유행가도 따라 불렀다. 중등학생은 나이가 들쭉날쭉 했으니, 나이 많은 남학생은 남몰래 도시의 유흥문화를 즐겼을 것이다. 도시에서 또래끼리 성인식을 치르는 셈이다. 오늘날 중등학생과는 달리 그 무렵 중등학교 고학년 학생은 '사회적 나이'로 보자면 성인이었으니까.

식민지시대 중등학생은 조선 전체를 놓고 볼 때, 평균 이상의 학력을 가진 계층이다. 중등학생은 학령인구 가운데 2~3퍼센트 남짓했다. 따라서 그들은 당대의 '고급문화'를 누릴 수 있는 잠재적 계층에 속했다.[16] '모던 학생'이라는 말은 그래서 생겼다.

여학생은 모던 걸, 남학생은 모던 보이가 되어야 한다. 좋은 의미에서 우리들은 모던이 되어야 한다. 학자님이나 골샌님 같은 것은 쓰레기통이 기다리고 있을지언정 오늘날의 조선은 기다리지 않는다. 학교 안에서 산악부나 수영부를 조직하는 것도 모던이요 사회과학연구회 같은 것을 조직하는 것도 모던 학생들이 할 일이다.[17]

위에 인용한 글에서는 중등학생의 취미활동으로 사회과학독서회도 추천했다. 이 무렵 '사회과학'이란 주로 사회주의사상을 뜻했다. 취미활동은 학생문화에서 매우 중요하지만 여기서는 독서문화만을 조금만 더 살펴보겠다. 여학생 취미는 "과자 먹기, 이곳저곳 돌아다니기, 결혼 예찬하기"라고 험담하는 사람이 있었다.[18] 그러나 다음 글을 보면 그도 생각이 달라질 것이다.

학교에서 가사 시간이나 수신시간이면 여자의 천직, 또는 주부의 책임이나 육아법에 관한 이야기를 늘 들어왔다. 그런 이야기를 들을 때마다 여자를 모욕하는 것만 같아서 불쾌한 생각을 가졌었다. 그때 나는 "흥, 누가 시집을 가서 남의 아내가 되고 또 어머니가 되어서 판에 찍어 놓은 것과 같은 생활을 날마다 계속하고 있담" 하는 생각으로 선생의 강화는 귓등으로도 안 듣고 선생 몰래 잡지나 소설책만 뒤척이고 있었다.[19]

수업시간에 다른 책 읽기, 그때도 그랬다. 그러나 여학생이 읽는 책이란 잡스러운 것뿐이라고 비판하는 사람이 적지 않았다. 물론 연애소설과 통속문학에 관심을 쏟는 여학생도 있었을 것이다. 그러나 모두 그런 것은 아니다. 헨리크 입센Henrik Ibsen의 《인형의 집》과 알렉산드라 콜론타이Aleksandra Mikhaylovna Kollontay의 《붉은 연애》 같은 페미니즘 책도 읽었다.[20] '여성해방의 교과서'라고 불렸던 《인형의 집》은 책이나 연극으로 많은 호응을 얻었고, 그 중심에는 여학생들이 있었다. 안락한 가정을 박차고 집을 나간 주인공 노라의 행위는 그녀들에게 하나의 고민거리를 던져주었다. 《붉은 연애》는 새로운 연애소설의 대명사로 인기를 끌었다.[21] 1920년대 중반 서점주인 말에 따르면, "연애소설 대신 사상서를 찾는 여학생이 늘었다."[22] '사회과학' 책 가운데 《유물사관》을 읽었던 여학생은 "진리를 찾은 그 순간의 느낌은 무엇에도 비길 수 없다"면서 누구나 꼭 한번 읽어야 한다고 했다.[23] 책 읽는 여학생의 모습은 도서관만이 아니라 기차와 전차와 같은 곳에서도 쉽게 볼 수 있었다.

학생은 자신의 취향에 따라 소설이나 과학·음악·미술 책 등을 보았지만 사상서를 읽는 학생이 적지 않았다. 1920년대 초반에는 무정부주의나 기독교사회주의 책을 많이 읽었지만 1920년대 중반부터는 마르크스주의 저작을 읽

〈그림 65〉 전차에서 책을 보는 여학생(《신가정》 1934년 10월호, 47쪽)

었다.[24] 1931년 경성 지역 남자고등보통학교 학생 독서 성향 조사에 따르면 니콜라이 부하린Nikolay Ivanovich Bukharin이 쓴 《유물사관》, 카를 마르크스Karl Heinrich Marx가 쓴 《공산당선언》이나 일본 학자가 쓴 마르크스주의 책이 포함되어 있다.[25] 그 밖에도 사회주의 운동가들이 쓴 팸플릿을 읽는 학생도 있었다. 학생들은 이렇게 과외 독서를 하면서 메마른 학교수업을 보충하고, 판에 박힌 식민교육의 틀을 벗어나 저항하는 사회의식을 키우기도 했다. 한 여학생은 '사회과학을 우리에게 달라'면서 다음과 같이 주장했다.

학교교육이 너무나 사회과학을 무시하고 봉쇄적 교육만을 하고 있습니다. (…) 사회의 일분자로서 개성을 가진 인간으로서 사상에서 낙오자가 된다는 것이 얼마나 유감입니까. (…) 학교 책상만 알고 교과서만 끼고 다니지 세계 대세가 어떠한지 우리들의 형편이 어떠한지 하나도 모릅니다. 어떤 이들은 혹은 학생으로서 건방진 생각이라고 하실지 모릅니다만, 좀 알아야겠어요. 우리 사는 형편 모든 것을 좀 알아야 하겠습니다.[26]

2

청춘의
성과
사랑

사춘기의 성性

《제일선》에 춘향전을 패러디한 만화 〈모던 춘향전〉이 연재되었다. 이 만화는 열여섯 살 몽룡이 여드름 약병을 옆에 두고 거울 앞에서 여드름을 짜는 장면부터 시작한다.[27] '청춘의 상징' 여드름이 나고 성에 눈뜨는 사춘기가 시작되었음을 보여준다. 몽룡이와 춘향이가 그랬듯이 청춘에게 성은 큰 고민거리였다.

신문에서 말했다. "중등학교 3학년이 가장 위험하다."[28] 이때가 몸이 부쩍 크고 괜히 마음이 울렁거리며 이성이 그립다. 이 사춘기를 잘못 넘기면 큰일이다.

〈그림 66〉《제일선》1932년 11월호, 78쪽

〈그림 67〉백화점 가구부 거울 앞에서 여우목도리를 보는 여성, 여드름을 짜는 남학생, 넥타이를 손보는 남성(《동아일보》1939년 12월 12일)

청년기에 발생하는 모든 정력을 풀 곳이 없이 그대로 어린 때나 다름없는 행동대로 있으라면 이 청년은 퇴보는 있을지언정 진보는 없을 것입니다. 이 정력을 풀어볼 상대를 찾느라고 몰래 극장에도 가고 찻집에도 가고 카페에도 가고 나중에는 탈선적 행동을 하게 됩니다. 다행히 이 정력을 스포츠로 향해서 등산을 한다, 수영을 한다, 여러 가지로 체력을 단련하는 방면으로 가게 된다면 참으로 다행한 일입니다. 그렇지 않은 학생은 책보 끼고 집에 와서 책상에 앉으면 보잘 것 없는 잡지나 대중소설에 취미를 붙여서 밥 먹을 줄도 잠잘 줄도 모르는 일도 있습니다.[29]

사춘기에 성에 대한 욕망을 어찌할 것인가. 위에 인용한 신문기사에서는 "성에 눈떠 '부자연한 행동'을 하면 신경쇠약에 걸리니 잠잘 때는 다른 식구와 함께 잘 것"을 해답이랍시고 내놓았다.[30]

선생이 가르쳐주지 않아도 이미 학교는 '성 지식 교환소' 역할을 했다. 초등학생마저도 학교에서 성지식을 얻었다. 1919년 초등학교 2학년 학생의 사례를 보자. "쉬는 시간이면 난롯가에 애들이 모여서 떠들어 대며 불을 쬐었다. 이런 때는 서로가 온갖 이야기를 털어놓는데 스무 살이 넘은 애아버지 동급생들에게서 성교육을 받기도 했다."[31] 그 지식은 왜곡되기 십상이다.

성교육이 필요했다. 20세기 초에는 성욕을 억제하는 것이 학교교육의 중요한 목표 가운데 하나였지만, 1920년대부터 성교육 문제가 공론화됐다. 그렇지만 선생들은 학생에게 공식적으로 성교육을 하는

것은 시기상조라고 생각했다. 남
선생이 여학생에게, 여선생이 남
학생에게 성교육을 하는 것은 어
쩐지 불편하다는 얘기다. 성교육
을 대체할 만한 것으로 성에 대한
책을 저술하거나 외국의 유명한
성교육 책을 번역해 학생들에게
읽게 하자는 절충안을 내기도 했
다.[32] 성을 억압하고 통제하기 위
한 의도이건 성을 제대로 이해하
기 위한 의도이건 성을 학교에서
거론하는 자체를 '불경'한 일로 여

〈그림 68〉 남학생이 책상 앞에서 이성을
그리워하고 있다.(《조선일보》1930년 9월
27일)

겼던 사람이 꽤 있었던 모양이다.[33] 성교육은 "학교와 가정의 시급한
문제"이기는 하지만, 막상 "학교에서 이것을 가르친다면 큰 괴변으로
알 것이고 더구나 여학교에서 성교육을 시킨다면 당장에 퇴학청원서
를 써가지고 그 부모가 학생을 데리고 가서 곧 야단이 날 것"[34]이라는
여학교 선생의 이야기는 그 무렵 교육 현실과 한계를 잘 드러낸다.[35]

학교 밖의 지식인 사이에서도 의견이 엇갈렸다. 개방적인 성교육이
왜곡된 성과 일탈한 성을 막을 수 있다고 주장하는 사람이 있었다. 그
런가 하면 성교육이 오히려 학생들의 호기심을 부추길 수 있으며, 학
교에서 그런 것을 가르치면 부모들이 항의할 것이라고 걱정하는 사람

〈그림 69〉 신문에 버젓이 실린 포르노그래피 광고(《동아일보》 1923년 7월 16일)

도 있었다. 학교에서 성교육까지 할 필요는 없고 부모가 적당한 때에 성에 대해서 말해주거나 정확한 지식을 전달해주는 책으로 학생 스스로 공부하는 것이 좋다고 주장하는 사람도 있었다.[36]

그러나 이미 '성지식'을 전달하는 포르노그래피가 떠돌았다. "염려艶麗한 나체미인 사진 분양, 그 풍만한 육체의 곡선미는 고결하다"는 따위의 책 광고가 이미 1920년대 초에 신문에 버젓이 실렸다.[37] 〈성욕과 성교의 신연구〉,[38] 〈남녀 생식기 도해〉[39] 같은 책이 '에로'의 분위기를 전파했다. 학생이 이러한 '성학' 책을 얼마나 보았는지는 알 수 없다. "요염하기가 꽃과 같은 미인의 넘치는 육체미는 신비하고 유쾌하기 끝없다. 과연 그 곡선미가 얼마나 노골적인지 보는 사람으로 하

여금 천국에 노는 느낌이 있으리
라."[40] 틀림없이 이 같은 책 광고
는 학생의 성적 호기심을 잔뜩
부풀려 놓았을 것이다.

1920년대 초반부터 일본에서
들어오기 시작한 포르노 사진과
인쇄물은 1920년대 중반에 이르
면 사진과 그림엽서 상점에 진
열되어 팔리기 시작했다.[41] 이런
'성학' 책은 우편 주문 제도를 활
용하곤 했다. "주문만 하면 남의
눈에 안 띄게 몰래 보내준다"고
했다. 그 책들은 "여드름 난 학생

〈그림 70〉 '나체미인사진 분양' 광고
《매일신보》 1922년 11월 9일)

과 점잖은 신사들이 베갯머리에 감추어두고 보려는" 기대를 채워주
었을까. "희희낙락하고 노는 남녀 유희사진", 그 사진은 여름 해변에
서 남녀가 해수욕하는 사진이었다. "벌거벗은 남녀 밤일하는 사진",
그 사진은 여름에 남성 노동자가 웃통 벗고 일하는 사진 또는 과자 공
장 여직공이 화덕 옆에서 과자 굽는 사진이었다. 사진첩을 받아들고
남몰래 보던 사람들이 얼마나 실망했겠는가. 일본에서 오랫동안 사기
판매를 해 먹던 포르노 서적상은 속이기 좋은 조선 사람의 주머니를
노렸다. 속은 사람은 누구에게도 호소할 수 없었다.[42]

연애의 감정, 감정의 연애

"통학길에 자주 마주치는 남녀학생은 남모르는 생각들이 가슴을 어지럽히고 있다. 이들은 서로 만나면 부끄럽고 수줍은 생각에 여학생은 얼굴을 숙이고 길옆으로 가고 남학생은 점잖을 뽑고 걸음이 바빠진다."[43] 이것은 분명 연애 감정이다. '남녀칠세부동석'이라 했으니 이미 7세부터 '연애' 감정은 있다.

일본과 중국이 그러했듯이 식민지에서도 '연애'라는 말은 근대 이전에는 없었다. 연애는 일본에서 '수입한 말'이었다. 예부터 남녀 사이의 감정을 가리키는 말로 연戀이나 정情, 애愛 같은 한자어는 있었지만, 서구의 'love'에 해당하는 말은 없었다. 조선에서 연애라는 말은 1912년 무렵 소설에서 처음 나온다.

일본으로 유학 간 젊은 남녀학생이 근대사조 가운데 하나로 자유연애사상을 받아들이고 이를 식민지 조선에 소개했다. 자유연애사상은 곧바로 유행했고 하나의 이상으로 자리 잡았다. 조선에서는 자유연애를 연애로 줄여서 썼다. 1910년대 말에서 1920년대 초까지 연애는 결혼의 자유를 뜻했다. 1920년대 들어 연애라는 말이 젊은이들의 감정을 사로잡는 대중적인 말이 되었다. 1920년대를 '연애의 시대'라고 부르는 사람도 있다.

자유연애는 기존의 가치관과 부딪쳤다. 조선의 젊은이는 "부모의 명령에 복종할까, 참다운 사랑의 길을 밟을까" 하는 문제로 고민하곤 했다. 연인들은 어떻게 연애를 했을까. 현진건이 쓴 《B 사감과 러브레터》에서 보듯이 연애할 때 가장 중요한 수단은 편지쓰기였다. 사람들은 실제로 만나는 것은 수줍어했지만, 편지로는 뜨겁게 속마음을 주고받았다. 편지 쓰기는 1920년대 조선에서 걷잡을 수 없을 만큼 유행했다.[44] 공부하는 학생도 그 분위기에 영향받았다. 학생의

〈그림 71〉 남학생들이 여성을 호기심 어린 눈으로 바라보며 짓궂게 굴고 있다.(《별건곤》 1927년 1월호, 99쪽)

연애 감정을 표현한 다음 글을 보자.

훌쩍 뛰어가 한강에나 갈까. 삼청동에나 갈까. 취운정에나 갈까. 동물원에나 갈까. 연극장에나 갈까. 고개를 숙이고 발끝으로 그림을 그리면서 끔찍이도 번민에 못 이겨 애를 먹는다. 그리하여 이성을 그리며 이성의 집을 그리며 이성과 만나 말하고 대답할 것을 두서없이 함부로 꿈꾼다. 기괴한 일도 많지. 책은 연애 서간이 제일 많이 팔린다 한다. 《사랑의 불꽃》이니 《위인의 연애서간》이니 하는 그 책들이.[45]

학생 때문만은 아니겠지만 편지 교범이 베스트셀러가 된 것은 사실이다. 연애편지 교범을 만들면 잘 팔리겠다는 생각에서 1923년 초에 기획 출판한《사랑의 불꽃》이 그 보기다.《사랑의 불꽃》에 실린 19개 편지는 첫 구애에서 이별에 이르기까지 연애 경험에서 겪을 수 있는 여러 사례를 적었다.《사랑의 불꽃》은 꾸준히 광고해서 판매량을 늘렸고 사람들에게 '상상의 연애'를 자극했다. 그밖의 여러 연애소설은 독자에게 모방 욕망을 부추기기도 했다.

〈그림 72〉 노자영 서간집
《사랑의 불꽃》, 신민공론사,
1923

'실제의 연애'든 '상상의 연애'든 연애가 유행하자 "젖내 나는 어린 연놈까지도 사랑이라는 괴상한 말을 읊조리는 세상"을 한탄하는 사람이 있었다. 또 "연애병에 걸린 젊은이들이 너나없이 책상과 호주머니에 사랑편지와 연애소설을 넣어두고 있다"고 걱정하는 사람도 있었다. 다음 글을 더 보자.

요즈음 학생들은 공부의 눈보다 연애의 눈이 먼저 뜬 셈인지, 소학생까지도 그저 사랑, 사랑, 하고 남녀학생 사이에 편지질을 하고 서로 추측하며 과자봉지로 폐백을 삼는다. 그리하여 어떤 얌전한 학생은 한 달에 과자대가 식대보다도 더 많다고 한다. 요릿집 번창은 기생 덕분이지만 과자집 번창은 남녀학생의 연애덕분이다. (…) 공부야 잘 되던지 못 되던지 학생의 풍기가 문란하거나 말거나 연애 폐물의 용달소, 남녀교제의 매개 성전聖殿인 과자점은 자꾸 번창하면 그만이겠지.[46]

이 글은 과자집이 늘어나는 것이 마치 학생의 연애 때문인 듯이 부풀려 말하고 있다. 그러나 시대의 분위기만큼은 반영하고 있다. '남녀교제 매개의 성전'으로 지목된 곳은 과자점 말고도 도서관이 있다. 사실인지는 알 수 없지만 다음 글은 도서관이 남녀 학생의 밀회장소라고 주장한다.

최근의 서울 거리거리에는 학생들의 소행 조사진이 펼쳐 있어 이미 물들여진 불량남녀 학생 무리들에게 위협을 준다. 그들은 피난처를 도서관으로 삼고 있다. 그렇다 도서관은 피난처이다. 남녀학생이 함께 앉는 것까지를 허용하여 그들에게 절호의 랑데부 장소를 만들어 준다. (…) 편지 쪽이 오고 가고 종이뭉치가 넘나든다. 공부는 무슨 공부. 도서관에서는 엄중 경계를 하여 조금이라도 풍기 또는 정숙을 깨뜨리는 자는 용서 없이 퇴관을 명한다 한다. 그러나 어찌하랴. 그들의 불량 군과 낭들은 학교시험장에서 태연히 커닝을 자유로 하는 사람들이다. 넓디넓은 방에, 교실의 10배가 넘는 학생이 앉아 있는 이곳이야말로 자유천지요 무인지경이 아닌가. 그리하여 도서관은 그네들 남녀의 공공연한 밀회 장소라고 공통하는 '은어'가 되어 있다. 그러나 불이란 등잔 밑이 어두운 것이다. 다만 가여운 것은 우리 순진

한 청년 중학생이다.[47]

이제 실제 '연애 사건'이 일어나는 장면을 보자. 대개 남학생은 길거리에서 여학생에게 말을 걸면서 작전을 폈다. 여기에 항의하기보다

〈그림 73〉 여학생을 히야카시하는 '거리의 이리떼'인 불량학생(《매일신보》 1934년 1월 24일)

는 무시하고 그냥 집으로 가는 여학생이 많다. 남학생은 이것을 더욱 기회로 삼아 그녀 집까지 따라가서는 주소를 알아내어 편지를 한다.[48] 이러한 연애 작전이 얼마나 성공했는지는 알 수 없지만, 여학생이 가장 싫어했던 것이 바로 남학생의 '히야카시'였다. 남학생 편지가 오는 날이면 학교건 집에서건

〈그림 74〉 이발관 옆을 지나는 여인에게 '히야카시'하는 남성(《매일신보》 1934년 2월 14일)

여학생은 혼났다. 그러나 여학생에게도 연애의 감정은 싹텄다.

구두를 사 신고 저벅저벅 걸음을 걸으면서 빙긋빙긋 웃던 당신이지요. 그

렇습니다. 그때가 1년생. 초코레트와 동성연애의 의미를 아시고는 세상이 명랑해졌지요. 그렇습니다. 그때가 2년생. 연애편지란 것을 받고 얼굴을 붉히셨지요. 그리고 그다음부터 모양내기를 시작하셨다고요. 그렇습니다. 그때가 3학년. 그 다음에는? 그것까지도 압니다. 달 밝은 날 저녁 사각모 쓴 학생과 몰래몰래 산보하셨지요.[49]

이 글은 사춘기에 들어선 여학생의 모습을 잘 보여준다. 4학년이 되어 실제로 연애한 여학생이 얼마나 있었는지 알 수 없다. 그러나 이 글에서 말하는 '동성연애'는 사실이다. 그 무렵 동성연애는 요즈음 논의되는 '동성애'와는 다르다. 여학생과 여학생 사이의 남다른 애정이 바로 동성연애다. 근대 이전에도 여성 사이의 친밀함·애착감·우애와 같은 기치가 있었다. 학교나 직장 같은 근대적 공간에서 여성 사이에 새로운 관계를 사고할 수 있는 또 다른 길이 열렸다. 그 친밀함을 '연애' 형식으로 실현했다.[50] 그때의 '연애'란 선배와 후배가 형-동생 관계를 맺어 서로 편지하고 선물 주고받기, 함께 산책하고 영화나 연극을 함께 보는 것이었다. 말하자면 '동성연애'란 여학생 사이의 '로맨틱한 우정'이자[51] '친형제와 같은 애정'이었다.[52]

여류 명사의 동성연애 경험담이 잡지에 실리기도 했다. 황신덕은 "여학생 시대에 동성연애를 안 해 본 사람은 별로 없으리라. 나도 그 축에 빠지지 않고 여러 차례의 경험을 했다"고 했다. 최초의 여의사이자 이광수의 부인으로 잘 알려진 허형숙은 "14, 15세 때에 진명학교를 다니면서 동성연애를 많이 했다"고 말했다. "나를 친동생같이 사랑하고 나는 그를 친형님처럼 믿고 또 사랑했던 것"[53] 이것이 동성연애였다.

사랑, 애형愛兄, 애제愛弟! 이것은 주로 여학생 사이에, 여학생 가운데에도 기숙사에 들어 있는 학생에게 있는 일이거니와 그들 사이에는 남자로 치

〈그림 75〉 선후배 사이의 '로맨틱한 우정', 동성연애(《여성》 1937년 7월호, 58쪽)

면 '짝패'라 할 만한 사랑이란 것이 있다. 가령 갑이라는 여자와 을이라는 여자 사이에 "사랑이 생겼다" 하면 그들은 거의 죽을지 살지를 모르고 서로 그리워한다.[54]

동성연애가 지나쳐서 때로 사고도 생겼다. 보기를 들자. '여학생들 사이에 동성연애가 맹렬'한 가운데 한 후배 여학생을 사이에 두고 기숙사에서 선배들끼리 내 짝이니 네 짝이니 하고 다툼이 생겼다. '육박전'이 벌어지고 후배는 어쩔 수 없이 기숙사에서 나가야 했다.[55] 다시 다음 글과 〈그림 76〉을 보자.

여학생 중에 인기를 독점한 여학생이 있다. 그래서 동무들은 그를 휩싸고 별 로맨스가 많다. 편지를 써 보내기도 하고 사진을 같이 찍기도 하며 무엇을 사 보내기도 한다. 더구나 노는 시간이면 동무들이 와서 매달리고 잡아 다니며 끌고 큰 야단이 벌어지는 것이다. 때로는 그를 중심으로 큰 싸움이 벌어지는 때도 있다고 한다.

동성애 또는 동성연애 현상을 어떻게 설명할까. "동성애란 여성과 이성이 결합하기 전의 하나의 고독한 계단"이라고 말하는 등 여러 진단이 내려졌다.[56] 여학생의 동성연애에 대해 사회의 시선은 그다지 곱지 않았다. "서로 물품 교환하는 데 학비를 다 쓴다"[57]고 비판하는 사람이 있는가 하면, '변태성욕'이라고 규정한 사람까지 있었다.[58]

남자로 치면 '의형의제'라거나 '짝패'라고 부르는 것을 여학생은 보통 '사랑'이라고 불렀다.[59] 그 사랑이라는 말을 초등학교 여학생도 따라하곤 했다.[60] 여학생들은 동성애를 S라는 은어를 써서 표현했다. S는 시스터 Sister의 첫 자였다. 똑같은 S라는 은어를 썼더라도 남학생은 스모킹Smoking, 곧 흡연을 줄여서 쓴 말이었다.[61]

〈그림 76〉 인기를 독점한 여학생(《여성》 1937년 7월호, 59쪽)

3

학생을
우울하게 만든
것들

가슴 죄는 시험

1920년대에 들어 보통학교에 들어가려는 아이들이 늘 모집자보다 많아서 학교에서 입학시험을 보았다. 먼저 나이가 만 6세가 넘어야 했다. 보통학교에서는 구술고사와 서류 심사로 입학생을 뽑았다. 구술고사는 교사 질문에 아동이 답하는 것을 듣고 합격, 불합격을 결정했다. 그때 구술고사를 '멘털 테스트mental test'라고 불렀다. 이 제도를 비판하는 사람들은 '명태알 테스트'라고 비아냥거렸다. 교사는 아직 코흘리개인 어린아이에게 무엇을 물었을까. 1938년 경성교동공립보통학교의 사례를 보자.

상식적인 것을 묻습니다. 예를 들면 성명, 주소, 부모의 성명과 연령 등으로부터 우마牛馬의 구별, 그림을 그려서 국기의 이름과 국기게양의 날 등을 묻거나 조금 힘든 것으로서 뿔 없는 소를 그리고 무엇이 부족한가, 또는 뿔 있는 말을 그리고 무엇이 더 있는가 등을 묻습니다. 여러분은 이 모든 것을 모두 만점으로 대답하실 수 있습니까? 그러면 입학이 됩니다. 이는 실없는 말입니다만 이만큼 보통학교 입학시험은 힘이 듭니다.[62]

'보통학교 입학시험이 힘들다'고 한 말은 사실이었다. 교육열이 높아졌지만, 학교는 더디게 늘어났기 때문이다. 구술고사는 기본 학습능력과 지능검사 질문을 했다. 그러나 때때로 부정입학이나 불공정 경쟁의 도구가 되기도 했다. 경성에 있는 어느 보통학교에서는 가정환경이 좋은 아이만이 구경할 수 있는 100원짜리 지폐를 구술고사 재료로 써서 문제가 되기도 했다. 입학금과 기부금 또는 수업료를 미리 내면 입학시키는 일도 있었다. 신문은 그 사정을 다음과 같이 보도했다.

초등학교 취학아동을 사정하는 것도 근본에서 찬성할 만한 사실이 아닌데, 이 사정이라는 것은 더 한층 불합리한 점을 여지없이 폭로시키어 저능하거나 유능하거나, 발육이 좋거나 발육이 좋지 못하거나 유산자의 아동이면 사정에 합격되었으며 무산자의 아동은 아무리 똑똑하고 발육이 좋아도 사정에 낙제되어 낙제 아동의 가족을 비롯하여 일반 사회는 부정한 사정에 대하여 비난이 적지 않더라.[63]

〈그림 77〉 보통학교에 입학하려고 '멘탈 테스트'를 받는 어린이(《매일신보》 1934년 2월 22일)

입학시키고 싶은 아이에게는 쉬운 것을 묻고, 떨어뜨리고 싶은 아이에게는 어려운 것을 묻는다는 이야기가 떠돌았다.[64] "경성에 있는 유명한 보통학교에 자녀를 입학시키려고 물밀 듯이 지원"하면서 서울로 이사하지 않는 사람은 제외하기도 했다.[65] 요즈음 말로 하면 위장전입을 막았던 셈이다. 초등학교 입학시험 경쟁률은 중등학교보다는 낮았지만, 탈락자 규모가 매우 컸다. 1930년도 입학자원자 가운데 2만 8000여 명, 1935년도에 9만 2000여 명, 1937년도에 17만 4000여 명이 탈락했다.[66] 장남만이라도 꼭 보통학교에 보내고 싶은데 연거푸 시험에 떨어지자 동생 이름으로 학교를 보내는 일도 있었다.[67]

중등학교 입학시험은 어떠했던가. 1930년대에는 중학 입학시험 '지옥'이라는 말을 흔히 썼다. 신문과 잡지는 입시철이 다가오면 각 학교의 입시 요강이나 예상 문제 등을 싣기도 하고 시험이 끝난 뒤에는 입학시험 문제와 답안을 실었다. 중등학교에 들어갈 때는 일반적으로 일본어와 산술 과목이 포함된 필답고사를 치렀다. 주로 과목별로 문제를 내고 답안을 쓰는 오늘날과 같은 시험을 보았다. 그밖에 보통학교 교장의 소견서와 자산조사 등을 통한 서류 심사와 면접도 했다. 재산조사를 하는 것은 중등학교 교육비 부담이 컸기 때문이다. 시험에서 만점을 받아도 입학을 하지 못했다. 차마 웃지 못할 사건을 신문은 다음과 같이 보도했다.

〈그림 78〉 보통학교
입학시험을 풍자한 만화
《동아일보》 1936년 2월 14일)

진주고등보통학교에서는 (…) 어린 학생과 선생이 서로 붙들고 소리를 놓아 통곡하는 일대 비극이 일어났는데 그 자세한 내용을 들은즉 시내 제2 공립보통학교 졸업생 조삼세(17)가 고보시험에 우월한 성적으로 합격되었으나 자산조사에 7000원인 것을 동교 교원 중촌中村의 부주의로 7000원이라는 숫자에서 0을 하나 빠뜨린 까닭에 700원이 되어

〈그림 79〉 입학시험장에 두근거리는 가슴으로 모인 어린이와 학부형(《동아일보》 1929년 3월 24일)

서 자산 부족이라는 이유로 입학을 거절했기 때문에 전기와 같은 참극이 열린 것이라더라.[68]

공식 통계에서는 중학교 입학경쟁률이 3 대 1로 나와 있지만 막상 수험생이 입시 현장에서 맞닥뜨려야 했던 경쟁의 벽은 훨씬 높았다. "학교 설비는 부족하고 입학하려는 응모자는 해마다 늘어서 100명 모집에 1000명에서 1500명이 몰려드는 상황"이 생겼다. 1928년 무렵에 보통학교 졸업자 가운데 5퍼센트 남짓이 중등학교에 진학할 수 있었고, 1939년 무렵에는 보통학교 졸업자 가운데 약 6퍼센트 미만

이 중등학교에 진학할 수 있었다. 1944년에는 6.4퍼센트가 중등학교에 진학했다.[69]

신문은 치열한 입시경쟁에서 떨어진 학생이 큰 충격을 받아 가출하거나 자살을 시도하는 일이 있다고 자주 보도했다. 언론은 입시부정에 대한 의혹도 제기했다. "요릿집으로 학교 당국자와 또는 친분 있는 교원을 초대한다. 심지어 뇌물을 쓴다하여 자식을 입학시킨다는 추문이 있다."[70] 교사와 사적인 관계를 이용하거나 학교 쪽에서 기부금을 요구하는 방식으로 입시부정이 일어나고 있다는 신문기사도 실렸다.[71] 그런 부정이 아니더라도 잘 사는 집에서는 가정교사를 두어 학교성적을 관리하고 입학시험에 대비했다.

시험에 떨어진 학생은 어떻게 재수를 했고 무슨 대안을 마련했을까. 그들은 학원과 강습소를 찾았다. '팽창하는 향학열과 정규교육기관 부족' 때문에 경성에 학원과 강습소가 늘어났다. 1938년에 129개 학원과 강습소가 2만 600명 남짓한 학생을 가르치고 있었다. 그 가운데 88개가 초등학원이었다. 이곳에서는 정규 소학교에 들어가지 못한 아이, 특히 '무산아동'을 가르치고 있었다. 중등 정도의 학원과 강습소는 상급학교 입학준비 또는 외국어 학습, 타이프라이터, 자동차 강습, 양재, 재봉 등이 있었다.[72]

이제 입학한 다음에 학교에서 학생들을 어떻게 평가했는지를 살펴보자. 초등학교에 입학한 다음부터 학생은 갖가지 학습평가 시험을 보았다. 그에 따라 학급 석차를 매겼다. 일본어와 산술 과목은 중

등학교 입학시험 과목이었기
때문에 시험을 더 자주 보았
다. 1930년대 보통학교는 중
등학교에 입학하기 위한 '입
시위주교육'이 많았다. 교육
과정 시수를 무시한 '인기과
목' 편중수업, 보충수업, 참고
서수업, 과외수업 등이 초등
학교교육 현장에서 관행처럼
되었다.[73] 우열차별 교육은
더 큰 문제였다.

〈그림 80〉 보통학교 입학하기가 힘들다.
이것은 잔인한 '아동학대'다.(《동아일보》 1924년
2월 22일)

조선인 초등학교에서는 2~3학년 때부터 성적 우수한 아동, 즉 졸업 후 상
급학교에 입학할 수 있을 만한 아동 5~6명을 내정하여 평소 교수, 복습,
시험 전반에 대하여 그 아동만 주력 교수하고 성적이 그다지 우수치 못한
다른 아동은 애초부터 안중에 두지 않는 동시에 교실 맨 뒤에다 앉혀 놓아
서 여간해서는 선생의 말을 들을 수도 없을 뿐만 아니라 아동이 선생에게
무를 기회도 없고 선생이 아동에게 무를 기회도 전연 없다.[74]

공부 못하는 학생을 아예 제쳐둔 수업, 이 입시위주교육은 분명 문
제였다. 그러나 학교 쪽에서는 상급학교 입학자 수에 따라 학교와 선

〈그림 81〉 학부형이 뒤에서 밀고 선생이 앞에서 끌면서 입학시험에 대비한다는 만화(《조선일보》 1939년 2월 4일)
중간에 낀 학생이 울상이다.

생의 능력을 평가하기 때문에 어쩔 수 없다고 변명했다. "열등 학생에 게는 시험 때에도 일종의 형식처럼 대충 넘어갔다."[75] 그래도 모든 학 생이 시험 볼 때는 떨렸다. 다음은 보통학교 학기말 시험을 모티프로 삼은 동화다.

웅! 요란스럽게 사이렌이 운 뒤, 선생님의 '슬리퍼' 소리가 찰다닥 찰다 닥 들렸습니다. 벌집처럼 웅성거리던 교실이 갑자기 조용해졌습니다. 책 을 뒤적이던 애들은 책을 집어넣었습니다. 칠판에 나가서 낙서를 하던 문호는 얼른 제자리로 돌아와서 앉았습니다. (…) "인제부터 산술시험이다."
선생님은 등사판에 박은 시험지를 한 장씩 한 장씩 돌려주셨습니다. 시험
지를 받은 문호는 손이 절로 자꾸 떨렸습니다. 아무리 참으려 해도 무서운
물건이나 잡은 듯이 그냥 떨렸습니다.[76]

중등학교 시험은 더욱 치열했다. "학년시험, 학기시험, 임시시험 등
1년에 열 차례 가까운 시험을 보았다."[77] 1920년대 들어와서 고등보
통학교에서 나타난 중요한 현상 가운데 하나는 진학을 위한 준비교육
이 시작되었다는 것이다. 학제를 일본과 동일하게 만들고, 교육과정
을 일본의 중학교와 비슷하게 재편함으로써 고등보통학교생들이 상
급학교에 진학하려는 열의를 부추겼다. 1924년 경성제국대학 예과의
설립, 1926년 경성제국대학 본과를 설립해서 비록 조선인에게 제한
된 기회였지만, 조선에서 대학 진학의 길이 열리게 되었다. 좋은 직업
을 가지려면 높은 학력을 획득해야만 했다. 학생들은 입학시험과목에
시간과 노력을 집중했다. 학생들이 진학하고 싶어 하는 경성제국대학
예과의 경우 국어(일본어) 200점, 영어 200점, 수학 250점이고, 나머지
과목은 합해 모두 100점으로 배점을 했다. 따라서 학교와 학생으로서
는 자연히 국·영·수에 치중하지 않을 수 없었다. 학생들 사이에서는
국·영·수 이외의 과목을 암기과목으로 분류하는 경향이 있었다.
　학교와 학부형, 학생은 나날이 치열해지는 시험에 대응해야만 했
다. 학교에서는 수험준비반을 편성했다. 몇몇 중등학교에서는 4, 5학

〈그림 82〉 보통학교 모든 교과목에 대한 해설을 담은
'전과' 참고서 광고(《동아일보》1924년 9월 13일)

〈그림 83〉 중등학교 입학시험
문제를 모으고 그 답을 적은 책 광고
(《신시대》1941년 12월호, 116쪽)

년이 되면 상급학교 진학희망자와 취업희망자를 나누어 따로 반을 운
영하기도 했다. 학교에서는 방과 후 또는 하기방학을 이용해서 과외
지도를 했다. 또한 모의고사를 보아 상급학교 시험에 대비하고, 자신
의 실력을 확인하게 했다.[78] 신문과 잡지는 〈입학시험과 어머니의 주
의〉같은 기사를 자주 실었다. "어린 사람의 시험은 즉 어머니의 시험
이다. 어머니의 세심한 주의와 정성은 아들의 합격 불합격을 좌우한

다"는 식이다. "시험 때 뇌의 힘을 증진하는 법" 같은 것이 기사로 실렸다.[79] 사정이 이러하니 학부형들은 그들 나름대로 입시전략을 짤 수밖에 없었다. 시험을 대비한 책이 쏟아져 나왔다. 중등학교 입시용 수험서, 보통학교와 중등학교 참고서 따위가 그것이다. 불안한 수험생은 참고서에 의지할 수밖에 없었다. '참고서의 폐해'도 생겼다.

요새 학생들은 예전 학생에 비하여 끔찍이 영리하고 지혜가 많은 것도 사실이지만, 그 반면에 좋지 못한 꾀가 늘어 진실성 있게 공부하는 학생이 적어진 것도 사실입니다. 연구하고 배우려는 것보다 해설책을 펴놓고 그것을 선생으로 알고 배우는 폐단이 많다는 말씀입니다. 상인들이 학생들 비위에 맞도록 만들어 파는 데다가 교과서 편집의 본의와는 전혀 다른 의미로 해석해 놓은 것이 많은 것을 교실에서나 복습할 때 사용하게 된다는 것은 교육의 근본 문제로 본다 해도 유감천만의 일입니다.[80]

수험생과 부모의 불안한 심리를 이용하는 수험생용 약 광고도 신

〈그림 84〉 국어·영어·수학 등을 공부할 때 먹는 두뇌 약 광고(《매일신보》 1938년 7월 6일)

〈그림 85〉 경성 부립도서관 모습(《동아일보》1931년 2월 2일)
한눈에 봐도 거의 모두 학생인 것을 알 수 있다.

문과 잡지에 자주 실렸다. 수업이 없는 날 집에서 마땅히 공부할 곳이
없는 학생은 아침 일찍부터 도서관 앞에 줄을 섰다. 그만큼 시험은 학
생에게 큰 부담이었다. 한 학생은 잡지에 다음과 같은 시를 썼다.

앗차!

앗차!

시험문제를 보니 한숨이 먼저 나네

어젯밤에 한 번 더 볼걸!

연필은 가졌건만

종이는 하얏을 뿐
시계의 바늘은 좀 잡아놓았으면.

아아 종을 친다 어쩌나
하나도 못쓴 답안을 낼라니
기가 막히네 울고 싶으이,
그래도 좋아 끝났으니
오늘 저녁은 또 극장이다
그러나 시골 갈 일이 큰 일[81]

시험에 삐딱하게 대응하는 학생이 있었다. 커닝이다. "학교생활에서 영원히 영원히 없어지지 아니할 것 두 가지, 하나는 시험 때의 방망이질, 또 하나는 선생의 별명 짓기, 첫째 놈은 여학교보다 남학교에 더 많고, 둘째 놈은 남학교보다 여학교에 더 많다."[82] 이 글에서 보듯이 커닝을 은어로 '방망이질'이라고 했다. 주로 남학생이 커닝에 가담했다. "방망이질은 대개 낙제를 면하려는 심사에서 하는 것보다도 일종의 취미성으로 하는 일이 많았다."[83] 고무나 필통, 손바닥에 조그맣게 글씨를 써넣는 고전적인 방법부터 "병풍처럼 쪽지를 만들기" 등갖가지 방법을 썼다.[84] 그 밖에도 고무줄 이용방법, 책상 틈 이용방법, 시계 보는 척하는 방법, 지우개 이용하는 방법, 연필 이용하는 방법, 두툼한 카드에 책상 색과 같은 보호색을 칠해서 하는 방법. 시험

때 고무신을 신고 와서 양말 바닥에 적어오는 학생 등 가지가지였다.[85] "학교 교실 안에서는 유령들이 모여서 학생들이 시험 때 커닝하던 흉내를 내면서 논다"는 글은 이를 빗댄 말이다.[86] 커닝을 잘하는 학생을 '방망이 귀신'이라고 부르던 것을 나중에는 '커닝 오서리티 authority'로 바꾸어 불렀다.[87]

〈그림 86〉 시험 감독관이 있지만 두 학생이 서로 돕고 있다.(《조선일보》 1930년 9월 28일)

일제는 중일전쟁 뒤부터 입학시험을 '황국신민화'와 '학교의 병영화'를 위한 도구로 활용했다. 일제는 입학시험에서 신체검사와 조사서·근로성적·체능시험 등의 비중을 높였다. 신체검사는 간단한 체격검사에 그치던 것을 체격·제질·체능으로 나누었다. 체능시험은 달리기, 뜀뛰기, 던지기, 매달리기, 체조로 점수를 매겼다. 또다시 1940년에 입학시험을 크게 바꾸었다. '황국신민의 자질을 갖춘 학생'을 합격시키겠다는 것이 핵심이었다. 필답시험의 비중을 줄이고 신체검사와 품성검사 비중을 크게 늘렸다. 일제는 상급학교 입학시험을 통제함으로써 하급학교의 교육을 결정하려고 했다. '적국어'인 영어시험을 전문학교와 대학에서 폐지하고 '황국신민의 기본 자질인 일본어'를 강화했다. 일제가 패망하기 직전인 1944년 중등학교 입학시험에서는 근로동원 성적과 교련 점수가 더욱더 큰 비중을 차지했다. 학교 성적평가도 그러했다. 회고를 들어보자.

모의시험에서 우등을 했다든지 중간시험, 기말시험에서 좋은 성적을 받았다든지 하는 것은 거의 참고가 되지 않았다. 모든 과목마다 30퍼센트는 황민화 정도에 따라 채점을 하고, 30퍼센트는 근로점수로 채점을 했다. 실제로 시험에서 얻은 점수는 40퍼센트만 반영한다는, 실로 해괴하기 짝이 없는 채점방식을 취하고 있었다.[88]

시험은 어떤 지식을 얼마만큼 습득했는가를 측정하는 것에 그치지 않는다. 근대 시험제도는 학생 개개인의 능력을 숫자로 표시하고 줄을 세우는 기능을 한다. 시험은 개인을 규격화한다. 학교는 일종의 시험기관이 된다. 학교는 시험을 통해 학생을 통제하며 학생의 사고에 영향을 미쳤다. 일본어 능력이 지필시험에서뿐만 아니라 구두시험에서도 중요한 요건으로 작용했다. 시험을 통해서 일본어는 학교교육 전반을 통제하는 권력이 되었다. 생활기록부가 학생의 생활태도를 기록했다. '품행이 방정'하지 못한 학생은 상급학교에 진학하기 어려웠다. 중등학교 입학시험에서는 구두시험과 학교장의 소견이 큰 영향을 미쳤다. 구두시험과 소견서는 학생의 사상을 검열하는 장치이기도 했다. "일제강점기 입학시험은 식민지 예비전사와 노동자에게 요구되는 언어소통 능력과 체력을 갖춘 인물, 식민지 지배체제를 당연시하는 지식과 침묵하는 인성을 갖춘 인물을 선발하는 기제였다."[89] "시험은 실력이요 성실이고, 객관이요 공정이라는 신화가 만들어졌다. 시험의 신화에 식민지 조선인들은 순응했다."[90]

등골 휘는 학비

치열한 경쟁을 뚫고 학교에 입학했지만 많은 학생이 학교를 제대로 마치지 못했다. 학비를 낼 형편이 못되었기 때문이다. 식민지 조선의 보통학교는 대부분 공립이었다. 그러나 실제로 운영하는 자금은 학생이 달마다 내는 월사금과 소득에 따라 집집마다 할당하는 학교비에 의존했다. 가난한 살림에 자식을 학교에 보내면 그 자식은 곧 '돈 잡아먹는 귀신'이 되었다.[91]

1939년에 보통학교 월사금은 평균 1원이었고 다른 비용까지 더하면 한 달에 2원 남짓한 돈이 들었다.[92] 날품팔이의 경우 하루 임금이 1원에 훨씬 못 미치니 아이를 보통학교에 보내기는 결코 쉽지 않았다. 따라서 경제가 어려워지면 중간에 학교를 그만두는 학생의 비율이 더 높아졌다. 어느 때는 30퍼센트 남짓까지 되었다.

학교 당국에서는 〈수업료납입 성적향상방안〉 따위를 마련했다.[93] 일본인 교원이 머리를 짜낸 그 방안을 보면, "납세관념을 향상하고 학생들의 경쟁 심리를 자극"해서 수업료 납부율을 높이자고 했다. 어떻게 경쟁시킬까. 첫째 매월 10일에서 15일까지 각 학급에서 '수업료 완납' 경쟁을 한다. 둘째 수업료 완납 순서 1위와 2위 학급에는 완납 상장과 상품을 주고, 완납 상장은 그달 동안 학급 입구에 걸어둔다. 셋째 수업료 납입 성적이 매우 좋은 학생은 우량상을 준다. 그 뒤 이 방법이 전국 학교로 확산되었고 그 얄팍한 수법에 대해 비난이 쏟아졌다.[94] 수업료를 낼 형편이 안 되는 사람에게는 그런 방안이 통할 까닭이 없다.

〈그림 87〉 끼니조차 제대로 잇지 못하는데 자식을 학교에 보냈다.(《조선일보》1934년 7월 19일, 〈양식 떨어진 날 아침〉)

〈그림 88〉 불쌍한 조선 소년(《조선일보》1924년 12월 23일)

수업료를 내지 못하는 학생에게 학교는 가혹했다. "월사금을 아무 날까지 가져오라고 칠판에 써 붙인 날에 하루 늦었다고 그날 출석을 결석으로 하는 일"이 많았다.[95] 수업시간에 집으로 돌려보내 가져오게 하거나 교문 밖으로 쫓아내는 일이 흔했다.[96] 학생이 수업료를 제때에 내지 못하면 담임선생이 책임을 지는 '수업료 대납제'를 실시하기도 했다. 선생도 못해 먹을 노릇이었다. 화가 난 교사가 학생을 마구 때리는 일도 많았다. 수업료를 내지 않았다고 정학이나 퇴학을 시켰다.

그럭저럭 학기 초가 되었다. 학생들은 수업료를 납입해야만 할 때이다. 무산자 학생들은 전 학기에 경험한 쓰라린 고통을 또다시 되풀이하는 때이다. 정正히 이때야말로 교육××의 현금주의가 노골화하는 때이다. 수업료 체납기한에서 하루라도 연체되는 날이면 별말 없이 '정학을 명命함'이다.[97]

정학과 퇴학도 모자라 학부모 재산을 차압하는 일도 있었다.[98] 학생 처지에서 보면 정학이나 퇴학, 차압보다 더 싫은 것이 수치심과 모욕감이었을지도 모른다. 모욕감이란 사람이 물건이 되는 느낌을 일컫는다. 어느 노동자 학부형이 학교 당국에 항의하는 글을 보자.

저의 딸자식 하나가 방금 어느 여자고보에 다니는 중입니다. 오륙 명의 식구를 제가 어느 공장에 다니는 월급 푼으로 떠받쳐 나갑니다. (…) 학교 당국자 선생님 여러분! "가난한 놈이 무슨 자식을 가르치며, 돈 없으면 무엇하려고 입학은 했어" 하는 그런 따위의 말을 월사금 체납만 하더라도 용서 없이 소위 자기가 가르치고 있는 학생들 앞에 대담하게 폭언합니다. 차라리 제가 자식의 월사금을 철철이 내어 주지 못한 죄로 제가 직접 선생님들 앞에 가서 뺨을 맞는다든지 꾸중을 듣기로 하면 달게 받겠사오나 어리고 철모르는 자식이 선생님 앞에 그런 말을 듣고 돌아와서 어미아비 앞에서 우는 꼴은 정말 볼 수가 없습니다.[99]

상급학교로 갈수록 학비가 더 많이 들었다. 입학생 가운데 70퍼센트 남짓이 졸업했다. 학생운동으로 퇴학을 당한 학생도 적지 않았지만, 경제 사정으로 중간에 학업을 그만둔 학생이 많았기 때문이다. 아이를 중등학교에 보내려면 적어도 중농 이상의 수입이 있어야 했다. 경성으로 아들을 유학 보내고 8명의 식구가 있는 한 농부의 수입과 지출 내역을 보자.

학생들은 어디에 돈을 쓰고 싶어 했고 한 달에 얼마나 썼을까. 먼저 남자 중학생을 보자.

〈표5〉 농부의 수입과 지출

수입	지출
쌀: 70석 잡곡: 쌀로 환산해 10석 잡수입: 쌀로 환산해 5석	납세: 22석 의복비: 7석 아동교육비: 3석 먹는 쌀: 20석 학생비용: 33석(내역: 수업료 5석, 하숙비 22석, 교복비 2석, 여행비 서적비 2석, 잡비 2석)
합계 85석	계 85석

출전: 김송은, 〈수업료저감결의에 대한 비판〉, 《개벽》 1923년 3월호, 34쪽.

기초학문을 닦는 중학생을 보더라도 봄이면 '라케트'와 '테니스 볼'을 사느니 또는 졸업생 송별회를 하느니 여름이면 한강에 '보트'를 타느니 더워서 목욕을 하기 위하여 수영복을 사느니 가을이면 운동복과 '풋볼'을 사느니 단풍구경을 가느니 활동사진과 연극구경을 가느니 겨울이면 '스케트'와 '자켓'을 사느니 하여 부모가 예산하여 준 이외에 틀림없이 지출이 있게 된다. 어떤 학생은 상당한 학비를 가져오지만 다달이 부족을 면치 못하여 쩔쩔매게 된다 한다. 그리하여 혹은 부모에게 여러 가지 우스운 명목을 붙여서 부족금을 청구하게 된다.[100]

〈표6〉 남자 중학생 용돈

세탁비	50전
서류대	1원 50전
과자	3원
이발, 목욕비 기타	1원 50전
통신대	36전
양말	50전
내의	1원
승차대	20전
약값	50전
영화	2원
호떡	50전
기타	
합계	28원 56전

출전: 《조선일보》 1939년 3월 15일 기사에 따라 작성.

1924년 신문에서는 중등학교 학생은 입학하는 달에는 70원, 보통 달에는 24원은 있어야 공부할 수 있다고 했다.[101] 〈표 6〉은 1939년에 수업료 교복 값 등을 빼고 남학생이 한 달 용돈으로 얼마 썼는지를 보여준다.

오로지 공부밖에 몰랐던 경성 유학생 리영희는 한 달 학비가 얼마

큼 들었는지 알아보자. 리영
희가 1942년 14살 소년 시
절을 회고한 내용이다.

집에서 부쳐오는 한 달 학비
는 40원 정도였다. 월사금이
4원 몇 십 전이었던 것으로
기억한다. 하숙비가 26원,
잡비 10원 안팎으로 쪼개졌
다. 확실치는 않지만 아버지
월급이 90원 정도 였을 것
이다. 용산우체국까지 전차

〈그림 89〉 근대 학생의 양 극단(《동아일보》 1924년 5월 14일)

를 타고 가서 우편대체로 온 40원의 돈을 찾아서 나올 때, 시골 부모님의
정성을 생각하면서 눈물을 흘리곤 했다.[102]

이제 여자 중학생을 보자. 〈표 7〉에서 보듯이 입학할 때 드는 비용
이 만만치 않았다.
학창시절을 화려하게 보내려는 여학생이라면 웬만한 집에서는 그
비용을 대기 어려웠다.

서울 와서 중등학교 1학년에만 다녀도 '곤세루' 치마에 '레이스' 달린 속옷

을 입고 자색 '자켓'에 칠피 댄 구두를 신는다. 웬통 황홀하게 차리고 가끔 분홍 봉투와 꽃 그린 편지지에 정렬이 넘치는 편지를 만리장서로 쓰게 된 다. 그리고 남산공원이며 장충단 공원에 산보를 간다. 한강철교에 바람을 쏘이러 간다 하여 여러 가지로 학생의 신분에 적당치 않게 하는 사람이 얼 마인지 모른다 한다. (…) 편지로 어머니나 할머니를 졸라대어 매월 얼마씩 더 가져오지 않을 수 없다.[103]

그러나 대개 여학생은 남학생보다 돈을 적게 썼다. 오직 "편지 부 치는 비용과 향수값만은 남학생보다 훨씬 많이 들었다." 여학생이 무 슨 향수냐고 묻겠지만 분을 바 르는 것을 금지하는 학교 여학 생은 향수를 썼다. 1926년에 여자 중학생은 월 23원 넘게 들었다. 기숙사에 있으면 20원 남짓 들었다. 수학여행비, 귀 성 여비, 교복비, 구두값 같은 것은 빼고도 그러했다.

학교에 다니기 어려운 처지 였지만 어떻게든 학교에 다녀 자신의 뜻을 이루려는 고학생 苦學生이 있었다. 다음 기사는

〈표 7〉진명여자고등보통학교 신입생 학기 초 비용

입학료	2원
수업료	16원
진명회비	2원
학습비	1원
여행적금	4원
교과서대	11원
여러 학용품대	10원
제복대	18원
운동복	2원
합계	68원

출전: 《조선일보》 1939년 3월 15일 기사에 따라 작성.

허름하기 짝이 없는 노동 숙박소에서 잠을 자며 생활하는 고학생 모습을 적었다.

이십여 명의 고학생들이 한방에 모여 자기 손으로 지은 조밥에 소금을 찍어 먹는 그들의 살림이 얼마나 쓰린지는 그들 이외에는 알 사람이 없을 것이다. 남들의 담뱃값도 못

〈그림 90〉 여우목도리를 한 부자 동창은 자기 딸을 유치원에 보내고, 앞으로 박사까지 만들겠다고 한다. 학교 다닐 때 열정적이고 이상가였지만 지금은 가난하게 사는 여인은 당황한다.《동아일보》 1936년 2월 14일)

되는 3원이라는 돈이 그들의 한 달 동안의 생활비라는 끔찍한 소리를 들어보라. (…) "약도 팔고 신문도 팔고 빵도 팔고 별별 짓을 다하여 보았습니다만, 지금은 아무것도 할 짓이 없습니다. 어떻게 일자리 하나 얻어 주시오." "그럭저럭 이년 동안(배재학교 2년 생도 – 인용자)은 지내 왔습니다만, 도무지 앞길이 캄캄합니다."[104]

이런 고학생이 1925년에 2500명 남짓했다. 여자 고학생도 적지 않았다. 여자 고학생 단체인 '조선여자고학생상조회' 회원 수는 1926년에 300명이었다. 그들은 조밥과 소금국으로 배를 채우며 계동 한 켠

〈그림 91〉 학비를 마련하려고 삯바느질을 하고 있는 여자고학생상조회 회원들(《조선일보》 1924년 12월 20일)

에서 '여성촌'을 이루었다.[105]

1920년대 초반부터 고학생들은 '갈돕회' 같은 자치조직을 만들어 자신들의 문제를 집단적으로 해결하려 했다. '갈돕'이란 "똑같이, 나란히, 마주, 서로 돕는다"는 뜻이다.[106] 갈돕회후원회가 조직되기도 했다. 후원회는 학생들에게 숙소를 마련해주고 돈을 벌 수 있게 주선해주었다. 그 가운데 가장 유명한 것이 '갈돕만두'였다. 갈돕회는 고학생들의 학자를 얻기 위해 만두를 만들어 팔았다. 그로부터 '갈돕만두'가 유명해졌으며, '갈돕만두'는 고학생활의 상징처럼 되었다.[107] 그 밖에도 고학생은 대개 약이나 일용품을 상점에서 사다가 되팔거나 군밤장사 등을 해서 학비를 마련했다. 일부 고학생은 여관 사환이나 공장 노동자, 인력거 생활을 했다.[108] 그러나 고학생 차림을 하고 이익을 챙기는 '거짓 고학생'이 있어서 사회 문제가 되기도 했다.

〈그림 92〉술집에서 고학생을 물리치는 술꾼들
(《시대일보》1925년 7월 8일)
"만주노 호오야(만두를 갓 만들어서 따뜻하다)"고 외치며 만두를 팔던 시대도 지나갔다. 이제 "고학생들은 약봉지를 주머니에 넣고 다니면서 공원, 절, 술집 등을 찾아 나섰다."

얻기 힘든 일자리

무엇 때문에 힘들게 학교 가서 온갖 시험에 시달리며 공부해야만 했는가.

예전에는 누가 "당신은 무슨 목적으로 학교에 다니시오" 하고 물으면 반드시 "우리 사회를 위하여 일하고자" 하고 대답했지만 요즈음 물으면 그 솔직한 대답이 "취직하기 위해서다"이다. 이 사상이 최근에 이르러 걷잡을 수 없이 강렬해진 것은 숨길 수 없는 현상이다. (…) 취직도 못하면서 공부는 해서 무엇 하는가 하는 탄식이 학생의 입에서 흘러나온다.[109]

〈그림 93〉 아들이 회사에 취직해서 월급 50원을 받는다고 자랑하자 아버지가 18년 동안
교육비가 모두 1만원이 들었다는 장부를 꺼내든다.(《중앙》1934년 3월호, 74쪽)

　목구멍이 포도청이고 먹어야 산다. 남만큼 살려면 배워야 한다.
1920년대 향학열이 생긴 까닭 가운데 하나가 학력을 통한 사회적 신
분상승 욕구 때문이었다. 쉽게 말하면 졸업한 뒤에 일자리 얻어서 안
정되게 살려는 뜻에서 학교를 다녔다. 부모들은 자식이 월급쟁이가
된 것을 큰 자랑거리로 알고, 학생도 크게 다르지 않았다.[110] 그러나
학교를 마쳐도 일자리 얻기가 쉽지 않았다.

　오늘날 초등학교를 갓 졸업한 학생이 취직을 한다면 놀랄 일이겠
지만, 일제강점기에는 가게 점원이 되거나 회사에서 심부름 따위를
하면서 적은 돈이나마 벌어야 했던 어린이가 많았다. 신문은 〈보통학
교를 마친 소년소녀들이 직업을 선택할 때의 주의〉와 같은 기사도 실
었다.[111] 절대 빈곤의 가정이 많았기 때문에 어린 소년 소녀도 생계를

위해 노동해야 한다는 사회 관념이
생겼다.

> 보통학교 졸업하고 상급학교 입학
> 을 못하는 이이들의 처지를 살펴보
> 자. 보통이면 어떤 공장이나 상점의
> 사환으로 들어간다면 아침부터 밤까
> 지 온갖 구박을 다 받으며 살과 뼈가
> 녹아내리도록 일을 해주고도 하루
> 에 30전 내외, (…) 하는 수 없이 어린
> 아이들을 남의집살이를 보내지 그렇
> 지 않고야 누가 제 아들을 일부러 그
> 런 고생 지옥에 보낼 것인가.[112]

〈그림 94〉《조선일보》 1940년 2월
20일

농촌의 가난한 집에서는 보통학교를 졸업시키기도 벅찬데 중등학
교로 보내기 어려웠다. 농촌사회에서 보통학교를 졸업한 소년이 딱
히 할 일이 없었다. "상급학교 진급자 약 1할을 제외하고 조상 전래의
천직을 이어받지 않고 월급 받기를 목표로 사방팔방으로 시험 행각
을 업으로, 취직운동을 부업으로 삼아 동분서주한다."[113] 그러나 그들
이 일자리를 얻기는 힘들었다. 특히 여자는 취직하지 못한 채 '가사종
사자'가 되는 일이 많았다. 이때 '가사종사자'란 '결혼예비군'으로서

집안 살림을 돕는 존재였다.[114] 이기영이 쓴 《고향》에서 딸 인순이가 보통학교를 졸업하고 제사공장에 들어간 것에 대해 그녀의 아버지는 "인순이가 마치 진사급제 한 것처럼" 동네 사람들의 부러움을 샀다.[115] 1934년의 경우 6년제 보통학교를 졸업한 뒤에 곧바로 취업한 남자는 전체 입학생 가운데 약 6퍼센트고 여자는 2.7퍼센트에 지나지 않았다.[116]

농촌보다 처지가 나았던 경성에서도 초등학교 졸업생의 진로는 어두웠다. 1940년 상황을 보자. 경성의 39개 공립소학교(일본인 소학교 13개, 조선인 소학교 26개) 졸업생 모두를 경성부 학무국에서 조사했다. 이 조사에 따르면 일본인 98퍼센트가 상급학교에 들어갔고 조선인 학교에서는 33퍼센트만이 상급학교로 진학했다. 나머지 16퍼센트가 취직을 했고 가사종사자는 38퍼센트였다. '가사종사자' 가운데 대부분은 취직을 못한 채 그냥 집에 머물렀다. 자녀를 상급학교에 보낼 만큼 여유가 있는 가정이 적은 데다가 설령 여유가 있는 가정에서도 입학시험에 떨어져 어린이가 집에 있는 일이 많았다.[117]

힘들게 중학교에 입학하고 무사히 졸업했다 하더라도 마땅한 진로를 찾기 힘들었다. 1920년대 후반에 고등보통학교를 졸업한 학생이 상급학교에 진학하는 비율은 20퍼센트에 머물렀고 1930년대가 되어서야 30퍼센트를 넘었다. 졸업생 가운데 50퍼센트 남짓이 진로를 결정하지 못하고 청년 실업자로 지내야 했다. 졸업생의 취업률을 보면 "사범학교 졸업생 이외에는 거의 반수 이하가 취업하지 못하고 심한

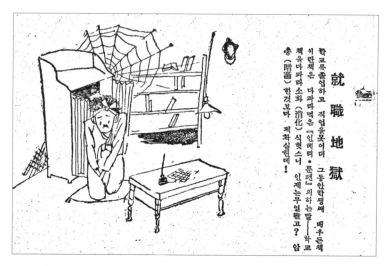

〈그림 95〉취직 지옥(《매일신보》1934년 3월 5일)
책도 다 팔았다.

학교는 1할 미만인 곳도 있었다."[118]

　1920년대 후반까지만 해도 중등학교를 졸업하고 관공서에 취직할 수 있는 비율이 20퍼센트 남짓했다. 그러나 중등학교 졸업생이 증가함에 따라 관공서에 취업하는 비율이 차츰 낮아져 1930년대 후기에는 15퍼센트 밑으로 떨어졌다. 15퍼센트~20퍼센트 남짓이 회사에 취업했다. 교원으로 취직하는 학생은 대개 사범학교 졸업생들이다. 사범학교는 졸업한 뒤에 의무복무를 해야 했으므로 전국의 보통학교에 취업했다. 이들의 비율은 전체 중등학교 졸업생 가운데 2퍼센트~8퍼센트 정도다. 사범학교는 보통학교에서 필요로 하는 교원 수에 따라

학생 수를 조절했다. 중등
교육기관 가운데 사범학교
졸업생의 취업률이 가장
높았다.[119] "보통학교 졸업
기에 학생들에게 졸업 후
어찌하겠느냐고 물어보면
사범학교에 가겠다고 대답
하는 사람이 대다수다. 학
비는 없고 월급쟁이는 되
고 싶으니까 할 수 없이 관
비인 사범학교 대문을 두
드리는 것이다."[120]

〈그림 96〉 중등학교를 마쳤지만 진학도 취직도
힘들다.(《매일신보》 1938년 3월 13일)

관공서로 많이 진출한 것은 공립농업학교·공립수산학교·공립상
공학교 등의 졸업생이었다. 공립상업학교·공립상공학교·사립상업
학교 졸업생은 회사·상점 등에 취업률이 높았다. 고등보통학교 졸업
생의 취업률은 그다지 높지 않다. 이것은 고등보통학교 졸업생이 상
급학교에 많이 진학한 것과 관계가 있다. 중등학교 가운데 실업보습
학교의 취업률이 가장 낮았다.[121]

시간이 흐를수록 남자고등보통학교는 상급학교 진학을 위한 준비
기관의 성격이 강해졌지만, 여자고등보통학교는 종결교육기관의 성
격으로 굳어지는 경향이 있었다.[122] "여자고보에 다니는 사람은 만 명

에 넷도 못된다."[123] 여학생은 그만큼 드물었지만, 졸업한 뒤에 진로문제가 큰 고민이었다. 1923년 진명여자고등보통학교 졸업생의 고민을 보자.

〈그림 97〉소설 속 삽화, 교장선생님을 찾아 취직부탁을 하는 중도퇴학생(《동아일보》1938년 12월 1일)

학교 문을 마지막 나가려는 졸업생들 각자 마음은 도리어 무서운 고민 중에 괴롭게 지낸답니다. (…) 첫째 공부를 더하고 싶으나 갈 곳이 있습니까. 저는 공부를 더 하고 싶습니다. 그렇지만 돈이 없어서 일본이나 청국에는 갈 수가 없습니다. 조선 안에서 갈 곳이 한 곳인들 어디 있습니까. 남학생 같으면 그래도 전문학

〈그림 98〉회사에서 서기 1명을 채용한다고 했는데 수많은 사람이 지원하고 있다.(《중앙》1934년 3월호, 74쪽)

교나마 갈 곳이 있습니다. (…) 둘째 공부를 그만 두려면 무슨 일거리(직업)가 있습니까. 교사로 가려니 공립학교 이외에(공립학교 교사는 사범과 출신이라

야 한다니까) 사립학교가 몇 군데나 됩니까. 그 외에 은행원 회사원 간호부 전화교환수 이름은 많이 있어도 자리가 있어야 가지 아니합니까. 셋째 "졸업이나 하기까지" "졸업이나 한 뒤에" 하고 밀어온 것이니 "이제 졸업하였으니 어서 시집에 나가라"고 집에서 성화가 생기지 않습니까. (…) 졸업은 꽃다울 것입니다. 그러나 조선 여학생들에게는 매일 많은 괴로움을 가져오는 때입니다. 가게 될 때 가더라도 제발 시집가라고 독촉 좀 말아주십시오.[124]

고민을 넘어 억울함을 호소하는 여학생도 있다. 다음 글을 보자.

대체 지금의 조선 여학생들의 앞에 나아갈 수 있는 길이 몇이나 있습니까. 졸업을 하고 공부를 더 하고 싶은들 상급학교는 무엇이 있으며 직업 여자가 되어 사회의 일원이 되자니 여자의 직업은 무엇이 있습니까. 노랫가락으로 노는 셈 치고 다니려 해도 갈 곳이 없는 것이 지금 조선 여학교 졸업생들입니다. 고학이라도 한다고 튀어 달아날 수 있는 남학생과는 경우가 달라서 외국 유학도 저마다 갈 수 있는 것이 아니요. 조선 안에서는 아무 것을 배우려 해도 배우러 갈 곳이 없지 아니합니까. 시집 안갈 핑계로 뜻에 있거나 없거나 사범과나 들어가서 함부로 만들어내는 일본말 교원이 되랍니까. 조선의 새로운 여자가 모두 그것만 되랍니까. 아아! 너무도 그 것은 슬픈 일입니다. 너무도 그것은 억울한 일이어요.[125]

졸업한 여학생은 배우고 싶어도 더 배울 곳이 없고 취업할 곳도 마땅치 않았다. 게다가 빨리 결혼하라는 부모의 압박까지 받았다. "오늘날 여자교육을 시키는 부모의 뜻은 거의 다 출가시킬 준비에 있다고 본다. 고등보통학교나 또는 보통학교라도 졸업을 시켜야 출가시킬 수 있는 시대가 되었으니 그것 때문에 학교에 보내야 하겠다는 것이 부모의 생각이다."[126]

조선에서 중등교육을 받은 여성은 대부분 계속 공부하거나 직업을 갖기 바랐다. 그러나 식민지 조선에서 중등교육을 마친 사람이 현실에서 택할 수 있는 진로는 결혼이 대다수였다. 중등학교 여학생 수가 1000명 안팎에 머물던 1920년대 중반까지는 초등학교 교사가 되거나 사범과로 진학하고 유학을 간 여성이 많았다. 2000명 넘게 규모가 늘어나게 된 뒤부터 진학과 구직 모두가 어려워졌다.[127] 중등 학력을 요구하는 여성 사무서비스직은 1920년대 중반부터 늘어났다. 그러나 그 일을 일본 여성이 주로 맡았기 때문에 중등교육을 받은 조선 여성은

〈그림 99〉 졸업을 하고 나서 할 일이 없으니 백화점에서 결혼식 예복을 보고 있다.(《별건곤》 1933년 4월호, 39쪽)

유치원, 보통학교나 여학교 교사 같은 직종 말고는 직장을 구하기 힘들었다.[128]

남성 중심의 가부장적인 문화 속에서 여성이 중등이나 고등교육의 기회를 갖기 어려웠다. 관공서와 은행처럼 상대적으로 높은 임금을 주는 직종은 거의 일본인 여성이 차지하고 있었다.[129] "대개의 경우 남편은 여자의 취직을 바라지 않을뿐더러 자녀 교육이 모성 제일로 교양되었으므로 여성은 재산권을 갖고 있는 남편의 독재에 복종하지 않을 수 없다."[130] 이 같은 성별·민족별 차별 때문에 조선 여학생은 "너무도 억울했다."

만만찮은 고통들

시골 초등학교 학생이 학교 오가기는 참 힘들었다. 학교가 면소재지나 읍에 있었기 때문에 몇 킬로미터를 걸어야 했다. 짚신이나 '게다'를 신고 어깨에 책보 둘러맸다. 짚신은 잘 해어졌고 '게다'는 딱딱했다. '게다' 끈이 떨어지면 겨울에도 언 땅을 맨발로 걸어야 했다. 비가 쏟아지는 날이면 개울 건너편 아이들은 학교에 올 수 없었다. 일제강점기 끝 무렵에는 동네별로 일종의 애국반을 만들어 반장을 뽑고, 반장이 지휘해서 줄 맞추어 학교에 갔다. 《국어독본》에서도 그렇게 하라고 적혀 있었다. 다음 글과 〈그림 100〉을 보자.

〈그림 100〉 줄맞춰 뛰어서 학교 가는 모습(유철·김순전, 〈일제강점기《국어독본》에 투영된 군사교육〉,
《일어일문학》 56, 2012, 341쪽)

"모두들 다 모였네, 자! 출발하자"(…) "자 달려가자"라고 말하며 달리기
시작했습니다. 우리들은 뒤따랐습니다. 어느덧 학교가 보이기 시작했습
니다. 모두를 "하나 둘, 하나 둘" 하고 구호를 외치면서 힘차게 달렸습니
다.[131]

일제는 "국민학교 생도들이 집단등교할 때는 학교에서 정한 군가
를 인솔 반장 아동의 지도로 노래하라"고 지시하기도 했다.[132] 교문에
들어서서 주번 선생님에게 출석자와 결석자를 보고하는 신고식을 했
다. 완전히 '일본 군대식'이었다.[133]
　한참 걸어서 학교로 가는 도시 학생도 있었다. 대구여자고등보통
학교에 다니는 한 여학생은 날마다 새벽 5시에 일어나 오전 7시 무렵
집을 나서서 약 45분~1시간 동안 걸어서 학교에 갔다.[134] 경성에서 전
차를 타고 학교로 가는 중등학생일지라도 사는 곳이 외곽이라면 전차

정거장까지 한참을 걸어야 했다. "여름이면 마른 먼지 흙이 구두를 덮고 비가 내리면 온통 진창이 되어 발을 가눌 수 없었다."[135] 전차 타기도 만만치 않았다.

조선에서 교육을 받자면 우선 두 가지 어려운 문제에 봉착한다. 첫째는 입학난이요 또 하나는 통학난이다. (…) 인구의 도시 집중은 드디어 학생들로 하여금 매일 아침 본의 아닌 모험을 감행하게 하여 부형의 손에 땀방울이 고이게 하고 있다. 모험이라는 것은 두말할 것도 없이 지각한 죄로 교원실에 불려 들어가는 대신 어떻게 하면 무사히 전차에 매달릴 수 있는가 하는 문제다. 설레는 가슴으로 연방 시계를 들여다보며 오는 전차 가는 전차를 모조리 노리고 있으나 거의 다 휘휘 지나쳐 버리고 만다. 만원전차, 지각, 그 학생의 머릿속은 점점 산란하여지고 있다.[136]

1920년대 들어서면서 많은 사람이 대중교통을 이용하여 학교나 직장에 갔다. 이때부터 경성에서는 '교통지옥'이라는 말이 생겼다. 경성 인구가 100만을 넘어섰던 1930년대 말에 이르면, 출근할 때 전차를 한두 대 보내거나 10분 이상 기다린 뒤에야 가까스로 타는 일이 흔했다.[137] 통학시간의 전차는 "사제지간에 생존경쟁을 시켰다."[138]

붐비는 전차 안에서 여학생은 또 다른 고통을 겪었다. '불량한 인간'들이 "여학생의 앞자리에 요지부동으로 섰다가 차내가 복잡한 틈을 타서 무릎을 비벼대는 것이다."[139] 〈그림 103〉 풍자만화에서 보듯

학생의 꿈과 좌절,
기쁨과 우울

이 전차 안에서 여학생을 대상으로 삼은 치한이 있었던 듯싶다.

중일전쟁 뒤에 학교 당국은 "체위 향상, 교통량 완화 시국 인식의 철저"를 위해 걸어서 다니라는 명령을 내렸다.[140] "전차 승객 가운데 4분의 1이 학생이니 학생은 되도록 걸어서 '러시아워'를 막아야 한다" 고도 했다.[141] 보기를 들면 선린상업학교는 2킬로미터 안에서는 전차를 타지 못하게 했다. 성적순으로 뽑힌 학생 풍기위원들이 지키고 서서 단속했다.[142] 부산제이공립상업학교는 학교 근처에 정류장이 있는데도 미리 내려서 학교까지 걸어가야 했다.[143] 그러나 효과가 크지 않았다고 판단했는지 학교 당국은 얼마 되지

〈그림 101〉 폭격 방지를 위해 국방색으로 칠한 전차(《매일신보》 1940년 5월 11일)
이미 만원이어서 여학생이 전차를 타지 못하고 있다.

〈그림 102〉 입학난과 취직난 통과 뒤엔 교통난(《조선일보》 1938년 6월 3일

〈그림 103〉 치한 퇴치용으로 고슴도치처럼 침이 달린 철판을 무릎에 댄 여학생(《별건곤》 1928년 1월호, 99쪽)

않아 그 조치를 완화했다.[144]

전차 타기보다 기차통학이 훨씬 더 힘들었다. 만약 조치원에서 통학한다면 새벽 3시에 일어나야 했다. "기차 속이 식당 겸 복습방"이었다.[145] 모든 통학생은 앉아 자는 데 익숙했다. '열차 통학생'은 대개 중류 이하의 생활을 하는 집안의 자녀였다. 통학하는 가장 큰 이유가 경제문제였다. 거기서 비롯되는 서러움도 있지만, 통학생으로 받는 서러움도 많았다. 열차를 놓치면 꼼짝없이 지각이다. 연착이나 열차 사고 때문에 지각한다면 억울했다.[146] 오가는 시간이 길다 보니 성적과 건강에 나쁜 영향을 미쳤다.

> 대체로 기차통학생의 학교성적이 불량한 것은 사실이다. (…) 남보다 배 이
> 상 쓸데없는 시간을 보내고 떠드는 차 속에서 사람이 많을 때는 서서 책을
> 펴들고 공부를 하게 되니 무리가 아니다. 활동사진 구경 한 번 할 새 없이
> 공부는 하건만 학교에서는 꾸중에 꾸중이 내린다. 그렇다고 경성에 오려
> 니 경제가 허락하지 않으니 애는 애대로 쓰고 학교성적은 떨어진다. 통학
> 처음 하는 신입생들은 불과 20일만 되면 코피를 쏟고 한 번 앓고 난다. 이
> 것이 통학세례고 통학입문 돌파다.[147]

통학열차에서는 독특한 학생문화가 꽃피었다. 같은 시간 같은 공간에 여러 학교 학생이 뒤섞여 탔으므로 학생 사이에는 집단적 동지의식이 싹텄고, 소문도 빨리 퍼졌다.[148] 통학열차는 항일투쟁의 도화선

이 되기도 했다. 두루 알다시피 나주에서 광주로 가는 통학열차에서 1929년 11월 3일 광주학생운동의 불씨가 타올랐다.

철길이 뚫리고 중등학교가 들어설 때부터 기차 통학생은 있었다. 세월 따라 기차통학의 분위기도 달라졌다. 1918년 무렵에는 1개월분 1원에 학생정기승차권, 속칭 '파쓰'라

〈그림 104〉 기차를 타지 못한 학생들(《동아일보》 1924년 3월 23일)

는 것을 타고 기차에 오르면 한 열차에 20~30명씩 밖에 되지 않았다. 새벽녘에 역에 나가면 역원이 겨울에는 불을 쬐게 하는 등 잘 대해주었다. 학교에서도 통학생이라면 '곤궁한 가정에서 열심히 공부하려 한다'고 여러 편의를 봐주었다. 1920년 들어와 향학열이 크게 일어나자 통학생도 1000명이 훌쩍 넘었다. 나이 20이 넘어 곧 30이 될 1학년 학생도 있었다. 철도국에서는 통학생 문제로 골머리를 앓았다. '파쓰'에 여러 가지 조건을 붙이고 가격도 2원 50전으로 확 올렸다. 통학생 수가 많아지면서 말썽도 생겼다. '터널 키스 사건'을 비롯해서 연애 사건과 크고 작은 염문이 자주 생기자 철도국과 학교 당국은 남학

생은 기차 맨 앞 칸, 여학생은 맨 뒤 칸에 타게 했다.[149] 이 '남녀유별 승차제'에 대해 어떤 통학생은 다음과 같이 적었다.

이렇게 된 원인은 철부지 선배 한 작자가 터널 지나갈 적에 여학생 입을 맞추었다는 이유라고 하는데 죄 없는 후배도 그 수치스러운 영향을 받고 지낸다. (…) 전에는 여학생 누나들이 남학생 단추 달아주기, 모자 기워주기는 예사였고 서로 모르는 것을 물어가며 남매보다도 더 정답게 지냈다는데, 지금 생각하면 그때가 부럽기도 하다. 철부지 선배의 일시 장난이 우리들에게 무언의 치욕을 주는 생각을 하니 또 한 번 분하다.[150]

'파쓰 위조'·'파쓰 교환'·'무임승차' 등의 사건이 일어났다. 예전에는 날마다 보는 처지라 승차권 검사를 하지 않았지만 이제 '통학생도 반드시 파쓰를 제시하라'고 했다. 기한이 끝난 '파쓰'는 꼭 반환해야 새로운 승차권을 팔았다.[151]

1939년 10월 서울로 기차통학하는 학생은 중등학생이 4154명, 초등학생 2764명이나 되었다. 이용하는 철도는 경인선, 경의선, 경부선, 경춘철도 순이었다.[152] 예전의 나이 많은 통학생 가운데는 '불량 통학생'도 있고 기차 안에서 공부를 열심히 하는 우등생도 있었다. 그러나 통학생 평균 나이가 어려지면서 '불량 통학생'이나 기차 안에서 공부하는 '모범 통학생'이 모두 사라졌다. 대부분의 학생이 열차 안에서 공부하지 않고 그저 지껄이고 시시덕거렸다. 왜 그렇게 되었을까. 첫

째 나이는 어린데 열차 통학
은 무리다. 그들의 부담은 너
무 컸다. 둘째 흔들리는 기차
에서 사람까지 그득하니 공부
할 수 없다. 셋째 책을 펴들어
도 친구가 말을 걸고 기차 안
에서 온갖 사람이 떠들기 때
문이었다.[153]

〈그림 105〉 경의선 열차에서 책을 읽는
학생들(《동아일보》 1931년 2월 9일)

　기숙사에 들어가지 못한 지방 학생은 친척집에 머물거나 하숙下宿
을 했다. 하숙이란 '일정한 방세와 식비를 내고 남의 집에 머무는 것'
을 말한다. 도시화와 함께 다른 곳에서 몰려든 사람 때문에 생긴 현상
일 터이지만, 왜 '하숙'이라고 했는지 분명하지 않다. 아랫방을 내준
다는 뜻일까. 아마도 일본에서 건너온 말일 것이다. 그때 사람도 하숙
이라는 말의 기원이 궁금했던 모양이다. "지하실에서 자는지 값이 싸
다는 말인지 왜 '하숙'일까. 어디서 굴러온 문자인지는 모르나 하숙집
이라는 것도 간판을 붙인 '관허 하숙' 같은 곳은 여관과 마찬가지인
까닭에 구하는 것은 '여염집 하숙'이다."[154]
　향학열이 드세었던 1920년대 초반부터 하숙하는 학생이 늘었다.
웬만큼 사는 집이 아니면 아들딸을 하숙시키면서 학교에 보낼 수 없
었다. 하숙비가 만만치 않았기 때문이다. 여학생을 하숙시키는 부모
는 또 다른 고민이 있었다. 사실과 관계없이 다음과 같은 글이 때때로

〈그림 106〉 여염집 하숙방 모습(《신가정》 1933년 7월호, 192쪽)

신문과 잡지에 실렸다.

지방에서 온 학생은 학교의 기숙생활을 하거나 일가친척의 집에서 유숙하는 학생을 제외하고는 대개가 영업하는 하숙에 있기 때문에 특별히 감독자도 없고 무슨 제재가 없어서 자기 자유로 출입도 하고 교제도 하다가 잘못하면 필경 다른 사람에게 유혹이 되어 몸을 타락시키는 일이 종종 있다.[155]

남이 해주는 밥을 먹고 학교에 다니는 하숙생은 행운아였다. 그럼에도 하숙의 고통은 있었다. "담뱃갑보다 조금 큰 하숙방",[156] 여름 빈대와 겨울 추위, 시원찮은 반찬, 물 쓸 때 주인 눈치 보기 등이었다.[157] 하숙생이 많은 곳에서는 후배가 선배가 시키는 잔심부름도 해야 했

〈그림 107〉 독신 생활자가 하숙집 이사 가는 모습(최영수, 〈하숙구걸 행장기〉, 《신동아》 1936년 7월호, 154쪽)

다.[158]

중일전쟁 뒤에 물가가 오르고 식량난이 겹치면서 하숙집에도 이상 기류가 생겼다. 1940년에 경성 시내에 중등학생 6535명, 대학 전문학 생 1993명이 하숙했다. 물가가 오르고 가정에서 쌀을 구하기가 어려 워지자 23원~27원이라는 비싼 하숙비를 냈지만, 주인집에서는 하숙 생을 받지 않으려 했다.[159] 하숙집에서는 이익 적고 힘 드는 하숙을 그 만두고 방을 비싸게 세놓으려고 학생을 내쫓았다. 아니면 좁은 한 칸 방을 세 사람씩 쓰게 하거나 음식의 질을 낮추었다.[160] 직접 증언을 들 어보자.

일제 말기 경성의 하숙생활
은 참담했다. 식량배급제가
엄격해진 뒤부터는 굶주림이
학생들을 울렸지만, 문제는
그것만이 아니었다. 빈대에
시달리는 게 더 문제였다. 하
숙은 대개 서울 사대문 밖, 주
변지대의 가난한 조선인 가
정의 생계수단이었다. 사대문
안은 일본인과 부유한 조선
인이 차지한 일본주택 또는
한식 기와집이었다. 서대문
밖, 동대문 밖, 한강 건너와
영등포 등 주변지대는 언덕
바지에 게딱지같이 붙은 조
선인의 초가집으로 꽉 차 있

〈그림 108〉 광고에 비친 하숙집(《조선일보》
1934년 5월 5일)

었다. 거의가 누추하고 낡은 초가집이었다. 기와집이라고 나을 것은 조금
도 없었다. 하숙방의 네 벽은 여러 해에 걸쳐 번갈아 들고 나간 수많은 학
생이 빈대와 싸워온 피나는 전투의 흔적으로 벌겋게 물들어 있었다.[161]

중국 갔던 사람이 어떤 벌레를 보고 신기해서 빈 대나무에 넣어왔

다고 해서 '빈대'라고 불렀다 한다. 어찌하여 그 이름이 생겼든 여름 땡볕보다 견디기 힘든 것이 빈대다. 빛깔이 검붉고 넓적한데, 바닥에 착 달라붙은 생김새부터 고약하다. 낮짝이나 있을까 싶을 만큼 납작하다. 더구나 노린내 비슷한 야릇한 냄새가 나서 역겹다. 자다가 이놈에게 물려 뜨끔뜨끔해서 불을 켜면 잽싸게 도망친다. 이처럼 바싹 신경을 돋구어대니 '빈대 잡으려다 초가삼간 태운다'는 말이 충분히 이해가 된다. '경성'에만 빈대가 있었던 것은 아닐 테지만, 흔히 사람들은 서울 명물로 빈대를 꼽았다. 잡지나 신문은 "서울에 빈대 없는 집은 흉가"라는 말을 자주 썼다.[162] 그 몹쓸 빈대가 굶주리고 지친 경성 하숙생을 밤마다 공격했다.

4

학교를 덮친
전쟁,
동원되는 학생[163]

행사에 동원된 학생들

내선일체와 전시체제 확립에 이바지할 목적으로 만든 '국민정신총동원 조선연맹'이 있었다.[164] 여기서 발행한 《총동원》 창간호에 이화여자전문학교 교장 김활란이 다음과 같은 글을 썼다.

> 얼마 전에도 부인강연회가 개최될 때 여학생으로라도 자리를 채워야겠으니 학교 생도를 좀 보내 달라는 청을 들은 일이 있다. 학생을 그런 자리에 보내는 것이 부당하다는 말은 아니다. 그러나 학생들은 거의 매일 시국에 관한 강연이나 강화講話를 듣고 있다. 듣지 못했던 부인을 상대로 한 강연회에 들어야 할 부인은 나오지 않아서 또 들을 필요가 없는 학생을 출동시

〈그림 109〉 여학생을 동원한 '여학생수양 강습회'(경성보도연맹,《교외보도 7년지》, 1939, 9쪽)

킨다는 것은 주최의 목적을 달성한 것이라고 볼 수 없다.[165]

이 글은 자잘한 '시국 강연회'마저 여학생을 동원했음을 보여준다. 전쟁이 길어지고 범위가 커지면서 '결전決戰 체제'를 위한 '국민운동행사'가 자꾸만 늘었다. 갈수록 효과가 줄어들고 오히려 '결전생활'에 걸림돌이 되었다. 총독부에서도 그 사실을 알아차렸다. 그들은 '국민운동행사'를 세 종류로 나누어 갈무리했다. '1류'는 국가적인 행사로 가장 중요하게 여겨야 할 것, '2류'는 전쟁하는 데 직접 관계가 있는 여러 기념일과 국민운동, '3류'는 그때그때 필요하다고 총무국 등에서 인정하는 행사였다. 그 내용을 표로 만들면 〈표 8〉과 같다.

'국민운동행사' 말고도 일본 건국, 왕실과 식민통치 관련 기념일이 더 있었다. 그 내용은 〈표 9〉와 같다.

<표 8> 1943년 '국민운동행사'

	사항	기간	취지와 유래
1류	태평양전쟁기념일	12월 8일	1941년 태평양전쟁 기념
2류 기념일	육군기념일	3월 10일	러일전쟁 때 일본이 봉천전투에서 승리한 것을 기념
	기념식수일植樹日	4월 3일	
	애마일愛馬日	4월 7일	1939년부터 시행. 1904년 일본 국왕이 말 개량을 지시한 날을 기념
	기갑機甲 기념일	신설. 때와 시간 정하지 못함	
	해군기념일	5월 27일	러일전쟁 때 일본이 동해전투 승리한 것을 기념
	농민일農民日	6월 14일	'농본정신 환기'와 식량증산이 목표. 1936년부터 시행
	해海의 기념일	7월 20일	1941년부터 시행
	항공일	9월 20일	1940년부터 시행
	군마일軍馬日	10월 24	
운동	애림운동	4월 3일을 중심으로 1주간	
	교통훈련주간	4월 중순	
	건민健民운동	5월 1일~ 5월 8일	
	가정방범운동	5월 상순	
	저축장려운동	6월중, 12월 중 때때로	
	국민방첩운동	7월 13일~ 19일	
	공업생산력증강운동	알맞은 때	
	광산증산운동	8월 1일~10월말 알맞은 때	
	사법보호운동	9월13~14일	
	군인원호운동	10월2일~10월 8일	
	준법강조운동	11월 6일~11월 10	
	후생사업강화운동	12월 10일~12월 30일	
	농업보국운동	알맞은 때	

학생의 꿈과 좌절,
기쁨과 우울

		방공강화운동	알맞은 때	
		수송력증강운동	알맞을 때	
		수산증강운동	때때로	
		금속회수운동	때때로	
3류		기타		

출전: 《매일신보》 1943년 10월 16일 기사에 따라 작성.
비고: 일제는 1930년대 후반까지 만주사변기념일(9월 18일)과 중일전쟁기념일(1939년 흥아기념일)을 중요하게 여겼지만, 1943년 무렵에는 아예 기념일에서 뺐음을 알 수 있다.

〈표 9〉 일본 건국, 왕실, 식민통치 관련 기념일

기념일	날짜	취지와 유래
기원절紀元節	2월 11일	일본 건국을 기념, 1912년부터 전국적인 축제일로 실시
천장절天長節	4월 26일	일본 국왕 탄생일, 1912년부터 실시
메이지절明治節	11월 3일	메이지 일왕 탄생 축하일, 1912년부터 실시
시정始政기념일	10월 1일	일본이 조선총독부를 설치하고 통치한 것을 기념 1911년부터 시정기념식을 했지만, 1915년부터 정식 기념일이 됨

출전: 오미일, 〈전시체제기 지역사회의 기념(일)의례와 동원의 일상: 인천지역을 중심으로〉, 《사림》 40, 2011, 205~208쪽에 따라 작성.

육군기념일·해군기념일 등에서 보듯이 그 이름만 보아도 '국민운동행사'의 내용과 목적을 알 수 있다. 그러나 '애마일'과 '건민운동'은 좀 아리송하다. 애마일이란 무슨 동물보호운동이 아니라 군사 목적을 가진 기념일이다. 일본에게 군용 말은 아주 중요했다. 그것은 일본군이 운송수단을 다 기계화하지 못했을 뿐만 아니라, 전쟁이 동남아

〈그림 110〉 애마일에 시가를 행진하는 군마(《매일신보》 1940년 4월 10일)
'애마일'이라는 선전탑이 있다.

시아까지 번지면서 말이 그곳의 자연환경에서 큰 역할을 했기 때문이다.[166] 일본군에게 말이란 '무언無言의 전사'이자,[167] '살아 있는 병기'였다.[168] 그런 말의 '무운장구'를 빌며 건강을 보살펴 주는 날이 바로 애마일이다. 애마일에 학생들은 강연을 듣거나 말에게 홍당무를 주거나 승마대와 함께 거리를 행진하는 행사에 참석해야 했다.[169]

건민운동도 그저 한 개인의 위생과 건강을 잘 챙기자는 운동이 아니었다. 건민운동의 기본 취지는 "대동아를 건설할 인적 자원을 확보하기 위해 체력을 비약적으로 향상하는 것"이었다.[170] "건민은 건병健兵의 초석이다."[171] 이것이 건민운동의 핵심이다. 건민운동이란 개인의

신체를 국가에 복속하게 하며 '국가의 신체'를 관리하는 것이었다.[172]

학생은 온갖 '국민운동행사'뿐만 아니라 지역의 '부대 창립 기념일' 따위에도 동원되었다. 보기를 들면, 1942년 평양에서는 44부대 창립 27회 기념식에 국민학교 5학년생 이상 남녀중등학교 전문학교 등 44개 학교의 1만 9000명 남짓을 동원했다.[173] 학생들은 출정군인을 환송하고 환영하는 데 끊임없이 차출되었다. 학생은 전몰장병 위령제 또는 초혼제 등에도 자주 동원되었다.[174]

일제는 '위문대 만들기'와 위문편지 쓰기를 통해 학생을 '전쟁 응원부대'로 삼았다. 위문대는 '애국하는 황국신민'이 전방에 있는 군인에게 보내는 선물이었다. 일본에서 위문대의 역사는 1904~1905년 러일전쟁 때로 거슬러 올라간다. 위문대는 1931년 만주사변부터 다시 등장하기 시작해 1937년 중일전쟁 뒤에 급증했다. 1000명이 한 땀씩 떠서 장병의 안녕과 전쟁 승리를 기원한다는 센닌바리千人針를 위문대에 넣어 보내기도 했다. 위문대의 내용물로는 가볍고 부피가 작은 상품을 권했다. 이틈을 타 위문품용 상품 광고가 신문에 자주 실렸다.[175] 또 병사에게

〈그림 111〉 애마일 행사를 하는 여학생
《半島の光》, 1943년 4월호, 표지)

보내는 위문편지를 성의 있게 쓰라
고 학교에서 다그치자 그 틈을 노
려 위문편지 쓰는 법을 알려주는
《편지와 병대兵隊》 같은 책 광고도
신문에 실렸다.[176]

땀을 나라에 바쳐라

전쟁이 커지자 일제는 더 많은 노
동력을 동원해 전쟁을 뒷받침하려
했다. 1938년 일제는 중일전쟁 1주
년 기념일을 계기로 '근로보국대'
를 만들었다.[177] 근로보국이란 힘
써 일해 나라의 은혜에 보답한다는
뜻이다. 근로보국대는 성별·계층

〈그림 112〉 "군인아저씨
고맙습니다. 위문품에는 캬라멜을
넣어 병사들에게 원기를 내게 해
주십시다"(《매일신보》1937년 11월 12일)

별, 남녀노소를 가릴 것 없이 일할 수 있는 모든 사람을 대상으로 한
'근로봉사대'였다.[178] 일제는 근로보국대를 만들 때 부역제를 들먹였
다.[179] 옛날 조선에서도 부역으로 노동력을 동원했으니 아무 불평 말
고 그냥 따르라는 뜻이다. 일제는 사람들이 '노동봉사'를 하면서 '국
가관념 함양'·'희생봉공'·'비상시 국민의식 철저' 따위의 효과가 있
기를 바랐다.[180] 친일파들은 "근로야말로 우리의 성스러운 전쟁을 종

국적인 승리로 이끌고, 동아의 신문화를 창조하는 원동력임을 알아야
한다"고 부추겼다.[181]

일제는 가장 동원하기 손쉬운 학생계층을 근로보국의 첫 목표로
삼고 다음과 같은 '학생근로보국대' 운영방침을 세웠다.

1. 방법

여름방학을 이용해 일정한 기간 학생생도들로 하여금 될 수 있는 대로 소
속한 학교에 가까운 농촌·산촌·어촌에서 규율적인 단체생활을 하게 할
것.

2. 사업의 종류

사업의 종류는 연령과 건강 그리고 지방 사정을 고려해 정하되, 대체로 도
로공사·사방공사·황무지개간·매립공사·수로공사 등이고 그 밖에 공익
에 관한 적당한 공사를 하게 해 근육노동의 신성함을 체험하게 할 것.

3. 노동의 기간과 생활

가. 노동기간은 대체로 10일 정도로 하고 경우에 따라 변경할 수 있음.

나. 숙사塾舍는 될 수 있는 대로 가까운 소학교나 간이학교의 교사를 임시
　　로 사용할 것.

다. 자취제도로 아침과 저녁을 해먹게 하되, 당번으로 할 것.

라. 침구와 작업복은 각자 준비할 것.

마. 하루의 노동시간은 6시간으로 하고 남는 시간은 학과, 자습, 오락, 좌선
　　坐禪을 하게 할 것

바. 학과공부는 실제 공부보다 위인과 빼어난 사람의 언행과 사실 등 실천
　　을 중심으로 일본정신에 대한 강화를 할 것.

사. 노동생활은 스스로 취미와 쾌락을 가지게 지도할 것이며 건전한 오락
　　을 가지게 할 것.

아. 생활은 아주 규칙적으로 하여 훈련 제재를 중요하게 여길 것이며 건강
　　에 유의할 것.

4. 지도기관과 보국대 편성

가. 학교근로보국대지도총본부는 총독부 학무국에 두고 여러 가지 사업과
　　노동력의 조사사업에 대한 편대 등을 지휘 통제한다.

나. 각 도에는 학무과 안에 지도본부를 두어 도내 각 학교의 보국대를 지
　　도할 것.

다. 각 학교에는 근로보국대를 조직해 교장이 대장이 되고 20명씩 1대隊
　　로 하고 3대에 교직원 1명을 배치할 것.[182]

군대식 편재에 군대식 규율, 그리고 집단 강제노동이었음을 쉽게
알 수 있다. 이런 학무과의 방침이 정해지자, 곧바로 각 도와 학교에
서 '학교근로보국대'를 만들기 시작했다. 마침내 경기도에서 7월 1일
에 '총후銃後를 지키는 학생들의 여름방학'이라는 표제를 걸고 '학교
근로보국대'를 만들었다. 이어서 7월 21일 서울을 비롯한 평양·부
산·인천 등 대도시에서 학교근로보국대 결성식을 했다. 평양에서는
'결대식' 때 남학생 50명과 여학생 100명이 열사병으로 졸도하는 일

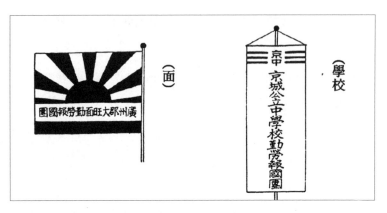

〈그림 113〉 각 면과 학교의 근로보국대 깃발(김윤미,《근로보국대 제도의 수립과 운용》, 부경대 석사학위논문, 2007, 34쪽)

까지 생겼다.[183]

　방학을 했지만 학생들은 어쩔 수 없이 '근로봉사'를 해야 했다. 근로보국대 학생의 하루 생활은 고되기 짝이 없었다. 경북중학교의 사례를 보자. 근로보국대원들은 새벽 3시 50분에 일어나 저녁 8시 20분에 잠자리에 들 때까지 16시간 넘게 일과 행군 그리고 '강화' 따위로 시달렸다. 새벽 4시 20분에 하는 아침 조회는 애국조례, 궁성요배, 〈황국신민서사〉 제창, 합동체조 등의 순으로 20분 동안 진행됐다. 10분씩 네 번 쉬면서 5시간 일했다. 새벽에 일어난 것은 더위를 피해서 일을 시키려는 뜻이었다.[184]

　전국에서 학생근로보국대 활동이 끝나자 일제는 '좋은 결과를 얻었다'며 만족했다. 그들은 총독부 안에 '근로보국조사위원회' 같은 것을 만들어 치밀하게 사업을 계획하기로 했다. 나아가 근로보국운동을 성인에게까지 철저하게 보급해 '국책운동'으로 만들기로 했다.[185] 학기 중에도 근로보국운동을 하기로 했다.[186] 그뿐만 아니었다. 경기도는 앞으로 애국일(매월 6일)[187]마다 '근로보국'을 하기로 했다.[188]

1939년 초가 되자 총독부는 학생근로보국 계획의 밑그림을 발표했다. 첫째 여름방학 때만 '근로보국'하던 것을 '반영속적'이며 '수시'로 한다. 둘째 집단 '근로 작업'에 대한 예산이 한 푼도 없기 때문에 '정신과 혼으로' 근로정신함양, 인고단련, 체위 향상이라는 일석삼조의 효과를 보겠다고 했다.[189] 그들은 남녀중등학교 3학년 이상과 전문대학생 등 10만 명을 동원하기로 했다.[190] 1939년 5월 학무국은 '국방체육' 구체안을 마련하는 가운데 "집단 근로작업을 여름방학 때만 하는 것이 아니라 정식과목으로 편입"했다.[191] 출석과 결석을 점검하고 성적을 매기는 것은 말할 것도 없다.[192] 학무국은 "근로작업을 하더라도 윗옷을 벗어 던지고 덤비게 해서 건강함의 상징인 구릿빛 살결을 만들라"고 했다.[193]

1940년이 되자 '근로봉사'를 강화했다. 근로동원이 수업일수에 포함되었을 뿐만 아니라, 동원기간이 갈수록 늘어났다.[194] 1941년 10월부터는 학생들이 완전히 '총력전체제'에 편입되었다.[195] 그 무렵 여학생의 학교생활에 대한 구술을 보자.

남자들이 거의 일본에 학도병과 징용으로 끌려가 농번기가 되면 일손이

〈그림 114〉 중동학교 근로보국대(경성보도연맹,《교외보도7년지》, 1939, 11쪽)
학생들이 윗옷을 벗고 일한다.

부족하여 이른 아침부터 개구리가 울어대는 저녁까지 모내기를 하였습니다. 그리고 의림지 용두산을 오르내리며 솔뿌리를 죽기 살기로 캐어 손수레도 아닌 마차에 산더미 같이 싣고, 앞에서 끌고 뒤에서 밀고 일본 군가를 소리 높여 부르며 여고까지 날라서 쌓은 송탄 더미가 산을 이루었습니다.[196]

학생들은 1944년 1학기부터 제대로 수업을 할 수 없었다. "싸우며 배우고, 배우며 싸우라." 이것이 일제가 내건 표어였다. 중등학생에게

도 "생산의 전사戰士가 되라"고 다그쳤다.[197]

（경성공립고등공업학교 - 인용자） 4학년이 되자（1944년 - 인용자） 개학한 첫
날 조회에서 4학년 전원에 대한 〈학도봉국근로령學徒奉國勤勞令〉의 적용을
시달 받았다. 교장의 훈시와 '령'의 이름은 비장하고 굉장해 보이지만, 내
용은 간단하다. 앞으로 1년 동안 학교에 나올 필요 없이 각기 지정된 현장
에서 노동을 한다는 말이다. 이날부터 나는 학생이 아니었다. 전국의 4학
년생이 모두 그랬다.[198]

이때 얼마나 많은 학생이 동원되어 어떤 일을 했을까. 다음 〈표 10〉
은 학기 중인 1944년 4월과 6월에 동원된 경기도 남자 중등학생의 사
례다.

거의 모두가 식량증산과 군사적 성격을 띤 노동이었음을 알 수 있
다. 실업학교의 근로동원은 다른 학교와는 매우 달랐다. 일반계 중등
학교에서는 학교교육과 상관없는 단순한 노력동원이 많았지만 실업

〈표 10〉 경기도 남자 중등학생 근로 동원 집계(1944년 4월~6월)

(단위: 명)

근로종류	국방관계 토목 공사	식량증산	군수 생산	수송력 강화	관청 사무	기타
연인원	121,020	58,680	37,700	7,500	150	3,400

출전: 《매일신보》 1944년 7월 9일 기사에 따라 작성.

학교에서는 '실습'을 빌미로 교육활동처럼 했다. 농업학교 학생을 동원했던 비행장 건설이나 저수조 축조 등에 대해서는 '토공 실습'·'사방 공사 실습'·'토지 정지 실습' 따위로 불렀다. 공업학교는 산업체에 '실습생'으로 파견해서 군수품 공장에서 고된 일을 시켰다. 심지어 '현장실습'이라는 이름으로 군수공장에 파견되어 무려 1년 동안이나 학교에는 가지 않은 채 고된 일을 해야 했다.[199] 초등학생도 노동력을 보충하는 차원에서 동원했다.

> (1944년 1학기 때 - 인용자) 학과수업은 오전에 한두 시간 하고 해가 서산에 뉘엿할 때까지 일을 했다. '식량증산'이라는 현수막을 걸고 고구마, 감자, 파, 호박, 고추, 마늘 등 온갖 남새를 심었고, 또 밭고랑마다 가꾸는 아이들의 이름을 붙이는 등 수선을 떨었다. 아예 공부는 제쳐놓고 선생이나 아이나 모두 여기에 매달렸다.[200]

조선에 살던 일본 초등학생도 예외가 아니었다. 보기를 들면 목포에서 국민학교 3학년을 다니던 쓰지 미사코는 1943년 가을 메뚜기잡이에 동원되었다. 책임량을 할당받았기 때문에 그것을 채우지 못했을 때 쓰지는 울음보를 터뜨렸다. 1944년에는 면화공장에 동원되어 여공처럼 일할 것을 강요받았다.[201]

일제는 동원에 나오지 않으면 결석으로 처리하는 등 어떻게든 작업장으로 학생들을 끌어들이려 했다. 학생들의 불만이 터져 나올 수

밖에 없었다. 작업장에서 일어나는 사고나 질병도 문제가 되었다.[202] "1945년 1학기부터 3학년 이상의 전국 중학생의 근로동원이 시작되었다. 전국 각지로 흩어져 나간 학생 가운데 일제가 패망하기까지 학교를 구경하지 못한 사람도 많다."[203] 학생들에게 "근로동원의 경험은 악몽 같았다."[204]

'무쇠 뼈, 돌 근육'[205]

중일전쟁 직전 학생은 답답하고 우울했다.

> 중학생들이 가는 곳, 학교가 정을 주지 않고 집안이 즐거움을 베풀지 않고 극장에는 감시가 있고 도서관은 만원이고 요릿집은 내몰고 카페는 '고도와리(거절 - 인용자)'이고 게임도 없고 집회도 없고 구락부도 없다. 중학생을 즐겁게 하고 위로하는 곳은 과연 어느 곳인가. 건전한 취미, 즐거운 오락은 과연 그 어느 곳에서 찾을 수 있을까.[206]

1937년 중일전쟁이 일어난 뒤부터 학생들의 처지는 더욱 팍팍해졌다. 눈에 익숙한 한 장의 사진(〈그림 115〉)을 먼저 보자.

〈그림 115〉는 여학교에서 '굳센 여성, 억센 어머니'를 양성하려는 뜻에서 목검체조를 시키는 모습이다. 맨발이다. 왜 이럴까. '전시학생 생활 규범' 때문이다. 1939년 각 도 학무과장과 시학관이 모인 회의

에서 '전시학생생활 규
범'을 만들었다. 온갖 자
질구레한 것을 '규범' 안
에 우겨 넣었다. 계절에
따라 반≉나체로 체조와
작업을 시키며 여자들
에게 긴 양말을 신게 하
지 말 것, 운동을 할 때
나 교실 안에서는 될 수

〈그림 115〉 여학생의 '목검체조' 모습
'굳센 여성'을 기르려는 듯 맨발로 체조를 시키고 있다.

있는 대로 맨발을 장려할 것, 학교에서는 늘 걷기 훈련을 하고 걸어서
학교에 오는 것을 장려할 것, 냉수마찰과 마른 헝겊 마찰을 날마다 실
행할 것 따위다.[207] 국가가 체력단련과 물자절약을 구실로 학생의 신
체와 복장에 얼마나 많이 개입했는지를 보여준다.

일제가 학생의 '체력 증강'과 '체위 향상'에 집착하는 모습을 더 보
자. 체력이 병력의 밑바탕이 되고 병력이 곧 국력이라는 생각이 전시
체제기를 휩쓸었다. 일제는 방학 때 학생을 '근로보국대'에 동원한 것
에도 성이 차지 않았다. 학무국에서는 방학을 몸과 마음을 단련하는
기간으로 삼아야 한다고 했다. 방학 때도 근로작업, 군사교련, 무도,
체조, 수영 등을 하라고 다그쳤다.[208] 이에 발맞추어 중학교와 전문학
교에서는 1940년부터 여름방학과 겨울방학을 '휴업일'이라고 하지
않고 '심신단련기간'이라고 부르기로 했다.[209]

학교에서는 방학을 했어도 학생들을 불러 모아 '연성'하게 했다. '연성'이라는 말이 낯설다. '연성'이란 '황국신민의 자질을 연마육성鍊磨育成한다'는 뜻이다. 이 말은 1935년 11월 일본 문부성에서 새로 만들어서 1941년 3월에 〈국민학교령〉을 만든 뒤부터 널리 썼다.[210]

일제는 학생의 육체를 '연마'하게 하고 정신을 '육성'해 총력전체제에 알맞게 만들려 했다. "교문은 영문營門으로 통한다."[211] 이것이 '학생 연성'의 표어다. 어떻게 학생을 '연성'해 학교와 군대를 연결할 것인가. 1943년 여름 여학교 교장들의 계획을 들어보자. 성신여학교 교장 이숙종은 인천 송도에 가서 전교생이 참가하는 수영훈련을 하겠다고 했다. 정신여학교도 '바다의 연성'을 할 것이며 교내 빈터에 농사를 짓게 하겠다고 했다. 이화여자전문학교 김활란은 매주 월요일에 특별연성으로 교련, 강화, 청소, 신궁참배, 방공훈련을 시키겠다고 했다. 해변에 가서 '심신연성'도 할 것이라고 했다. 그 밖의 여학교도 모두 '바다의 연성'을 하겠다고 말했다.[212]

얼핏 보면 '바다의 연성'이란 나쁠 것이 없다고 생각할 수 있다. 그러나 여학생들에게 '바다 연성'을 시킨 속셈을 알게 되면 생각이 달라진다.[213] 정신여학교 교장은 "해군특별지원병제도 실시에 따라 황국의 처, 황국의 어머니가 될 여성에게 바다의 지식을 넓히기 위해서" '바다의 연성'을 한다고 했다. 김활란은 '해양일본의 모성을 만들려고' 해변으로 학생을 데리고 간다고 했다. '바다의 연성'은 학생 스스로 선택하지 않았다. 상명실천여학교장은 솔직하게 말했다. "필요하

〈그림 116〉인천 송도에서 '적전상륙敵前上陸'하듯이 훈련하는 이화여자전문학교
학생들(《매일신보》1942년 8월 10일)

다고 인정하는 일은 적극 강제로 해 나갈 방침입니다. 여기에 연성의
의의가 있으리라고 생각합니다."²¹⁴

이제 1943년 여름 남학교 교장들의 계획을 들어보자. 양정중학교
장은 학생들을 근로보국, 활공滑空훈련, 등반훈련, 해양훈련을 시켜
'젊은 전사'로 키워내겠다고 했다. '연성'이란 '군에 복무할 때 필요한
자질'²¹⁵을 단련하는 것임을 분명히 했다. 그는 연성의 성격과 목표를
다음과 같이 정리했다.

징병제도가 실시된 오늘날 반도청소년이 나아갈 길은 오로지 용맹 과감

한 황군일원으로서의 소질과 체력을 연성함에 있고 총후의 산업전사로서 멸사봉공滅私奉公, 진지감투眞摯敢闘의 정신을 견지하여 전쟁에 끝까지 이겨 나감으로써 일사보국一死報國의 적성赤誠이 타오르는 유위有爲한 청년으로 연성함에 있다.[216]

중앙중학교장 현상윤이 독특했다. 해양훈련이나 근로봉사 작업은 다른 학교에 비슷했지만, 다음과 같은 '군영軍營 연습'과 '전비戰備 행군'이 돋보인다.

〈그림 117〉교외 행군하는 모습(경북중고등학교 동창회60년사 편찬회 편, 《경북중고등학교60년사》, 경북중고등학교 동창회60년사 편찬회, 1976) 장승이 이채롭다.

4·5학년 생도 전부를 일주간 예정으로 평강에 있는 육군부대에서 영사營舍연습을 시킨 뒤 내금강에서 비로봉을 넘어 외금강을 향하여 행군을 하는 것입니다. 이 연습과 행군은 무기를 휴대하고 식량을 지참하고 기거동작을 모두 병대와 똑같이 하는 것은 말할 것도 없습니다.[217]

국민학생은 어떠했던가. 학교에서 어머니에게 당부하는 글을 보자.

금년 여름은 결전체제로 여름방학이라는 것을 없애자는 주의입니다. 수업이 없는 여름 동안을 학교의 근로봉사와 하기단련에 종사시키게 되었으니까 전부 출석하게 해주십시오. 학교에서뿐만 아니라, 일상생활에서도 전쟁생활을 하는 마음으로 지도해 주셔야 하겠습니다. 아침 궁성요배와 정오 묵도를 꼭 이행시킬 것이며 국어(일본어 - 인용자)를 늘 쓰게 해야 합니다. (…) 금년에 생긴 해양소년단으로 우리 학교에서도 나갑니다. 여름 동안 꼭 수영을 할 수 있게 가르칠 작정입니다.[218]

학생은 1943년 여름방학을 근로봉사와 '연성'으로 다 보냈다. 그러나 1944년이 되면 '학생 연성'의 열기가 수그러든다. 일제는 전쟁이 급박해지면서 '심신단련'이라는 구실을 붙일 여유가 없었고 '교육'이라는 가면마저도 귀찮게 되었다. 이제 일제는 아무 거리낌도 없이 모든 학생을 군사 활동에 직접 도움이 되게끔 동원했다. "어린 중학생들을 강제로 징집해서 비행장 활주로 공사에 투입"[219]하거나 국민학생을 면화공장 등에 보내 "여공처럼 일할 것을 강요했다."[220]

사람 잡는 교련

일제가 학교를 병영으로 만들어가는 모습을 가장 잘 보여주는 것이 '학교교련'이다. 학교교련은 언제 어떻게 이 땅에 똬리를 틀었을까. 먼저 〈그림 118〉과 〈그림 119〉를 보자. 《동아일보》 만화는 일본 학생

〈그림 118〉 결국 승리는 누구일까(《동아일보》
1924년 11월 27일)

〈그림 119〉 장래의 일본 학교(《조선일보》
1924년 11월 19일)

이 군사교육을 반대하고 있지만, 끝내 일본 정부가 이길 것이라고 암
시하고 있다.

　일본에서는 1920년대 초부터 학교교련을 둘러싸고 논란이 벌어졌
다. 마침내 1925년에 교련을 받으면 입영기간을 줄여준다는 조건과
함께 교련을 실시했다.[221] 일제는 조선학교에서도 군사교련을 할 것이
라고 말했다.[222] 조선에 있는 일본인 중학과 전문학교는 〈군사교육법
령〉을 따라야 했기 때문이다. 그러나 고등보통학교와 전문학교에 다
니는 조선 학생까지 교련을 시킬 것인가 하는 것이 문제였다. 총독부
에서는 그럴 수도 있다면서 여론을 떠보았다.[223]

　《조선일보》는 사설에서 조선 학생 군사교육을 반대한다고 분명히 밝

혔다. 일본 군대의 현역 군인이 학교에 와서 학생을 가르치는 것을 받아들일 수 없다고 했다. 그보다도 더 큰 문제는 일본의 군국주의였다.

(교련 – 인용자)교육의 취지를 거리낌 없이 말하면 살인행위의 연습이다. 따라서 앞으로 발표될 이 새로운 법령으로 말하면, 일본의 군국주의가 전 세계에 정면으로 도전하는 것을 선포한 것이나 마찬가지다. (…) 일본이 군국주의로 모든 국민을 결속하는 것이며 일본의 지배계급은 여전히 군대의 힘으로 일본을 강하게 만들려는 뜻을 가진 것이다. (…) 이것은 전 세계에 팽창하는 자유해방의 사조에 어긋난다. (…) 감정이 다르고 환경이 다른 조선인 학생에게 이와 같은 특수교육을 그대로 강제할 아무런 근거가 없다.[224]

3·1운동의 여파 때문이었을까. 일제가 조금은 언론의 숨통을 틔워 주었음을 느끼게 하는 글이다. 《시대일보》도 "군사교육은 말이 교육이지 사실은 교육이 아니고 전쟁 때 무기를 사용하고 사람을 죽이는 기술에 필요한 육체와 정신을 훈련하는 것"이기 때문에 "문화에 역행한다"고 했다.[225] '문화통치'를 내세우는 일제를 꼬집은 말이기도 하다.

어쨌든 일제는 1925년 조선에서도 일본 학생을 대상으로 군사교련을 했다.[226] 일제는 군사교련이 "조선 학생의 사기를 높이고 견실한 청년으로 만들어 주기 때문에" 될 수 있으면 빨리 실시할 것이라고 했다. 직접 신문기사를 보자.

현재 조선 내의 중등학교 중에서 군사교련을 행하는 학교는 학교조합의
실업학교 4교 중등학교 10교 합계 14개뿐이고 같은 중등학교일지라도 조
선인 교육을 주로 하는 각 고등보통학교 15교 내선인 공학의 갑종실업학
교 22교는 아직 군사교련을 실시하지 않고 있다. 앞으로는 사기를 높이고
견실한 청년이 될 수 있도록 군사교련을 고려하겠다.[227]

그러나 경비문제와 학교에 배속할 현역장교, 그리고 무기관리 문제
때문에 교련을 뒤로 늦추었다. 먼저 1928년 2학기부터 7개 전문학교
(법전, 의전, 고공高工, 고상高商, 고농高農, 대학 예과, 경성제국대학)에서 교련을
했다.[228] 1928년 12월 당시 전문학교 중학교 포함해 모두 21개 학교
에서 교련을 했다.[229] 조선총독부 기관지 《매일신보》는 전문학교에서
교련을 하는 것을 반기며 그 의의를 다음과 같이 밝혔다.

세상의 일부에서는 "병역의 의무가 없는 조선 사람이 무엇 때문에 교련을
해야 하며 국제연맹의 평화주의가 고조되고 있는 이때 군사교육으로 군국
주의를 고취하는 까닭이 무엇인가" 하고 비판하는 사람도 있다. 그러나 조
선인에게 병역의 의무가 없기 때문에 더욱 군사교련이 필요하다고 본다.
(…) 국민으로서의 자각을 공고히 하고 국민으로서의 단결과 규율을 신장
하게 하는 효과는 그야말로 크다. (…) 복종과 규율의 정신을 발휘하게 함

이 군대교육의 근본이다. (…) 병역의 의무가 없어서 이와 같은 훈련과 교육을 받을 기회가 없는 조선으로서는 더욱 필요하다.[230]

조선 학생과 일본 학생이 섞여 있던 전문학교에서 군사교육에 문제가 있었다. 일본 학생은 이미 중학교에서 군사교육을 마쳤으나 조선 학생은 고등보통학교에서 교련을 받지 않았으므로 따로 훈련해야 했다.[231]

1930년부터 조선 중등학생에게도 교련을 시켰다. 먼저 '일선융화'를 위해 일본 학생과 조선 학생이 함께 공부하는 '내선공학' 학교부터 시작했다. '내선공학' 학교 가운데 일본 학생 비율이 높은 곳부터 교련을 했다. 1930년 대구상업학교가 그 보기다.[232] 그다음으로 청주고등보통학교, 충북공립농업학교처럼 일본 학생 비율이 낮은 곳으로 옮겨갔다.[233] 마지막으로 조선인 사립학교까지 파고들었다. 1935년에 사립학교인 평양 광성고등보통학교에서 처음 교련을 했다.[234] 1937년 중일전쟁이 터지고 난 뒤부터 하루라도 빨리 전체 사립중등학교에도 교련을 시키려고 했다. 배속 장교가 없다면 '교련교사'라도 두어 기초 훈련을 시킬 셈이었다.[235] 1939년에는 사립학교에서도 더 많은 학교가 군사교련을 하게 했다.[236] 이때부터 학교교련이 전국적인 틀을 갖추었다. 법규에 규정된 군사교육뿐 아니라, 교내 교련사열과 교외 연합군사훈련, 군사시설과 병영 견학, 소풍이나 수학여행을 통한 전적지 견학, 야영훈련과 행군훈련, 취사훈련, 군인정신 강연 등 여러 모습

〈그림 120〉 1942년 양정고등보통학교 분열식

으로 군사교육을 했다.[237]

학교에서는 매주 월요일에 교련조회를 했다. 교련조회가 있는 날은 한 시간 일찍 학교에 와서 사열을 받은 뒤 분열행진을 했다. 훈련이 만족스럽지 못하면 몇 번이고 되풀이했다. 교련조회 말고도 강행군·총검술·국방경기 따위로 학교생활은 병영생활과 마찬가지였다.[238]

매월 한 번 새벽에 교정에 집합하여 어지간히 무거운 38식 소총과 모래를 집어넣은 배낭을 메고 한강 바닥으로 6킬로미터 행군(한 시간에 6킬로미터를

간다는 뜻으로 수시로 구보를 해야 한다)을 해가면서 야외교련을 나가야 했다. 산
개散開-각개약진-돌격(일본식 돌격은 고함을 치며 상당 거리를 뛴다)을 하루 종일
되풀이하다가 오후가 되면 국방색 양복은 땀에 배어 마치 소낙비라도 맞
은 것처럼 새까매진다. 수통에 가지고 간 물은 점심시간 전에 다 없어지고,
점심시간에도 근처에서는 물을 구할 길이 없어 수분이 없는 위 안에 밥을
강제로 쑤셔 넣고 오후의 과업을 마치면 또 다시 행군을 하여 용산-남대
문-중앙청 앞, 안국동 본교로 돌아오게 되는데, 없는 힘을 내기 위하여 선
창 후창으로 나누어 교가와 행진가, 기타 군가를 부르면서 돌아오는 것이
다. 총을 손질하고 검사를 받은 후 병기고에 갖다 놓고 해산을 하면 날은
이미 다 저물기 일쑤였다.[239]

학무국은 교련으로 학교의 우열을 가렸다. 그리하여 각 학교가 '예
비전사'를 기르는 일에
서로 경쟁하게 했다. 학
무국은 교련이 제자리를
잡자 위용을 뽐내는 자
리를 마련했다. 체육계가
'전투체력육성'으로 '획
기적인 방향 전환'을 한
것에 발맞추어 1939년 6
월에 '전력증강경진대회'

〈그림 121〉 동서 양군으로 나누어 연합 군사훈련하는
모습(《매일신보》 1937년 9월 19일)

〈그림 122〉 군대분열식을 연습하는 동덕여자고등보통학교 학생들(《동아일보》 1939년 6월 11일)
1939년에 열린 '여자중등생 종합 체육대회'에서 군대식 분열식이 처음 나타났다.

를 열었다. '무장한 학생 용사'들이 입장식을 한 뒤에 "경기마다 전쟁
을 연상시키는 연락連絡, 경주, 비상호집非常呼集, 수류탄던지기, 장애
물경주 등을 했다."[240]

육군기념일과 같은 전쟁기념일에 '청소년 부대'[241]를 동원해 군인
과 함께 '전투훈련'을 하기도 했다. 육군기념일 때만 '종합훈련'을 한
것이 아니었다. 때와 장소는 달랐지만 전국 곳곳에서 여러 학교 학생
을 모아 '군사 대연습' 따위로 연합 전투훈련을 했다.[242]

학교교련은 해를 거듭할수록 강도가 높아졌다. 태평양전쟁이 일어
난 뒤에는 학교가 전시 병력을 보충하는 '청년훈련소'가 되었다. 학교
구석구석에 방공호를 설치했으며 운동장에 총검을 찌를 수 있는 모의

인형을 세웠다. 장애물 훈련을 위한 시설물을 설치했고, 격납고를 둔 경우도 있었다. 학교가 예비전사를 길러내는 하나의 병영으로 탈바꿈했다.[243]

일제는 여학교에도 군사문화를 깊숙이 침투시켰다. 월요일마다 교련조례와 분열식과 분열행진을 했다.[244] "조련시간은 교련식·군대식으로, 집합인원 조사, 용구의 수량 조사, 용구손질방법, 작업 전후에 지도원에 대한 경례 그런 것으로 교련적으로 훈련"하고 있었다.[245] 방호단·구호반 등을 두었으며 여학생에게 '실전과 다름없는 방공훈련'을 시켰다.[246] '국방훈련'으로 자전거 타기 등을 하는 학교도 있었다.[247] 김남천의 장편소설 《사랑의 수족관》에는 세일러 교복을 입은 여학생이 언니에게 군대식으로 발을 모으고 경례를 붙이는 장면이 나온다. 여학교 군사교육이 일상으로 파고드는 모습이다.

교련은 또 다른 문제를 일으켰다. 교련의 영향으로 상급생과 하급생 사이에 계급이 생겨서 학교 폭력이 늘어났다는 사실이다. 남자 중등학교에서 이른바 '제재制裁'라는 것이 생겨서 상급생이 하급생을 주먹다짐하는 일이 자주 일어났다. 하급생 가운데 폭력이 무서워 학교 가기를 꺼리는 일도 생겼다.[248]

학생의 일탈과
저항

I

불량과 불온의
경계,
삐딱한 학생

가족과 사회는 학생에게 큰 기대를 했다. 열심히 공부해 출세하고 잘 살았으면 좋겠다는 것이 일반 부모의 마음이었다. 사회에서는 학생이 민족의 실력을 키우는 데 이바지하기를 바랐다. 학생이 사회운동의 주춧돌이 되었으면 좋겠다는 사회운동가도 많았다. 그러나 정작 학생 은 '제2의 감옥'인 학교에서 시달렸다.

학생은 공부문제·사상문제·연애문제·취직문제 이 네 가지 고민 을 했다. 대개 중등 1~2학년까지는 학교성적에 신경을 썼다. 3~4학 년이 되면 세상에 의혹의 눈길을 보내면서 사상문제에 빠져들었다. 또 이성에 눈뜨면서 연애문제가 가슴을 괴롭게 했다.[1] 1930년대가 되 면 공황과 전쟁이 덮쳐왔고 취업난은 심각해서 학생은 우울했다. 게 다가 그들 앞에는 근대 도시문화가 펼쳐져 있었다. 억눌린 가슴을 풀

길이 없는 그들로서는 '불량학생'의 유혹을 뿌리치기 힘들었을 것이다. "명랑한 학원, 유쾌한 학급, 이렇게 만들어야 한다고 말하지만, 학생에게도 우울이 있고 회의가 있으며 공포가 숨어 있다. 어찌할 것인가, 중학

〈그림 123〉 한강철교와 한강 뱃놀이(《신가정》 1933년 7월호, 61쪽)
"서울 사람에게 뺏어갈 수 없는 것이 한강이다."

생도 청춘이고 인간인 것을. 기 못 펴고 자라나는 학생이다."[2]

정의감에 넘치는 식민지 학생은 현실의 모순에 가슴 아파하고 민족차별에 저항하면서 '불온학생'이 될 가능성이 매우 높았다. 불온학생은 '사상문제'에 더 신경을 썼을 것이고 불량학생은 '연애'와 유흥에 더 신경 썼을 것이다. 누가 불온학생이 되고 어떻게 불량학생이 생겼을까. 불온학생과 불량학생은 어떤 차이가 있을까. 잡지《신여성》은 한강에 뱃놀이 갔던 한 여성의 일기를 실었다. 그 일기에 불온하면서도 불량한 중학생의 모습이 보인다.

'한강행' 전차는 더위를 피하려 '한강피서' 가는 사람으로 가득 찼다. (…) 우리는 이쪽 바위 위에 배를 대고서 한참 어두컴컴한 강을 바라보는데 어

디선가 "聞け萬國の勞働者, とどろき渡るメーデの, 示威者に起る足ど りと, 未來をつぐるときの聲"(들어라 만국의 노동자여, 울려 퍼지는 메이데이, 시위 자의 발걸음과 미래를 알리는 승리의 함성을 - 인용자) 이러한 소리가 귀를 찌르도록 들린다. 우리는 배를 다시 잡아타고 그 소리 나는 곳으로 찾아가니 중학생 몇이 힘 있게 노를 저어가면서 이어서 둘째 절 셋째 절을 하니 어디선가 따라서 같이하는 것이 마치 '만국 메이데이'를 맞은 것처럼 들려왔다. 그 러자 어디서 여자들이 탄 배가 오자 금세 '메이데이' 노래로 세상을 날릴 듯하던 사람들이 어설픈 여자들이 탄 배 옆에 와서 건드리고 물을 출렁거 리고 야단이다. (…) 우리는 다리 위를 거쳐 전차를 탔다. 전차 속에는 아까 보던 여학생들이며 '히야카시'하던 남학생들이 여자들을 뒤따라가고 있 다. 전차가 종로에 왔을 때는 4인조의 여학생들이 내려 안국동 편으로 가 니 또 그들도 얼른 내려 그들의 뒤를 따라가는 것을 보았다. 언제나 그들 은 철들어 이런 짓을 말려는가.[3]

1931년 중학생이 떼를 지어 '불온한' 메이데이 노래를 부르고 또 '불량스럽게' 여학생을 뒤따라가며 '히야카시'하고 있다. 기존 체제를 굳건하게 지키고 싶었던 일제로서는 '불온과 불량' 모두 마땅찮았음 이 틀림없다. 불온학생을 학교와 사회에서 격리하고 불량학생을 순치 해 식민통치의 '인적 자원'으로 활용하는 것, 이것이 식민교육의 핵심 이다. 사회에서도 불량학생을 문제 삼았다. 이제 중학생은 '향당의 지 식계급'이 아니라 연장자의 지도와 교육이 필요한 존재로 여겼다.[4]

불량학생은 누구였던가. 사람에 따라 불량학생의 정의를 다르게 내리고 시대에 따라 모습이 다르다. 신문 기사는 불량학생을 두 유형을 나누고 다음과 같이 진단했다.

요즈음 학생계는 사상적으로는 두 분야로 나뉘는 경향이 뚜렷하다. 하나는 사회과학연구를 목표로 한 좌경적 경향이고 다른 하나는 학생이라는 신분의 특권을 가진 것을 유일한 무기로 삼아 에로티즘과 데카당한 기분을 발휘하는 세기말적 타락적 경향이다. 전자는 좀 더 조직적이고 학구적이어서 그들이 현재와 장래의 사회조직 인생 생활을 좀 더 깊이 연구 비판해보려는 것이다. 후자는 무조직, 무질서하게 학교나 어떻게 졸업해서 '간판'이나 하나 얻자는 것이다. 한편은 좀 더 진보적이고 조직적이지만, 한편은 퇴보적이고 타락적이다. 서로 다른 두 분야의 학생계급은 올해 들어 더욱 첨예한 대립을 볼 수 있다. 이 두 가지 모두 위험한 사상이다. 학교 당국자로서는 마땅히 여기에 상당하는 고려를 해서 연구 지도를 아끼지 않아야 할 것이다.[5]

일제와 친일언론은 불량학생과 불온학생을 한데 묶어 '불량분자不良分子'라고 불렀다. 학교 당국은 불온학생을 감시하고 경찰은 그들을 검거했다. 수많은 학생이 학생운동이나 좌익독서회사건으로 학교를 떠나 교도소로 가야 했다. 신문은 불량학생을 기사로 즐겨 다루었다. 카페나 술집을 다니는 학생부터 여자를 희롱하는 학생까지 여러 모습이다.

중학생은 억눌려 있다. 천 갈래 만 갈래로 억눌려 있다. (…) 중학생들이 가
는 곳, 학교가 정을 주지 않고 집안이 기쁨을 베풀지 않고, 극장에는 감시
가 있고 도서관은 만원이고 요릿집은 내쫓고 카페는 거절하고 게임도 없
고 집회도 없고 구락부도 없고. 중학생을 즐겁게 하고 위로하는 곳은 과연
어느 곳인가? 건전한 취미 즐거운 오락은 과연 그 어느 곳에서 찾을 수 있
을까. 여기서 탈선은 비롯된다.[6]

이 글에서 말하듯이 그야말로 학생의 신분을 뛰어넘어 '탈선'하는
학생도 있었다. 그러나 사회나 학교에서 자신들이 설정한 규범에서
벗어났다고 해서 무턱대고 '불량'이라고 딱지 붙이는 것에도 문제는
있다. 노랫말 하나 보자.

〈뒤져본 사진첩〉(1939년 12월 김정구)
이것은 누구더라 이것은 누구더라
옳지 옳지 알았다. 바로 그 녀석이군
학생시대 호떡대장 쌈 잘하던 오야붕
그래도 된 척하고 망토자락 날리며
여학생 꽁무니를 따라가다가 들켜서
선생에게 일렀다고 때려주던 몽니쟁이

그래도 좋은 동무 어디 갔나 그리워[7]

　사진첩을 뒤척이다 학창시절의 불량학생을 찾아내곤 '좋은 동무'
였다고 회상하는 노래다. 이 노래 작사가는 '일제의 고위관리와 수전
노가 되어버린 모범생'보다 불량학생이 더 좋았던 모양이다. 소설가
이무영(1908~1960)은 선생들에게 제안했다. "불량성도 일종의 비범함
이니만큼 주자鑄字, 모형 뜨는 것과 같은 지도방법을 버리고 더 성실
한 방법을 게을리하지 말라."[8]

2

억울한
'불량학생'

불량학생의 탄생

신문에서는 "3·1운동 뒤부터 향학열이 높아져 학생 수가 크게 늘어서 불량학생도 느는 것을 피하기 어렵다"고 했다.[9] 불량학생을 꾸짖는 글이 차츰 늘었다. 1920년대 초반에는 불량학생과 불온학생을 구분하지 않고 모두 불량학생이라고 불렀다. "곳곳에 불량훈도가 있어 동맹휴학을 일삼는다"는 따위의 기사에서 그 사실을 알 수 있다.[10] 그러나 차츰 '학생풍기'를 어지럽히는 불량학생과 일제 지배체제에 맞서는 불온학생을 구분하기 시작했다.

신문과 잡지는 '학생풍기'가 어지러워지는 것을 걱정하며, 나름대로 원인을 진단하고 처방을 내렸다. 그들이 말하는 풍기란 '사회 일반의 선량한 풍속과 기강紀綱'이었다. '학생풍기'란 "학생이 지켜야 할 풍토"를 일컬었다.[11] '선량'과 '기강'이라는 말에서 사회의 '표준'을 설정하고 그것에서 어긋나면 규제하려는 의지가 담겨 있음을 본다. 그러나 '풍기 문란'의 정의를 둘러싸고 사람마다 생각이 달랐다. 다음 글이 그것을 보여준다.

'풍기 문란'이란 말을 정의 내리기가 매우 힘이 든다. 그것은 도덕관념이라는 것이 시대와 장소에 따라 서로 다르고 또 변하기 때문이다. 더욱이 어느 곳 어느 시대를 가릴 것 없이 풍기가 문란하지 않은 곳 또는 시대가 없다. 어느 곳 어느 시대에나 늙은이들은 젊은이의 풍기 문란을 염려하고 책망하였다. 그것은 그들이 젊었을 때 자기네들 놀던 생각은 다 잊어버리고 젊은이들을 나무라는 것이다. 또 시대가 감에 따라 도덕적 관념과 조건이 변하기 때문에 젊은이들의 행동이 늙은이에게 해괴하게 보일 수밖에 없을 것이다. 그러나 과거나 현재를 통하여 '풍기 문란' 하면 대개 주색잡기를 뜻한다. 더욱이 학생의 풍기문제라면 대개 술 담배와 성 문제와 도박에 국한되는 것이다.

요새 와서 학생들의 (특히 중등 이상의) 풍기風紀가 대단히 문란해진 것을 통탄하는 이가 매우 많다. 그러나 지금 학생들의 풍기가 옛날 학생들의 그것보다 더 나빠졌느냐 하면 그것은 의문이다. 늙은이들이 서당에 다닐 시절의 지난 일을 회고해보면 그때 그들의 풍기가 지금 학생들의 풍기보다 조금도 더 순백純白할 것이 없었다는 것을 스스로 깨닫게 될 것이다.[12]

일제는 강점 직후부터 조선에 '선량한 풍속'을 뿌리내리려고 했다. 일제는 세 부류를 '풍기문제'로 삼았다. 첫 번째는 강점 전부터 조선 민족주의 엘리트들도 문제 삼았던 음부탕자 부류다. 두 번째는 의복 사치와 낭비를 일삼는 상류층 학생 부류다. 세 번째가 부랑배, 부랑 자제 등 일정한 직업 없이 살아가는 상류층 자제였다.[13] 《매일신보》 는 1910~1920년대 초에 경찰이 '부랑자'를 체포, 심문, 구금하는 사 실을 잇달아 보도했다. '부랑자'에 대한 풍기단속이 끝을 맺자 신문과 잡지는 학생풍기문제에 관심을 돌렸다. 신문 보도에 따르면 경성과 지방 도시에 불량학생이 우글거렸다. 시간이 흐를수록 불량한 기운이 도시에서 농촌으로 번져가 "순진한 향촌 청년들이 이에 감염되고"[14] 있었다. 신문은 1930년대 불량학생의 모습을 다음과 같이 적었다.

카페로 가서 여급이 보내는 웃음에 정신을 잃고 혹은 선술집 탁주에 취해 비틀거리거나 마작구락부에 가서 펑 홀러로 밤을 새거나 '빌리아드 홀'로 가서 붉은 알 흰 알을 노리면서 매끈한 큐에 도취되어 학생이라는 신분도 생각하지 않고 취생몽사로 세월을 보내는 일이 너무도 많다. 그리하여 부 어라 먹자 흥타령에 세월을 다 보내는 동안 학교성적이 나빠지니 나중에 는 퇴학 방교 등의 비운에 빠지는 일이 많게 된다. 더구나 취한 학생이 거 리를 헤매고 혹은 지나가는 부녀를 희롱하거나 심하면 폭행까지 하여 경 찰 신세를 지는 학생도 적지 않은 현상이라 하여 지금 물의는 점점 높아가 게 되었다 한다. 또 한 가지는 정복, 정모를 당당히 한 학생이 유곽에 자유로이 출입하고 또 여관방에 유녀를 데리고 와서 희롱하는 등 근래 일부 학생은 세기말적 행동으로 극도의 타락적 경향을 보이고 있다.[15]

위에 인용한 글은 '모던'한 도시의 소비문화가 불량학생을 탄생시키는 중요한 요인임을 보여준다. 1920년대에 도시화가 진행되고 '식민지 근대'가 도시의 일상 영역으로 파고들었다. 젊은이 가운데 일부가 새로운 패션을 선보이고 남다른 행동을 했다. 새로운 사회현상인 '모던 걸'·'모던 보이'는 새로운 세대가 나타났음을 세상에 알렸다. 이 '모던 세대'는 1910년대 초반에서 1920년대 사이에 태어나서 1920년대 후반에서 1930년대 중후반까지 식민지교육을 받고 소비문화와 유행을 이끈 젊은 세대였다. '모던 세대' 가운데 하나인 학생은 교육의 대상이면서 문화소비의 주체기도 했다. 그러나 학생들의 '문화소비'는 아직 나이 어리고 '사회의 기대를 저버려서는 안 됐기' 때문에 제재를 받았다.

불량학생의 첫 낌새

'될성부른 나무는 떡잎부터 알아본다'는 속담이 있다. 이 속담이 옳고 그르고를 떠나기로 하자. 뒤에서 자세히 다루겠지만 '불량학생과 불온학생을 숙청해 학원을 정화한다'는 것을 목표로 만든 보도연맹이 있었다. 그 보도연맹이 〈불량학생의 시초〉를 발표했다. '떡잎이 노란'

학생을 구분하는 법을 마련한 셈이다. 학생을 감시하고 통제하려는 권력의 의도, 그리고 1930년대 중반 학생의 일상과 유행 등을 알 수 있는 매우 소중한 자료다. 또 〈불량학생의 시초〉는 식민 권력과 기성세대가 정해놓은 '불량'의 기준이 정말 정당했는가 하는 것을 되묻게 한다. 비록 길지만 전체를 인용할 만하다.《매일신보》는 그 내용을 다음과 같이 전한다.

1. 학습 태도에 대해

① 아무 이유 없이 학교성적이 자꾸 떨어져 가는 아이

② 학습장(노트 - 인용자)을 잘 정리하지 않고 따로 동무의 것을 얻어다가 통째로 베끼는 아이

③ 괜히 결석하고 학교에 잘 가지 않는 아이

④ 괜히 지각과 조퇴가 잦은 아이

⑤ 학용품이나 교과서를 잘 찾아서 다니지 않는 아이

⑥ 복습과 예습을 또박또박 하지 않는 아이

2. 용모와 복장에 대해

① 일부러 모자를 찢고 더럽히고 챙을 꾸겨 쓰는 학생

② 모자 띠에 색다른 단추를 끼었거나 또는 단추 곁에 별다른 마크를 붙이고 다니는 생도

③ 모자의 휘장을 구부려 쓰거나 턱에 내려쓰는 끈으로 휘장을 감추고 다

니는 생도

④ 성명을 명기한 제복 정모 포천을 일부러 더럽히거나 또는 뜯어 팽개친
  생도

⑤ 규정 이외의 사치스러운 셔츠 양말 같은 것을 사용하는 생도

⑥ 복장이나 행동이 어디랄 것 없이 이상하게 보이는 생도

⑦ 일부러 이발을 게을리해 머리털을 길게 기르려고 하는 학생

⑧ 관자놀이까지 높게 깎아 올리는 학생

⑨ 학용품과 시계 기타 소지품에 고급품을 사용하려는 학생

⑩ 규정 외의 값비싼 양말과 셔츠를 입는 아이

⑪ 시계 책보 같은 것도 값비싼 것을 취하는 아이

⑫ 머리를 안 깎고 더벙하게 두는 아이

3. 언어와 태도에 대해

① 눈을 빙빙 돌려서 조금도 가라앉는 기색 없고 눈을 치떠서 교사를 보는
  학생

② 담화하는 가운데 입을 삐뚜로 한다든가 어떻게 묘하게 입술을 감싸 빨
  아가면서 배우와 같은 태도를 하는 학생

③ 걸어가는 것이 완만해서 길가에서 사방을 휘휘 둘러보면서 가는 생도

④ 포켓에다 손을 넣고 다니는 것이나 일부러 양어깨를 크게 흔들거리고
  다니는 생도

⑤ 대화하는 가운데 나이든 상대방의 눈을 피해가면서 똑바로 못 보는 생도

⑥ 고사考査 기타 학습 작업 중에 교사를 몰래 보면서 가라앉지 못하는 생도

⑦ 우인동지友人同志 사이에 은어나 유행어를 많이 쓰는 생도

⑧ 질의와 응답에 불성실하고 온공치 못한 말로 농담을 시작하거나 험상 한 눈동자로 다른 사람을 눈 흘겨보는 생도

⑨ 집회 때에 될 수 있으면 선생에게서 멀리 가 앉으려는 생도

4. 가정생활

① 부형과 동반해 외출하기를 꺼리는 생도

② 외출하는 시간이 일정치 못하고 또 나가는 곳을 명백하게 하지 않는 생도

③ 가정에서는 공부를 흘려하면서도 도서관으로 가고 싶어 하는 생도

④ 무슨 구실을 대어서 밤에 외출하고 싶어 하는 생도

⑤ 여성이나 또 이상한 동무들과 글발을 주고받고 하는 생도

⑥ 휘파람이나 은어로서 동무 간에 신호하는 학생

⑦ 자기가 있는 방이나 책상 서랍에 자물쇠를 잠그고 비밀스러운 곳을 가지고 싶어 하는 생도

⑧ 아무런 이유 없이 용돈이 증가하는 생도

⑨ 교과서와 참고서 등을 몰래 파는 아이

5. 학교 밖에서

① 외출할 때와 학교로 가는 데 쓰는 두 가지 복장을 갖추어 놓고 외출할 때

에는 유행하는 모자와 짧은 윗저고리 세라 형의 바지를 착용하는 생도

② 색다른 구두를 신거나 구두끈을 커다랗게 매어서 길게 앞으로 드리우고 외출하는 생도

③ 신사용 오버와 장갑 등을 입거나 끼고 외출하는 생도

④ 가방을 한 편 어깨에 걸치거나 한쪽 손목에 감아 들고 너저분하게 해서 한길로 다니는 생도

⑤ 첫 번째 단추를 끼지 않고 옷깃을 늦춰 둔다든가 또는 꺾어 가지고 큰 거리로 돌아다니는 생도

⑥ 목도리를 앞으로 길게 드리우거나 변장을 하고 외출하는 생도

⑦ 캇터 셔츠나 와이셔츠를 남의 눈에 얼른 띄게 입고 외출하는 생도

⑧ 각반을 골프 식으로 감고 혹은 교문을 나서면 곧바로 풀어버리는 생도

⑨ 집에 돌아와서 걸핏하면 동무들과 길가에 서서 이야기하는 생도

⑩ 통학하는 길가에서 정거장 혹은 정류소에서 오랫동안 무엇을 기다리고 있는 생도

⑪ 통학하는 길이 일정하지 않고 집으로 돌아오는 시간이 늦어지는 생도

⑫ 제가 잘난 척하고 사람 많이 다니는 길로 다니기를 즐겨하는 생도

⑬ 전차와 기차 칸에서 이상하게도 부인의 곁에 좌석을 잡으려는 생도

⑭ 선생과 부형의 눈을 피하여 영화관이나 끽다점으로 출입하는 생도

6. 소지품

① 편지지와 봉투가 사치스럽거나 혹은 여학생들이 쓰는 것을 사용하는

생도

② 소설과 영화에 관한 간행물을 좋아하는 생도

③ 남몰래 성性에 대한 서책을 가진 생도

④ 남몰래 흉기나 그 밖에 이와 비슷한 물건을 가진 생도

⑤ 사상적 경향의 서책을 가진 생도[16]

이 기준에 따른다면 도대체 몇 명이나 '모범학생'이 될 수 있을지 의문이다. 또 '사상적 경향의 서책을 가진 생도'를 불량 기준에 포함한 것에서 잘 알 수 있듯이, 기존 질서에 도전하거나 학교가 정한 규칙을 어그러뜨리는 모든 행위를 '불량'으로 규정했다. 2년 뒤에 《조선일보》도 〈불량 소학생은 어디에 표가 나나〉라는 글을 실었다. 두 글의 내용이 거의 똑같다. 《조선일보》가 보도연맹의 자료를 그대로 다시 실은 것으로 보인다.[17]

다만 《조선일보》에서는 '소지품 사항'에서 '사상적 경향의 서책'을 빼고 '활동사진의 배우 사진이나 나체화 같은 것을 방에다 걸어둔 아이, 화장도구를 많이 사 다둔 아이'를 넣었다.

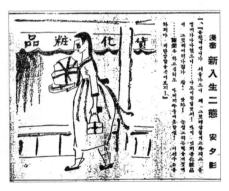

〈그림 124〉 신입생이 화장품을 잔뜩 샀다. 이 여학생은 '불량학생'의 낌새가 있는 것일까.(《학생》 1929년 4월호, 55쪽)

'히야카시'와 담배

기성세대가 볼 때 학교를 벗어난 모든 곳에 '불량학생'이 있다. 전차
와 기차통학생 가운데에도 있다. 1928년에 경인선으로 통학하는 학
생 사이에서 '통학 여학생 미인투표를 모집'한 일이 있다. 미인투표를
제안한 불량학생은 처벌을 받았다.[18] 밤에 열리는 야시에도 괜히 어슬
렁거리는 불량학생이 있다.[19] 신문과 잡지에 실린 글을 보면 백화점은
사치와 허영에 들뜬 여학생이 넘쳐나고 백화점 여점원인 '샵걸'을 보
러오는 불량학생이 흔하다. 벚꽃놀이가 있는 창경원과 '피서지의 천
막촌'에서도 불량학생이 날뛰었다.[20] 어른이 보기에 수많은 학생이
그렇게 불량했다.

길거리에도 불량학생이 많다. 그렇게 사회와 언론은 눈에 띄는 학
생마다 의심의 눈길을 보냈다. 실제로 길거리에서 여학생을 '히야카
시'하는 학생이 있었다. 그
들은 "길만 나서면 여학생을
'히야카시'하느라고 시간 가
는 줄도 몰랐다."[21] "예전 같
으면 노총각이었던"[22] 사춘
기 지난 남학생이 더욱 그러
했다. '히야카시'란 좋게 말
하면 '길거리 구애'다. '히야

〈그림 125〉 종로 야시의 가로등
'경성의 명물'인 종로 야시는 구경 삼아 밤거리를
나온 사람들로 붐볐다.

카시'는 학생들만 한 것은 아니었다. 성인 남성이 서비스업에서 일하는 여성에게 짓궂은 말을 건네거나 성희롱하는 것을 '히야카시'라고 했다.[23] '히야카시'라는 말은 1920년대부터 하나의 유행어가 되었다. 여성이 사회에 진출하고 길거리를 활보하면서 나타난 현상이었다. 예전에 없는 '자유연애' 사조가 번진 것도 영향을 미쳤다. 남학생들이 "오- 사랑의 여신이여 당신이 없는 나는 산송장이로소이다 하며 광적狂的 기성奇聲을 지르며", '히야카시'를 한 것에서 그 사실을 알 수 있다.[24] '히야카시'를 당하는 여학생의 심정은 어떠했을까.

> 우월감으로 만든 우상인 남자 분이시여 왜 그리도 비열하고 양심이 무디어졌습니까. (…) 유머도 분수가 있지 당신네들의 히야카시는 왜 그리도 비열하고 악합니까. 당신네들은 그러한 야비한 소리를 듣고도 아무 감각도 없이 흘려보내고 말만큼 신경이 무딘지 모르나 우리들은 그런 소리를 들을 때마다 받는 아픔을 아십니까. 그 허무맹랑한 소리를 정신병자처럼 태연히 중얼거리는 것을 볼 때는 그만 가엽고 분하기도 하여서 한마디라도 대답을 하면 철면피의 그들은 약한 여자라는 것만을 그 썩어진 머리에 두고 당장 욕설을 퍼붓지 않습니까.[25]

들은 척, 못들은 척하고 지나가야 했던 여학생은 참말로 분통 터지는 일이었을 것이다. '히야카시'를 일삼는 불량학생을 보면서 여학생들은 자기가 사는 시대를 '남성 횡포시대'로 느꼈다.[26]

헨드릭 하멜Hendrik Hamel은 1653년(효종 4년)에 표류해 14년 동안 조선에서 살았다. 《하멜표류기》에 따르면 조선에서는 "담배가 매우 성행하여 어린아이들이 4, 5세 때 이미 배우기 시작하며, 남녀 사이에 담배를 피우지 않는 사람이 매우 드물다"고 했다. 남녀노소, 귀천을 가리지 않고 담배를 피우던 시절은 그야말로 '호랑이 담배 먹던 시절' 이야기가 되었다. 나이어린 학생이 담배를 피운다는 것은 '꼴불견'일뿐만 아니라, 불량학생이 되어 가는 중요한 징표였다.

〈그림 126〉 길거리에서 여자를 '히야카시'하는 불량학생을 풍자한 만화(《동아일보》 1925년 5월 5일)

〈그림 127〉 15~16세 소년이 담배를 행길에서 피우면서 주먹 속에 감추고 가는 것이 꼴불견(《사해공론》 1936년 11월호, 59쪽)

사람들은 "하학종만 치면 변소에 가서 담배로 입 뜨기가 일쑤"인 학생들에게 불만이 많았다.[27] 어디 그뿐인가. 여학생마저 담배를 피운다며 세태를 고발했다. 여학생이 담배를 피우는 것은 그야말로 '무서운 문명'의 독이었다.

〈그림 128〉어느 중학의 점심시간(《매일신보》 1938년 10월 23일)
옥상과 화장실 등에서 학생들이 담배를 피우고 있으며 학교 담장 밖에는 빵과 담배를 파는 가게가 있다.

길거리로만 돌아다니려니까 별 기막힌 일이 다 눈에 띈다. 안국동 안 골목을 막 지나갈 무렵 어느 여학생이 담배를 턱 피워 물고 누가 지나가는 지도 모르고 한참 피우겠지요. (…) 담배라는 것! 이것이 세계적 문제이다. 그것이 위생에 해가 되니 금할 것이요. 돈이 소비되니 금할 것이라면 남자나 여자나 다 같이 금해야 옳은 것은 이론상이나 실지로나 응당 그럴 일이다. 남녀는 평등이다. 남자도 담배를 먹고 술을 먹으니 여자인들 못 먹을 것이 무엇인가? 남학생들도 술 먹고 담배 먹는다더니 여학생인들 못 먹을 까닭이 무엇이냐? 이렇게 말하는 이가 있다면 나는 그만두련다. 그렇다. 여자여서 술 담배를 못 먹고 여학생이기 때문에 술 담배를 못 먹는다면 그

것은 불평등이다. 그러나 평등도 이렇게 되고 보면 참말 험악한 진보다. 무서운 문명이다.[28]

여학생 가운데 몇이나 담배를 피웠는지 알 수 없다. 그러나 "향수 냄새가 많이 나는 여학생은 담배 피우는 것"이라는 말이 떠돌았다.[29]

3

불량학생을
만드는
장치

여러 술집

'신은 물을 만들고, 인간은 술을 만들었다'는 말처럼 술은 아주 오래 전부터 인간의 역사와 함께했다. 몇 살부터 술을 먹을 수 있다는 법칙은 없었지만, 성년이 되어야 술을 먹을 수 있다는 것이 통념이었다. 그런데 "중등학생 가운데 음주하는 패거리가 상당히 많았다."[30] 학생 신분이라도 성년이라면 술을 먹을 수 있다. 전문학교에 다니는 학생이야 당연히 술을 먹을 권리가 있다. 중등학생이라 하더라도 나이가 들쑥날쑥해서 이미 성년의 나이를 넘긴 학생이 있었다. 또 조혼의 풍습이 강하게 남아 있던 식민지시대였기에 결혼한 학생도 적지 않았다. 비록 나이가 어리다 하더라도 결혼했다 하면 어엿한 성인이었다.

달리 보면 학생이 술을 먹는 것은 아무런 문제가 될 것도 없었다. 그러나 신문에서는 학생이 술을 먹는 것을 크게 문제 삼았다. 나이 어린 학생이 술집 순례를 하는 것은 분명 문제가 있기도 했다. 술보다 술집이 더 문제였다. 한 '불량한' 중등학생의 술집 순례기를 보자.

선술집, '앉은 술집', 골목골목에 흔한 것이 술집이다. 교모 접어 바지 호주머니에 꽉 지르고 선술집 순례하며 색주가 집에서 갈보를 껴안고 뒤떠드는 재미가 차차 심각하게 되었다. '앉은 술집' 다니다가 카페를 처음 가니 너무나 정도에 과해서 숫기가 푹 죽어버린다. 모든 것이 화려하고 계집까지 어여쁘다. 그리고 역대 조상들이 잡수어 보지 못한 양요리를 삼지창과 칼질까지 다해보았다. 이것이 족보에 오르고도 남을 획기적 사업이다.[31]

온갖 술집이 다 나온다. 알 듯 모를 듯하다. 이제 서서 술을 마셔야만 했던 '선술집'[32]부터 살펴보자.[33] 선술집이 언제 어떻게 생겨났는지는 알 수 없지만, 서울에서 시작한 '서울 명물'인 것만은 틀림없다. 1929년 무렵만 해도 개성이나 수원·인천·춘천 같은 곳에 몇 개가 생겼을 따름이었다.[34] 선술집이 처음 생겼을 때는 가난한 '민중주당'이 찾는 술집이었다. "잔치(宴)집 모양으로 서서 옥신옥신하는 사람들 틈에 끼여서 약주 잔을 거듭하는"[35] 그런 술집이었다. "가난한 사람들의 유일한 연회장이며 사교장"이 바로 선술집이다.[36] 선술집은 값이 싸고 안주가 풍성했다. "체면은 걷어치우고 별의별 놈팡이들이 뒤섞여 왁자지껄 떠들 수 있어서"
인기가 높았다.[37] 사람들은
선술집에 갈 때 우리 "설
까?" 또는 "서자"라는 말을
썼다.[38] 후미진 골목에 허
름하게 자리 잡은 선술집
에서 결혼까지 한 학생이
'5전에 막걸리 한 잔, 안주
하나' 그렇게 술을 먹은들
큰 탈이야 있었을까 싶다.
그러나 '불량 중학생 선술
집 무전취식' 등의 기사가
신문에 때때로 실렸다.[39]

〈그림 129〉 겨울이 다가왔다. 힘든 일을 끝내고
집으로 돌아가기 전에 선술집에 들른 노동자와
'불량학생'(《동아일보》 1924년 11월 24일)

　위의 〈불량학생 수기〉에 나오는 '앉은 술집'이란 선술집과 달리 앉
아서 먹는 술집이다. 그곳에서는 술집 여급과 함께 앉아서 술을 마셨
다. 위에 인용한 불량학생이 갔다는 '색주가色酒家'는 어떤 곳인가. '색
주가'라는 말도 알지 못하던 사람이 그곳에 잘못 들어갔던 경험담을
들어보면 안다.

　대문을 들어서니 유두분면油頭粉面에 남색 치마를 입은 여자 삼사 인이 나
　오면서 "어서 들어옵쇼" 하였습니다. 그때까지도 우리는 다만 생각하기를

서울 술집은 여자들이 으레 술을 팔거니 하였습니다. 드디어 방에 들어가
니 웬걸요. 계집들이 이 방 저 방에서 쏟아져 나오더니 잇달아 술을 권하며
"에웨라 노웨라" 잡소리를 하며 이 사람 무릎에도 안고 저 사람 무릎에도
앉으며 또 합반주를 하느니 어쩌니 했습니다.[40]

색주가와 비슷한 술집으로 '내외주점'이 있다. 색주가나 내외주점
은 '특수한 음식점'으로 "순전히 음식만을 파는 것이 아니라 작부들
이 지나치게 서비스하는 곳"이었다.[41] 내외주점은 등을 높이 달아놓
아서 '고등학교高燈學校'라는 별명을 가졌다.[42] 내외주점이라는 이름은
어디서 비롯된 것일까. 옛날에는 이름처럼 아낙네들이 술상만 차려놓
고 내외를 착실하게 하던 술집이었다. 이것이 차츰 '개명'돼서 내외법
이 없어지고 술상 옆에 붙어 앉아 웃음과 노래를 팔며 나중에는 매음
까지 하는 곳이 되었다.[43] 이름은 19세기의 내외주점과 같았지만, 그
기능은 이른바 기생집과 같았다. 1920년대 내외주점에서는 "술만 파
는 것이 아니라 색色까지 팔았
다. 하룻밤에 5원만 가지고 가면
주색을 갖추어 질탕하게 놀 수
있었다."[44] 내외주점이라는 이름
을 걷어내고 아예 그 본색을 드
러낸 것이 바로 색주가였다.[45]

〈그림 130〉 색주가 모습(《매일신보》
1930년 2월 22일)

　　이제 어설픈 불량학생을 주

눅 들게 했던 '카페'를 살펴
볼 차례가 되었다. 본디 카페
는 16세기 후반 아라비아에
서 유럽으로 커피가 전파되
면서 일종의 커피하우스로
출발했다. 영국에서는 상류
층 가정에서 차를 마시던 습
관이 17세기 중반부터 공공
장소로 옮겨가면서 카페가
늘었다. 카페는 정치와 사상
에서 힘을 키워가고 있던 중
산층 시민이 토론하는 곳이
었다. 커피와 차를 마시고 음
식을 먹었던 유럽과 달리 일

〈그림 131〉 내외주점은 등을 높이 달았다고
해서 은어로 '고등학교高燈學校'라고 했다.
고등보통학교 학생이 '고등학교' 앞에서 담배를
피우고 있다. 간판 뒤편에 술집 여인이 서
있다.(《서광》 1920년 1월호)

본 카페에서는 여급의 서비스를 받으며 술을 마셨다.[46] "남촌의 카페,
북촌의 빙숫집"[47]이라는 말이 있을 만큼 카페는 처음에는 일본인들을
주요 고객으로 남촌에서 성행하다가 1930년대 초부터 북촌에도 유행
하기 시작했다. 신문과 잡지에 "에로 신전神殿 카페가 점점 북촌으로
옮아온다"[48]고 경고하는 글이 실리는 것도 이 무렵이다. "종로 네거리
를 비롯하여, 행랑 뒷골목이며 심지어 동대문 밖과 서대문 밖 마포 공
덕리 방면 등까지 서울 사람 사는 곳 치고 '카페'·'빠'·식당·차점 등

이 없는 곳이 없었다."[49]

카페는 2층~3층 양옥집에 겉모습이 웅장하고 실내 장식도 화려했다. 카페에서는 '에로 경쟁'을 하려고 '미인 여급'을 고용하는 데 힘을 쏟았다. 카페에서는 유흥 분위기를 북돋우려고 '재즈'·'찰스턴' 같은 최신 외국음악이나 일본 또는 조선의 유행가를 아주 크게 틀었다. 소설가 김기림의 표현을 빌리

〈그림 132〉 학생 카페광시대(《중앙》 1933년 11월호, 22쪽)
정복을 입은 대학생이 대낮에 카페 여급을 거느리고 거리를 걷고 있다.

자면, "술 취한 '재즈'가 카페 유리창의 자줏빛 휘장을 헤치고 거리로 향하여 범람했다."[50] '최신 유행 공간'이었던 카페가 모던 불량학생의 눈과 귀를 사로잡았을 것을 미루어 짐작할 수 있겠다. 그뿐만 아니다. "에로 서비스 때문에 풍기상 좋지 못한 문제가 속출했다."[51]

카페! 카페는 술과 계집 그리고 엽기가 잠재해 있는 곳이다. 붉은 등불 파란 등불 밝지 못한 샹들리에 아래에 발자취 소리와 옷자락이 비벼지는 소리, 담배 연기, 술 냄새, 요란하게 흐르는 재즈에 맞춰서 춤추는 젊은 남자와 여자. 파득파득 떠는 웃음소리와 흥분된 얼굴! 그들은 인생의 괴로움과

쓰라림을 모조리 잊어버린 듯인 즐겁게 뛰논다. 거기엔 눈물도 없고 슬픔도 없고 고민도 없는 행복한 인간들만 모이는 장소처럼 보인다.[52]

카페 분위기가 이러했으니 '불량한' 남학생이 어찌 호기심이 생기지 않겠는가. 카페는 "대개 돈 있는 사람들의 자제가 계집과 술을 얻으려고 가는 곳"이었다.[53] 전문학교 학생과 대학생도 카페에 드나들었다. 드물게 '불량 중학생'도 카페에 갔다.

'미성년자, 술과 담배를 금하라.' 일본에서는 1922년에 〈미성년자 금주금연법〉이 실시되었다. 조선에서는 1938년에 시행됐다. 식민지 조선에서 이 법을 늦게 시행한 것은 15세 정도면 결혼할 수 있는 나이로 여겼던 조선 사회의 관습 때문이었다. 이러한 관습으로 조선에서 십대 후반에 술을 먹고 담배 피우는 것은 특별히 불량한 일이 아니었다. 그러나 근대 학교교육이 보급되고 학생풍기를 단속하면서 술 먹기와 담배 피우기를 불량한 행위로 인식하기 시작했다.[54] 〈미성년자 금주금연법〉은 불량학생을 목표로 삼은 것만은 아니었다. 일제의 지원병제와도 관계가 깊다. 앞으로 군인이 될

〈그림 133〉 교복을 입고 가방까지 걸머진 중학생 셋이 카페에서 나오는 것을 보고 놀란 학교 선생님(《동아일보》 1938년 9월 2일)

청소년의 신체를 관리하려는 뜻이었다. "지원병제가 실시되니 청소년들의 체위 향상을 위하여 청소년의 건강을 해롭게 하는 음주 끽연을 금지한다"는 취지였다.[55]

'거리의 공원', 다방

커피가 처음 이 땅에 들어왔을 때는 왕족이나 상류층을 비롯한 몇몇 사람만이 마셨다. 그 뒤 차츰 커피가 일반인에게 퍼져나가 '근대의 맛'을 선사했다. 일제강점 뒤에 일본 사람이 진고개 그러니까 오늘날 명동에 깃사텐喫茶店을 차리면서부터 차츰 커피가 좀 더 많은 사람에게 알려졌다. 1920년대부터 전문적으로 커피를 파는 독립 다방이 나타났다. 초기 다방은 주로 동경 유학생 출신이나 예술가들이 모이는 유럽식 살롱문화와 비슷했다. 문화 예술인이 다방 경영을 한 것에서 이를 알 수 있다. 개인 전람회, 영화 개봉 축하회, 출판 기념회, 세계적 문호 기념제, 레코드 음악회 등이 심심찮게 열리기도 했다. 그 무렵에는 다방을 이용하는 사람은 그다지 많지 않아서 경영에 어려움을 겪었다.

다방에 갈 시간도 돈도 없는 대중이야 까칠한 조밥에 숭늉으로 입가심을 했겠지만, 도시의 '모던 청년'과 인텔리 가운데 다방을 찾는 사람이 많아졌다. 1930년대에 들어서면서 다방이 곳곳에 생겨났다. 다시 그 다방은 사람을 끌어들였다. 다방은 '현대의 감각'을 자극했다. 다방은 산책하다가 들어가는 '거리의 공원'이 되었다.

시간이 흐르면서 다방의 모습도 바뀌었다. 다방을 찾는 사람이 부쩍 늘어 소란스러워졌다. "다방하면 아담스럽게 꾸민 방안에서 온실의 화초처럼 가만히 앉아서 차를 마셔가며 고전음악의 레코드를 듣던 자취는 차츰 희미해졌다." 술을 곁들여 파는 다방도 생겼다.[56] "다방에 와서 점잖게 차만 먹고 가는 것이 아니라 여급을 상대로 별별 수작을 다하는 침침한 사나이도 많았다."[57]

다방이 대중화하면서 중등학생도 적잖게 다방을 찾았다. "중등학생의 사고 가운데 영화관 출입, 복장과 태도 불량, 다방과 음식점 출입이 가장 많아 영화와 차의 매력이 얼마나 중등교생을 사로잡았는가를 말하고 있다"[58]는 신문기사가 그 사실을 보여준다.

중일전쟁이 길어지고 전시체제가 되면서 다방가도 큰 영향을 받았다. 1930년대 초반에 다방 전성기가 오는가 싶더니 전쟁이 터지면서 다방에 위기가 찾아왔다. 커피와 설탕을 수입하기 어려

〈그림 134〉 다방은 '거리의 오아시스'다 "그러나 일본 사람이 게다 소리를 크게 내고 들어오거나 때때로 개고기라는 별명을 듣는 대학 예과생들이 이리떼처럼 몰려와서 왁자지껄 하는 것이 질색"이라는 다방 주인의 말(《매일신보》 1938년 5월 1일)

워졌다. 게다가 언론에
서는 일하지 않고 다방
에서 커피 마시는 '비
非국민'을 공격했다.
일제는 전쟁이 일어났
으니 '국민' 다시 말하
면 '황국신민'은 온힘
을 다해서 일을 하고
'멸사봉공滅私奉公'의
자세를 가져야 한다고

〈그림 135〉 전시 절약시대에 네온사인을 켜놓은 다방을
비난하는 만화(《동아일보》 1939년 12월 9일)

다그쳤다. 그에 발맞추어 어용 매체에서는 '거리의 사교실'이자 '랑데
부의 안식처'였던 다방을 사치와 향락의 장소라고 공격하기 시작했
다. 그때 학생이 다방에 간다면 영락없이 '불량학생'으로 찍힐 수밖
에 없었다. 보기를 들자. "정복, 정모를 한 학생들이 팔뚝에는 여름에
근로봉사를 했다는 시퍼런 표를 붙이고 당구장과 빠, 카페, 다방 등을
출입"했다.[59] 여름방학 때 근로봉사에 강제 동원되어 힘들게 일하고
팔뚝에는 무슨 죄인처럼 시퍼런 도장이 찍혔다. 울분과 피로 때문에
당구장에 좀 갔기로서니, 또 다방에 가서 커피 좀 마셨기로서니 신문
에까지 실릴 만큼 죄를 지은 것일까. 일제강점기 '불량학생'은 그렇게
만들어졌다.

영화와 유행가

1910년대까지만 해도 모험 활극이나 코믹물 영화가 인기를 끌었다. 1910년대 후반부터 활극 말고도 새로운 세계가 영화에 펼쳐졌다. 연애와 사랑 이야기가 많아졌다. 영화는 1920년대 중반에 '민중 오락'이 되었다. 이때부터 중등학교 이상의 학생과 젊은 청년이 영화의 주된 소비자층이 되었다. "월사금은 못 내서 정학을 당할지언정 활동사진 구경은 으레 가는"[60] 현상이 생겼다. 1920년대에 여성 관객도 늘었다. 여성 가운데 여학생 비중이 차츰 커졌다. 여학생이 영화 소비의 주체로 떠올랐지만, 곧바로 단속의 대상이 되었다. 영화관에 다니면 풍기가 문란해지고 연애를 다룬 멜로 영화를 보면 순결성을 위협받는다는 것이 비난의 이유였다. 영화관에 다니는 여학생들의 섹슈얼리티는 늘 의심의 눈초리를 받았다.[61] 그러나 '현대의 패왕'인 영화는 이미 학생 앞에 군림했다. 왜 학생이 영화의 매력에 빠졌을까. '현실적'으로 분석한 다음 글을 보자.

한마디로 말하면 값이 싸고 화려하고 재미있는 오락은 영화를 제외하고는 달리 없는 까닭이다. 50전 또는 30~40전으로 세 시간 동안 어여쁜 여배우의 교태와 소름끼치는 자극과 노래와 음악과 춤을 싫도록 맛보고 게다가 서양 원판 예술을 풍성하게 감상할 수 있으니까 여기서 더 바랄 것이 없다. 평소에 가까이도 못하는 외국 사람을 그중에도 쏙쏙 뽑은 스타들의 선

명한 회화와 동작에 참여할
수 있고 '클로즈업'된 미인
의 얼굴을 뚫어지게 쳐다보
아도 욕을 먹거나 단속을 당
하는 법이 없다.[62]

그래서였을까. 1930년대
말에는 '풍기 문란'을 예방
한다면서 중학생이 영화관
에 가지 못하게 했다. 풍기

〈그림 136〉 극장에 간 '불량학생'(《조선일보》
1928년 11월 7일)

風紀란 "풍속 또는 풍습의 기율紀律"이다.[63] 풍기 문란이란 "남학생과
여학생 사이의 지나치게 친밀한 교제"를 뜻하기도 했다.[64] 영화는 이
미 중독성을 뿌리내린 까닭에 극장 출입 금지는 많은 학생을 실망하
게 했다.[65] 그래도 불량학생은 몰래 영화를 봤다. 학생들은 몰래 영화
관에 가는 것을 "파계한다고 하거나 야학 간다"고 말했다. '명치좌 극
장'을 '명치대학'으로, 외국영화 1편과 일본영화 1편을 동시에 상영하
는 것을 "영어 한 시간, 국어(이때 국어는 일본어를 뜻한다 - 인용자) 한 시간"
이라고 은어를 써서 말했다.[66] 사회에서는 학생이 극장에 가는 것을
불량한 행동으로 여겼다. 특히 여학생에게 더 가혹했다. 채만식이 쓴
《탁류》에도 그 내용이 있다. "거 아무리 근대적 감각을 향락하기 위해
서 그런다고 하더라도 계집아이가 영화를 너무 보러 다니면 뒤통수에

불자不字가 붙는 법이
다. 응? 알았어? 불량
소녀 (…)"[67]

〈그림 137〉 중일전쟁 뒤에 물자가 모자라서 '대용품'을
쓰도록 했다. 영화관 출입금지령으로 보호자 없이
극장에 들어갈 수 없는 여학생들이 어떤 아저씨를 아버지
대용품으로 고르고 있다는 풍자 만화(《동아일보》 1938년
9월 20일)

왜 학생이 영화를 보
면 불량해질 것이라고
생각했을까. 첫째 영화
가 유행을 불러일으키
고 사람의 생각과 행
동에 큰 영향을 미쳤
기 때문이다. 감수성이
예민한 학생에게는 더욱 그러했다. 영화는 "학교의 수신修身과목이나
목사의 설교, 부모의 회초리보다도 젊은이들에게 감화력이 컸다."[68]
사람들은 학생이 영화가 비추어주는 '풍기 문란'한 모습을 보고 영향
받을 것을 걱정했다. 둘째 사람이 많이 모이는 곳에 가면 풍기 문란에
감염될 확률이 높다고 생각했다. 초기 영화 도입 시기에 그런 걱정이
더욱 컸다. 그때의 도덕률로는 몇 백 명의 젊은 남녀가 한곳에 모이는
것 자체가 '풍기 문란'이라고 여기는 사람이 많았다. 신문은 영화가
"탕자야녀의 춘흥을 도발"하고 "야간학교 학도들의 수효를 감소"시
킨다면서 불편한 심기를 드러내었다.[69] 셋째 극장 주변은 사이비 '모
던 보이'·'모던 걸' 또는 음탕한 목적으로 몰려든 성인 남녀들의 애정
행각이 있을 수 있는 공간으로 여겼다.

영화 보는 것 못지 않게 불량학생을 특징 짓는 행위는 유행가 부르기였다. 학생이 유행가를 어떻게 배웠을까. 유성기에서 흘러나오는 레코드 소리였다. 한 대에 30~80원 정도였던 유성기는 경향 각지의 청년회 등에서 구입하는 경우가 많았다. 한 장에 평균 1원 정도 하던 유성기 음반은 1930년대 초중반 한 해 평균 100만 장 넘게 팔렸다. 유성기와 레코드 문화는 1920년 후반과 1930년대 초반에 대중문화의 꽃이었다.[70] 그러나 학생이 무슨 돈이 있어 유성기와 레코드

〈그림 138〉 야시장 옆 '악기점'에서 "나는 몰라요. 왜 이렇게 '깡짜'만 부리는지" 하는 유행가가 흘러나오고 있다. 초등학생도 서 있다.(《여성》 1938년 9월호, 74쪽)

〈그림 139〉 레코드 가게에서 흘러나오는 유행가를 따라 부르는 '유행가광시대'(《중앙》 1934년 4월호, 66쪽)

를 샀겠는가. "잘 있소. 잘 가소. 눈물 젖은 손수건" 하는 레코드 소리가 길거리에 넘쳐 나고 있었다.[71] 학생들은 전파상, 유성기상, 다방 등에서 흘러나오는 유행가를 귀담아 들어두었다가 《유행창가집》 따위로 가사를 익혔을 것이다. 아니면 친구에게 배우기도 했을 것이다.

유행가 가사에 불만을 품은 사람이 많았다. '눈물'·'한숨'·'방랑'·'사랑'이나 '술'·'여자'·'키스' 타령뿐인 '에로 유행가'라는 것이다.[72] 그런 유행가를 학생이 부르다니 어찌 불량학생으로 낙인찍히지 않을까. 불량학생은 "교과서 참고서는 한 권 없어도 연애소설과 유행창가 한 권씩은 다 가지고 있다."[73] '불량학생'이 쓴 수기에 따르면, "하숙집 아랫방 10촉 전등불 밑에서 (…) 한 놈이 하모니카를 불면 한 놈은 스스키 1호(스즈키제鈴木製 바이올린)를 깽깽 켠다. 하되 하옵시는 노래는 그저 유행창가"였다.[74] 한 여학생이 다음과 같이 하소연했다.

얼굴에 여드름이 울퉁불퉁해 가지고 보라는 듯이 남의 집 문 앞에 버티고 서서 휘파람 불기가 일쑤지요. 때로는 "여보 하고 부르면 여보 하고 대답하네" 하는 유행가로 남을 '히야카시'하지요. (…) 남이 들으라는 듯이 기타에 맞추어 쉰 목소리로 유행가를 부르는데 아주 질색하겠어요. 유행가나마 새 것을 부른다면 모르겠으나 아주 오랜 옛날 케케묵어 먼지가 나는 〈술은 눈물일까酒〉淚カ〉를 부르니 참 한심하기 짝이 없습니다.[75]

모범 여학생도 최신 유행가를 익히 알고 있었나 보다. '불량 남학생'이 부르는 〈술은 눈물일까〉라는 노래는 '케케묵었다'고 한 걸 보니. 실제로 유행가는 어린이와 여학생에게도 널리 퍼졌다. 그들이 '야비하고 천박한' 유행가를 따라 부르는 것을 걱정하는 사람이 적지 않았다.[76]

불량학생 아지트, 호떡집과 우동집

어른이 옆에 있으면 학생은 불편했다. 또래 공간이 필요했다. 남학생이 몰려다니는 곳이 있었다. 중학교 다니는 선머슴 같은 학생이 가는 곳은 대개 극장 아래층과 설렁탕집, 호떡집이었다.[77] 태평양전쟁 막바지에 이르러 밀가루와 설탕을 구하기 힘들어 호떡 장사가 문을 닫았다. 그 이전까지는 '호떡집에 불났다'는 말이 있을 만큼 호떡이 인기를 끌었다.

"호떡이란 중국 사람이 만든 밀가루 떡이다. 그 모양은 둥글납작하고 그 속에는 거무스름한 설탕을 살짝 발라 누릇누릇하게 구어 놓은 가장 값이 헐한 요리품인데 5전이다."[78] 호떡

〈그림 140〉 배고픈 학생이 허겁지겁 호떡을 먹고 있다.(《조선일보》 1940년 5월 26일)

〈그림 141〉 중국인이 운영하는 호떡집에서 가난한 사람들과 함께 학생이 호떡을 먹고 있다.
건너편 중화요리집에서 여인이 내려다보고 있다.(《동아일보》 1931년 1월 15일)

은 "점심에는 점심추럼, 밤에는 밤참추럼 길가다가 시장할 때 어느 때고 값싸고 간단하게 이용할 수 있는 군것질감이다."[79] 군것질로 남학생은 호떡, 여학생은 군고구마를 주로 먹었다. 남학생은 점심시간이면 몇 십 명씩 무리를 지어 호떡집으로 갔다. 그들은 호떡집을 아주 단골로 정해서 무슨 호텔 무슨 호텔하며 날마다 다닌다. 호떡집 주인인 중국인은 "학생의 환심을 사고 담배를 팔려고 비밀 흡연실까지 준비해두고 날마다 학생을 유인했다."[80]

불량학생이 즐겨 찾는 곳이 또 있다. 우동집이다. 호떡집이 '중국식' 아지트라면 우동집은 '일본식' 아지트였다. 불량학생이 가는 우동집은 보통 우동집과 달랐다. 그 모습을 보자.

조그마한 음식점과 내외술집에도 반드시 계집아이를 두고 허가도 없이 작부질을 시키며 몰래 매음을 하는 곳도 많다. 또 일본 사람 '카페'를 본떠서 그런지 일본 음식도 아니고 조선 음식도 아닌 것을 만들어 '우동집'이라는 이름으로 팔아먹으며 여급사라는 이름으로 부모의 감독이 허술한 어려운 집 계집아이들을 유인하여 갖다 두고 여러 가지 방법으로 몸을 단단히 비끌어 매고 아직 심지가 굳지 못한 학생들도 유인하여 부당한 이익으로 음식도 팔며 매음도 한다.[81]

가락국수를 파는 우동집은 경성 거리 곳곳에 있었고 유리창에 '우동 5전'이라고 써 붙였다.[82] 그러나 또 다른 '우동집'은 주로 불량학생에게 술과 '에로'를 제공했다. 흔히 사람들은 또 다른 '우동집'을 일컬어 속되게 '우동 갈보집' 또는 '갈보 우동집'이라고 했다. '갈보 우동집'은 일제강점기에만 있었다는 점에서 좀 더 주목할 필요가 있다. 종로의 행랑 뒤 끝이나 청진동·수은동 부근의 좁은 골목을 지나가노라면 '우

〈그림 142〉 우동과 '삐루'를 파는 곳에 술을 따르는 여성이 있었다. 이곳을 '우동 갈보집'이라고 불렀다. 학생들이 술을 먹고 있다.(《조선일보》 1928년 4월 11일)

동·삐루(맥주)·간이
식당'이라는 커다란
등이 달려 있는 집이
많았다. "간이식당
이라 함은 허울 좋은
간판에 지나지 않고
나이 어린 학생들의
월사금과 식대를 가
로채었다."[83]

〈그림 143〉 벽에는 맥주 포스터와 술병이 가득하다.
학생들이 '우동녀'와 함께 맥주를 마시고 있다.(《매일신보》
1930년 2월 25일)

　'우동집'에서는
우동뿐만 아니라 차나 술도 팔았다. 그 '우동집'이란 다방과 술집 그
리고 음식점 등이 어우러진 '기괴한 미인 식당'[84]이었다. 문 앞에는 큼
직한 '왜등'에다가 '우동'이라고 써 달았다. 회색 페인트칠을 한 유리
창에는 '우유·차·커피차·스키야키·서양요리' 따위를 얇고 흰 일본
종이 위에 써서 커튼처럼 붙여놓았다. 비스듬히 열린 문으로 16~17
세밖에 안 되는 소녀가 일본 유행가를 부르며 학생을 유혹했다.[85] 우
동집은 저녁 7시에 문을 열어 새벽 3~4시까지 영업했다.[86] 이곳은 비
싸지 않았다. 20전만 가지면 두 사람이 들어가 차 한 잔씩을 먹을 수
있었고 '에로' 분위기도 느낄 수 있었다.[87] 신문은 '서울의 걱정거리'
우동집을 다음과 같이 적었다.

남 다 가는 극장에도 갈 수 없고 신정 유곽에도 못가고 선술집에도 들어서지 못해서 어두컴컴한 속으로 냄새나는 곳을 찾아서 향락을 구하려고 모여드는 사람이 있으니 그들이 중학교에 다니는 선머슴 학생이고 또한 그들에게 이바지하기 위하여 그를 대상으로 생겨난 곳이 이곳저곳에 벌려진 이른바 간이식당이니 우동집이니 하는 곳이다. (…) 간이식당이니 우동집이니 하면 겉으로 보기에 추잡해 보이기 때문에 양복이라도 똑똑히 입은 친구는 들어서지 아니한다. 그럼으로 이것이 학생들에게는 다시없는 천행이요 누구에게나 들킬 염려가 없다. (…) 저녁 전등불이 비쳐지면 이러한 집 간판과 등불 밑에는 15~16세부터 17~18세가량 되는 분바른 계집아이들이 지나가는 선머슴 학생들을 보고 생글생글 웃으며 추파를 건네고 들락날락한다.[88]

짜릿한 오락과 피폐한 도박

'옥돌장玉突場'으로도 부른 당구장은 1920년대부터 보급되기 시작했다. 1937년에 당구장은 본정서 관내에 35개, 종로서 관내에 15개, 용산서 관내에 5개, 서대문과 동대문에 1~2개, 모두 합쳐 55개~56개가 있었다. "당구는 2~3개월 열심히 치면 누워도 찬장의 무늬가 당구공으로 보였다."[89] 1930년대 후반에 이르면 당구장은 영화와 연극에 이어 세 번째로 이용객이 많은 오락 시설로 떠올랐다.[90]

일부 학생은 "정모 정복에 담배까지 피워 물고 게임 보는 여자에게

농담까지 해가며 당구를
쳤다."[91] 사람들은 공부
해야 할 학생이 당구장에
드나드는 것에 따가운 눈
총을 보냈다. 잡지에 실
린 글을 보자.

〈그림 144〉 김남천의 소설 〈사랑의 수족관〉 삽화 속
당구장(《조선일보》 1939년 8월 1일)

이른바 '모던 보이'를 자
처하시는 선생들이신데
모자는 동글게 접어 쓰고 바지통은 남보다 두목이 더 넓게 해 입은 진짜
'하이칼라' 청년들이었다. 그들은 저녁이면 극장에서 낮이면 거리에서 만
나는 것을 보면 따로 정해놓은 직업이 없는 듯하다. 물론 시간으로 보아
도 두 시 반에 한가롭게 공이나 치고 있는 것을 보아도 대강 짐작할 수 있
다. (…) 모던 청년들의 꼴을 좀 볼까. (…) 그저 장난으로 심심풀이로 한 번
치는데 8전씩을 내던지고 있다. (…) 이쪽 공판에서는 노름이 시작이 된다.
(…) 일본 유학을 다녀온 사람치고 당구를 못하는 이는 별로 없다.[92]

게임비로 값비싼 돈을 내고 노름까지 한다니, 당구장 가는 학생을
곱게 볼 까닭이 없었다.

도박과 관련해서 더욱 문제가 된 것이 마작이었다. 한자어 '마작麻
雀'은 패를 섞을 때 '짜그락, 딱딱' 하는 소리가 마치 대나무 숲에서 참

새 떼가 재잘거리는 소리
를 닮았다고 해서 붙은 이
름이다. 중국에서 비롯된
마작이 1920년대 초에 미
국에 소개되어 유행했다.
그것을 일본 상류층이 재
빠르게 배워 조선에 퍼뜨
렸다. 경제 공황과 함께
마작이 호황을 맞았다.[93]
'마작을 모르면 사교계에
나설 수 없다'고 할 만큼

〈그림 145〉 '제2의 아편', 마작 중독(《동아일보》
1931년 1월 13일)

마작이 무섭게 퍼졌다. "학생 가운데도 틈만 나면 마작을 하느라고 귀
중한 시간과 돈을 낭비하는 사람이 있었다."[94] 마작 열풍에 한몫 거든
것이 '공인 도박장'인 '마작구락부'였다. '마작구락부'를 들여다보자.

경성에는 각종 도박이 성행하고 있는 가운데 한 가지 기괴한 현상이 있으
니 이는 '마작구락부'라는 경찰이 공인해준 유희장 안에서 '마짱' 도박을
거의 공연한 비밀로 하고 있다. 경찰이 처음 '마짱' 구락부를 허가할 때에
는 '마짱'이 승부를 다투는 것이지만, 일종의 유희물, 경기물로 생각해서
구락부를 유희장이라는 명목으로 인가했다. 도박성을 가진 사람들이 날마
다 모여서 서로 승부를 다투는 노름이라 어찌 도박화하지 않고 견뎌낼 것

인가. 그리하여 처음에는 승부로써 '게임' 값만을 부담하게 하는 노름으로
부터 1원, 5원, 10원 또는 50원, 100원 등으로 노름이 차츰 키가 높아져 마
침내 아주 순전히 도박화하고 말았다.[95]

마작 노름을 한 학생도 있겠지만, 학생 도박이 사회문제가 되지는
않았다. "학생 도박은 현재 그리 문제되지 않는 것 같다. 야끼이모やき
いも(군고구마 - 인용자) 내기 화투 노름이나 가끔 하는 모양이나 그것으
로 그리 해를 받을 것은 없을 것이다. '마작구락부'에 가서 밤을 새우
는 학생들이 더러 있는 모양인데 그것은 철저히 단속하고 훈계할 필
요가 있다."[96]

학생들이 군고구마 내기 화투를 했단다. 중등학교 여학생의 취미
는 오로지 '화투와 군고구마 먹기'라면서 여학생을 깎아내리는 글도
있다. 여기서 잠깐 화투를
짚어보자. 이 땅에서 화투
는 언제 어떻게 시작되었
을까. 개항 뒤부터 일본에
서 들어온 화투가 노름계
의 패왕이 되었다. 화투의
원형은 일본의 전통 카드
게임인 하나후다花札다.
하나후다는 하나카루타花

〈그림 146〉 마작을 얻어오기는 했지만, 상床이
없으니 엎드려서라도. 그야말로 광즉부당狂則不當,
미치면 당할 수 없다.《신동아》1932년 12월호)

かるた라고도 부른다. 화투를 '임진왜란' 때 일본인이 가져왔다는 설도 있지만, 19세기 말 대마도의 일본 상인이 항구를 통해 퍼뜨렸다는 설이 유력하다. 그 뒤 일본인이 조선 땅에 거류지를 만들고 그곳에서 화투 노름을 하면서 전파되었다. 구한말 고위관리나 부유한 사람이 화투 노름에 열중했다. 화투는 전염병처럼 퍼졌다. 이미 1920년대 초에 화투는 '가족 오락용품'에서 윷 다음으로 2위 자리를 차지했다. 춘향전을 패러디한 〈모던 춘향전〉에서도 이몽룡과 춘향이가 '옷 벗기' 화투를 치는 모습을 그렸다. '내기' 수단으로 화투가 두루 쓰였음을 보여준다.[97]

사회를 떠들썩하게 했던 박희도화투사건도 있다. 1934년 3월 서울 중앙보육학교 박희도 교장이 여 제자를 성추행한 사건이 폭로되었다. 박희도는 3·1운동 민족대표 33인 가운데 한 명이었다. 일찍부터 여성교육에 뜻을 두고 지인들과 중앙보육학교를 설립했다. 그러나 한때 교육자이자 민족지도자로 존경받았던 그는 교장 재직 중 여학생들을 집으로 불러들여 '키스 내기 화투'를 치고, 성추행하는 비리를 저질렀다.[98] 이것은 특별한 경우다. 학생들의 화투 노름이 사회문제가 된 적은 거의 없다. 그러나 식민지시대 말기에 이르면 사정이 달라졌다. 전쟁의 어두운 그림자가 학생의 삶을 바꾸었다.

1942년 5월 징병제 결정 발표 뒤에 두드러진 변화가 생겼다. 징병제 적령기를 맞이할 청년층에서 급작스런 퇴폐풍조가 나타났다. 그 첫째가 흡연

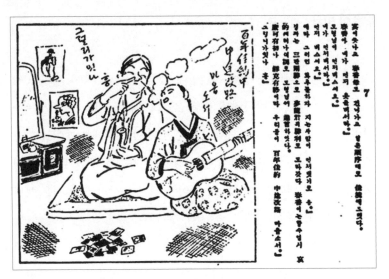

〈그림 147〉 김규택이《제일선》에 연재한 만화 〈모던 춘향전〉 가운데 한 컷(《제일선》 1932년 11월호, 81쪽)
이몽룡과 춘향이가 내기 화투를 친다. 벽에는 찰리 채플린과 클라라 보 브로마이드를 붙였다.

이고 둘째가 도박이었다. 필자는 1943년에 중학교 2학년이었다. 갑자기 온 교실 안에 담배 피우기가 유행했으며 3학년이 되었을 때는 한 반 학생 가운데 반수 이상이 담배를 피우고 있었다.

그리고 이렇게 담배 피우기의 만연과 비례해서 도박이 성행했었다. 당시의 도박은 '짓고땡이'라는 것이었다. 거의 모든 중학생 하숙방과 농촌 청년의 초당방이 도박장으로 변했다. 학생들의 공납금이 도박자금으로 변했고 영어사전을 팔아서 도박 밑천으로 했었다. 참으로 견딜 수 없는 정신적·경제적 고뇌의 나날을 보냈다.[99]

유흥의 밑천, 전당포

"밥 지을 쌀이 한 푼도 없어 하나밖에 남지 않은 밥그릇을 치마에 감추고 가는 노동자의 아낙네들, 빚에 쪼들려 가게 물건을 들고 가는 소상인들, 시골서 옛 친구나 찾아오면 가지고 있던 시계를 떼어들고 그래도 체면은 보존하려고 남이 볼 것 같아서 가슴을 두근거리면서 뛰어드는 샐러리맨들의 가엾은 모습 이런 것이 조선의 심장 서울 사람들의 생활 뒷모습이다."[100]

　그들이 물건을 맡기고 돈을 빌려 쓴 곳이 바로 전당포다. 일본에서는 물건 따위를 잡고 돈 빌려주는 곳을 시치야質屋라고 했고 조선에서는 전당포라고 했다. 조선 전당포는 이자가 매우 높았다. 중국보다 거의 곱절이나 되었다. 일본보다도 비쌌다. 게다가 큰돈을 빌리는 사람에게는 금리가 낮고 적은 금액에는 금리가 훨씬 높았다. 몇몇 전당포는 글을 모르는 사람을 속이는 등 악덕 영업도 했다. 전당포 업자를 '세민 착취계급'이라고 부르는 사람마저 있었다. 그러나 자기 물건을 맡기고 급하게 돈을 빌려 썼던 전당포는 가난한 사람에게 "마스코트이며 은인"이기도 했다.[101] 전당포에 남자 양복 한 벌을 들고 온 어느 어머니의 이야기를 들어보자.

　우리 집 애가 학교에서 여행을 간다고 하는데 4원이 어디 있어야지요. 벌써 여드레째 조르는 것을 못 주었더니 오늘이 기한이라고 밥도 안 먹고 여태껏 학교에도 안 가고 울고 있으니 어찌합니까. 그래서 하는 수 없이 이 것이 저의 아버지가 회사에 날마다 입고 다니시는 것인데 이것이라도 가지고 왔지요. 그러나 어디 4원만 들고 그만입니까. 우와구쓰인가 운동구인가 뭔가 사야 한다지요. 따로 저마다 한 1원씩 용돈을 가지고 오란다 하지요. 꼭 6원을 써야겠는데 못되면 5원만 주세요.[102]

남자 양복 윗도리와 바지 그리고 조끼까지 다 맡기는 데도 '3원 이상은 안 됩니다' 하고 전당포 주인이 잘라 말했다. 그 말을 듣고 학부형은 풀죽어 전당포 문을 나섰다.

이제 전당포에 찾아온 불량학생의 모습을 보자. 잡지《학생》은 모던modern 중학생이 아닌 '못된 중학생'에 대한 글을 실었다. 그 글을 간추려보자. 학창생활이 곤궁하다. 달마다 부모에게 교과서 값, 참고서 값, 전차비 등 용돈 청구서를 내지만 부모들은 청구서의 80~90퍼센트밖에 부쳐주지 않는다. 헌책방에서 책을 구해서 돈을 남긴다. 그러나 한 달에도 몇 번씩 파산을 한다. 전당포에 가서 사전과 교과서를 맡기고 돈을 빌려 쓴

〈그림 148〉 일본 사람이 양옥으로 지은 전당포가 늘어가고 그 문 앞에서 허름한 물건을 저당 잡혀 달라고 애걸하는 빈민(《조선일보》1932년 12월 23일)

〈그림 149〉 전당포를 자주 이용하다 보니 모자가 먼저 알고 전당포로 알아서 굴러간다.
(《매일신보》 1934년 9월 17일)

다. 그리고 아무도 간섭하지 않는 일요일이면 와이셔츠 소매를 늘어뜨리고 코닥 사진기를 들고 전차를 탄다. 그들은 한강·장충단·창경원·남산으로 놀러 간다. 뒤에서 여학생 사진 몇 장 찍고 식당 몇 군데 순방하고 잡답과 농담을 주고받는다. 저녁때가 되면 극장에 간다. 극장에서 나와서 기분이 맞으면 친구와 어울려 색주가나 중국요리집 또는 좀 고급이면 카페에 몰려간다.[103]

학생 때문에 전당포를 찾는 학부형이 있는가 하면, 전당포 때문에 학생이 '불량'해지는 일도 있었다. 소지품 검사에서 '전당표'가 발각되면 영락없이 불량학생으로 찍혔다.[104]

4

불온학생의
의식과
저항

학생운동의 흐름과 사상

학생운동은 노동운동·농민운동·여성운동·청년운동 등과 함께 민족
해방운동에서 주요한 자리를 차지한다. 학생운동은 그 자체만으로도
매우 큰 주제다. 학생운동과 각 부문운동은 서로 맞물려 있기도 하다.
그만큼 '불온학생'이 일으켰던 학생운동의 성격과 내용은 복잡하다.
여기서 학생운동 전체를 설명할 수도 없고 그럴 여유도 없다. 그저 불
량학생과 견주어본다는 차원에서 3·1운동 때부터 '해방'까지 '불온
학생'이 얼마나 '불온'했는지 흐름만을 살펴보자.

　그동안 가슴속 깊숙이 묻어 두었던 독립 의지가 1919년 3월 1일
탑골공원에서 만세함성으로 터져 나왔다. 만세시위는 서울과 주요 6

개 도시에서 중소 도시로, 다시 시골 장터로 이어졌다. 운동을 전국으로 확산하고 시위를 조직하는 데는 청년과 학생, 종교단체의 하급 지도자, 마을의 유력자가 큰 몫을 했다. 특히 서울과 도시에서 시위를 주도했거나 경험했던 학생이 저마다 자신의 고향으로 내려가 시위를 선동하고 조직해 운동을 전국으로 확산하는 데에 큰 역할을 했다. 3·1운동은 두 달 넘게 이어졌으며 200만 명을 웃도는 민중이 참가했다. 3·1운동은 일제의 야만적인 탄압으로 4월 말에 막을 내렸다. 비록 3·1운동은 실패했지만, 대중운동을 고양하고 민족해방운동의 방향을 바꾸어 놓는 커다란 분수령이 되었다.

3·1운동을 겪은 뒤에 민족해방운동이 양과 질에서 크게 발전했다. 사상계에도 큰 변동이 생겼다. 1917년 러시아혁명이 일어났다. 그리고 제1차 세계대전 뒤의 국제 정세는 크게 요동쳤다. 여기에 영향 받으면서 식민지 조선은 일찍부터 사회주의사상을 받아들였다. 일제의 가혹한 식민통치에서 비롯된 민족모순과 식민지 자본주의가 뿌리내리면서 싹튼 자본과 노동 사이의 계급모순이 깊어졌다. 그 토대 위에서 사회주의사상이 빠르게 퍼졌다. 일제조차도 '그동안 독립운동이 실패를 거듭함으로써 초조해진 민중에게 사회주의운동은 일종의 자극과 광명을 주었다'고 지적할 만큼 사회주의사상의 영향은 컸다. 1920년대가 되면 사회주의 영향을 받은 여러 단체가 곳곳에서 생겨났다. 그래서 1920년대를 '조직의 시대'라고 부르기도 한다.

'불온학생'은 사상계의 동향에 민감했다. 일제와 학교 당국은 불온학생이란 '사상적 질환을 가진 학생'이라고 규정했다.[105] 1920년대 초반의 학생운동을 주도한 이념과 노선은 민족주의이고 문화주의였다.[106] 학생들이 일으킨 동맹휴학도 ① 교원 배척 ② 교수방법과 교과과정 시정 ③ 학교 시설의 확충 ④ 학교 승격 요구 등 교육환경 개선과 교육기회 확대에 초점을 맞추고 있었다.[107]

1924년 무렵이 되면 학생운동계도 사회주의 영향을 강하게 받았다. 사회주의 성향을 띠는 학생운동 단체가 곳곳에서 나타났다. 이 가운데 조선학생과학연구회는 1920년대 후반의 학생계를 이끌어간 대표적인 학생운동단체였다. 조선학생과학연구회는 순종 장례 날에 맞추어 반일운동을 일으키려고 치밀한 계획을 세웠다. 조선학생과학연구회는 1926년 6월 10일 경성제국대학·연희전문학교·보성전문·중앙고등보통학교·중동고등보통학교·휘문고등보통학교 등의 학생을 동원해 장례행렬이 지나가는 시내에서 과감하게 만세시위를 했다. 3·1운동에 충격을 받은 일제는 철통같은 경계와 엄청난 탄압을 퍼부었다. 6·10만세운동은 비록 규모는 3·1운동에 미치지 못했지만, 3·1운동의 방식을 전승하면서 만세운동의 새로운 모습을 보여주었다.[108] 6·10만세운동 뒤에 학교마다 사회주의독서회, 비밀결사 등이 생겨났다. 그 조직이 앞장서 동맹휴교를 이끌었다. 1920년대 후반 동맹휴교의 구호도 '조선어교육'·'조선역사·지리교육'·'식민교육 반대'·'조선인 본위교육' 등을 내걸어 일제의 민족차별교육에 맞섰다.

1920년대 학생운동은 1929년 11월 광주학생운동을 계기로 절정

에 이르렀다. '광주학
생운동'이란 1929년
11월 3일 광주에서
일어난 학생시위를
시작으로 1930년 3월
까지 전국에서 일어
난 학생운동을 뜻한
다. '광주학생운동'이
라는 말은 "광주 학생
이 일으킨 지역 운동"

〈그림 150〉 여러 '사상단체' 가운데 하나인 서울청년회
사무실(《조선일보》 1926년 1월 12일)
벽에 레닌과 마르크스 사진을 붙였다.

이 아닌 "광주에서 시작한 전국의 학생운동"으로 보는 것이 옳다.[109]
10월 30일 광주에서 나주로 가는 통학열차 안에서 일본 남학생이 조
선 여학생에게 모멸적 행위를 한 것이 도화선이 된 광주학생운동은
성진회 등 비밀결사의 활동에 힘입어 전국으로 퍼졌다.

　11월 3일 광주 학생은 '일본제국주의를 타도하자', '피억압 민족해
방 만세' 등의 구호를 외치며 시위를 했다. 이 운동은 곧바로 목포·나
주를 거쳐 서울로 이어졌다. 해를 넘겨 1930년 새 학기가 되면서 전
국 항일운동으로 확대되었다. 일제 자료에 따르면 초등 54개, 중등
136개, 전문 4개 등 모두 194개 학교에서 5만 4000명 남짓한 학생이
참여했다. 광주학생운동 때 학생은 만세를 외치며 학교 밖으로 나아
가 시가행진을 했다. 그때 태극기나 적기를 흔드는 일이 많았다. 적기

를 들었다 해서 모두 사회
주의 성격을 가진 시위로
보기는 어렵다. 적기가 시
위 때 눈에 띄기 쉬워서
그냥 적기를 썼을 수도 있
기 때문이다. 그러나 사회
주의운동 단체가 많이 개
입한 지역에서 적기를 쓴
일이 많았다.[110] 광주학생
운동에서 사회주의 영향
을 부정하기는 어렵다.

〈그림 151〉 1924년 조선 청년총동맹을 만들 때
학생이 앞장섰음을 보여주는 만화(《동아일보》 1924년
3월 5일)

　세계사에서 1930년대
는 매우 독특했다. 흔히 1930년대를 '공황과 혁명의 시대'로 부른다.
식민지 조선도 1931년 만주사변과 1937년 중일전쟁의 소용돌이에
휩쓸렸다. 일제는 '문화통치'의 허울을 벗어던지고 파시즘체제로 나
아가면서 식민지 조선을 병참기지로 만들어갔다. 독립운동 진영은 일
제에 적극 맞설 것인가 아니면 일제와 타협할 것인가 하는 선택의 갈
림길에 섰다. 학생운동도 이와 비슷했다. 동맹휴교는 예전에 견주어
크게 줄어들었지만, 학생들 사이에 사회주의 영향력이 커졌다. 중앙
고등보통학교 교장이었던 현상윤의 말을 직접 들어보자.

〈그림 152〉1926년 순종 인산일에 일어난 6·10만세 시위 장면

중등교육을 받는 시대에는 학교에서 부과하는 모든 학과를 부지런히 하는
것이 자연스럽고 순서다. 그런데 지금 조선중등생도들은 걸핏하면 보고
말하고 토론하는 것이 변증법이나 유물사관이나 분배경제론이다. 나도 이
것을 보지 말라는 것이 아니다. 그러나 중학교시대에는 이런 것을 공부하
고 연구하는 것이 아무리 생각해도 자연스럽지 못한 발달이오 섣부른 행
동인 듯하다.

오히려 장래에 그렇게 사회과학 방면을 전공하게 된다 할지라도 중등학
교 시대에 중등학교의 모든 과정을 진실 되게 공부하는 것이 가장 유익하
리라고 확신한다. 그러므로 요령은 중등생도는 중등생도답게 공부도 하고

생각도 하는 것이 좋다는 것이다.[111]

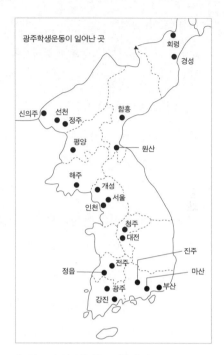

광주학생운동이 일어난 곳

회령
경성
신의주
선천
정주
함흥
평양
원산
해주
개성
인천
서울
청주
대전
진주
전주
마산
정읍
부산
광주
강진

〈그림 153〉 역사학연구소, 《함께보는 한국근현대사》, 서해문집, 2015, 195쪽

위에 인용한 글 가운데 '변증법과 유물사관과 분배경제론을 말하고 토론하는 학생'이란 곧 사회주의사상을 가진 '불온학생'이다. 현상윤은 불온학생이 되지 말고 학교 공부에 충실한 모범학생이 되라고 충고했다. 그러나 '불온학생'의 "머리에는 벌써 마르크스와 레닌이 들어와 훈장질을 하고 있으며 과학적 유물론을 앞세워 말했다."[112] "학생에게 헤겔의 변증법이란 어떠한 것인가 맑스의 유물사관이란 어떠한 것인가 하는 이론을 물으면 즉석에서 비교적 정확히 대답할 학생이 꽤 많았다."[113] '책상에다가 레닌 사진을 붙여놓고 밤낮 쳐다보며 공부'하는 학생도 있었다. 1930년 《배재》14호에 실린 〈취한醉漢〉이라는 제목의 시는 중등학생의 그러한 사상적 경향을 보여준다.

취한 〈보이! 보이!〉

소주는 싫다, 〈브랜드〉도 싫다, 가져가라!

좀 더 강한 (…) 강한!

〈사회주〉를 빨리 가져와라

빨리 〈공산주〉를 (…) 가져와라

나는 〈세계인〉이다.[114]

1930년대에 들어와 불온학생은 겉으로 드러내놓고 운동할 수 없게 되었다. 그들은 비밀결사를 만들었다. 비밀결사는 일부 민족주의 계열도 있었지만 대부분 사회주의 계열이었다. 비밀결사는 불온학생 가운데 소수 정예가 참여했다. 비밀결사에는 독서회와 반제동맹이 있었다. 독서회는 사회주의 이론학습을 하면서 활동가로 발돋움하려는 조직이었다. 반제동맹은 주로 1931년 일제의 만주침략 뒤에 반전운동을 했다. 학생 반제동맹 조직은 엄청난 탄압을 받았다.

살벌한 정세였다. 온갖 위험과 고난을 무릅쓸 각오를 해야만 일제에 맞설 수 있었다. 일제가 허락하는 범위 안에서 안전하게 할 수 있는 운동은 없을까. 언론기관이 그 운동을 찾았다. 《조선일보》가 벌인 '한글보급운동'(1929~1934)과 《동아일보》가 벌인 브나로드운동 (1931~1934)이 그것이다. '브나로드운동'이 규모가 더 컸다. 《동아일보》는 '민중 속으로'라는 뜻을 지닌 '브나로드운동'을 하면서 '힘써 배우자, 아는 것이 힘이다'는 구호를 내세웠다. 《동아일보》는 '배운

학생'이 '무지한 농민'에게 한글과 산수를 가르치고 계몽해야 한다고 주장했다. 광주학생운동 뒤에 일제의 감시와 탄압이 휘몰아치자 많은 학생이 브나로드운동 바람을 타고 농촌계몽에 나섰다. 《동아일보》는 그들에게 "글과 셈(數) 말고는 아무것도 이 운동에 혼합하지 말 것, 당국의 허가를 받은 뒤에 할 것" 등을 당부했다.[115] 학생이 농민에게 불온한 말을 하지 말고 일본의 뜻을 거스르지 않으면서 농민을 계몽하라는 뜻이다. 브나로드운동은 비밀독서회

〈그림 154〉 중등학생을 위한 잡지
《학생》에 실린 사회주의 책 광고(《학생》
1930년 8월호, 102쪽)
"사회주의를 모르고는 현대인이라는 말을
못하게 되었다."

운동과 반제동맹운동에 열심인 학생에게 맞불을 놓으려는 속셈도 있었다. 그러나 이 운동에 참여한 학생 가운데 일부는 농민과 함께 생활하고 농촌계몽과 문맹퇴치운동을 하면서 개량주의자들의 의도를 벗어나기도 했다. 문맹퇴치운동만 한 것이 아니라 농민에게 현실인식과 민족의식을 불어넣기도 했다. 상황이 이렇게 되자 일제는 "계몽대원 가운데 불온분자가 있다"는 것을 구실로 1935년에 브나로드운동마저 못하게 했다.[116]

일제는 중일전쟁과 태평양전쟁을 잇달아 일으키면서 온 나라를 전시체제로 꽁꽁 묶었다. 공출·징병·징용·징병 따위의 으스스한 말이 쉴 새 없이 쏟아졌다. 창씨개명과 일본어 상용, 근로보국 등이 학생의 어깨를 짓눌렀다. 그럼에도 학생운동의 맥이 끊어지지 않았다. 오히려 1940년대에 들어서면서 학생운동이 다시 기지개를 폈다. '머잖아 일본이 패망한다'는 생각이 퍼지기 시작했기 때문이다. 그때를 결정적인 시기로 삼아 봉기함으로써 민족해방을 이룩해야 한다고 주장하는 비밀결사도 생겨났다. 선진 학생은 산속으로 들어가 소규모 무장대오를 만들기도 했다. 철도 폭파나 요인암살 등을 계획하는 비밀결사도 생겼다.[117]

1930년대 중반부터 사회주의의 영향력이 줄어들었지만, 학생들 가운데에는 자생적인 반일운동이 끊이지 않았다. 학생이 조직을 만드는 경우도 있었지만, 개인적인 차원에서도 학생의 정의감, 민족적 의식, 세상을 바꾸고자 하는 욕망은 사라지지 않았다.[118]

생활의 틈새, '사소한' 저항

학교 규율을 어기는 데는 '불량학생'이 앞장섰다. 그들은 학교가 정해준 옷차림새를 어그러뜨리고 모자를 찢는 등 나름대로 패션 감각을 살렸다. 때로는 도시의 소비문화에 흠뻑 빠지기도 했다. 불량학생은 시험에도 무관심해서 '낙제만 하지 않으면 그만이다'는 태도를 보이기도 했다. 여학생 꽁무니를 쫓아다니거나 틈만 나면 극장에 가고 유행가를 불러댔다. 이러한 불량학생은 학교 규율에 대한 청춘의 반란자이기도 했다.

수업 때 일제가 의도했던 대로 동화교육이 일방적으로 관철된 것만도 아니다. 수업시간에도 뜻하지 않은 갈등이 생기거나 식민교육과는 정반대의 민족교육이 이루어지기도 했다.[119] 학과 시간에 선생 몰래 다른 책을 보는 일은 흔했다. 여학생들은 현모양처교육에서 강조하는 재봉과 수예 등을 피하려고 했다. 여학교에서는 남학교와 같은 교과목을 배정해달라고 시위를 벌이기도 했다.[120]

〈그림 155〉 브나로드운동 포스터
《동아일보》 1932년 7월 18일)

'불온학생'이라고 해서 불량학생이 하는 행동을 하지 말라는 법은 없다. 그러나 불온학생은 좀 달랐다. 그들은 동맹휴학을 하면서 학교 규율을 결정적으로 어겼다. 연거푸 규율을 어겨 '만년 중학생'이 된 K의 사례를 보자. 그는 '중류층 농부'의 아들로 어렵게 서울에 있는 중등학교에 다녔다. 그러나 2학년 때 학생자치기관인 학우회를 학교 당국자가 해산하자 '행동하는 불온학생'이 되고 말았다. K는 다른 학교로 옮기고 또 옮겼지만, 그때마다 동맹휴학사건에 연루되어 24살이 되도록 중등 4학년을 다녀야 했다.[121] K에게 '만년 중학생'이라는 별명을 불러주면 "그다지 듣기 싫지는 않은 듯 벙긋벙긋 웃기만 했다."[122]

흔히 학생운동이라고 하면 6·10만세운동이나 광주학생운동 또는 동맹휴학을 떠올린다. 이제 '운동'이랄 것도 없고 눈에 띄지도 않을 만큼 사소하면서도 일제 권력에 균열과 틈새를 만들었던 사례 몇 개를 들자.

먼저 스포츠 경기장으로 가보자. 체육은 식민지 대중 특히 젊은 세대의 울분과 힘이 터져 나오는 통로가 되었다. 식민지 민중은 스포츠로 일본과 대결해 이기고 싶다는 생각이 많았다. 식민지라는 억압된 상황에서 "일본과 겨룰 수 있었던 것은 두뇌와 스포츠뿐이었다. 두뇌는 개인 대 개인의 대결이지만 스포츠란 공개적인 장소에서 만인이 주시하는 가운데 일본인을 누르는 것이라 이루 말할 수 없이 통쾌한 일이었다."[123] 민중은 스포츠를 통해 보상받으려 했다. 1935년 여름에 있었던 일이다. 일본인 학교인 제일고등여학교와 주로 조선인들이 다녔던 숙명여자고등보통학교가 농구시합을 했다. 양정고등보통학교 육상부와 럭비부 선수 50명 남짓이 경기를 보러 왔다. 그들은 아주 큰 소리로 숙명여자고등보통학교를 응원했다. 숙명여자고등보통학교가 점수 차를 넓혀가자 제일고등여학교 쪽에서 가만히 있지 않았다. 일본인 심판이 경기를 중단했다. 응원이 시끄러워서 경기에 지장이 많다고 했다. 이에 나이든 남학생이 기세 좋게 심판에 항의했다. 여기에

〈그림 156〉 다른 학생은 '전시형 교복'을
입고 있지만 남다른 패션을 선보이는
불량학생(《동양지광》 1943년 6월호, 22쪽)

〈그림 157〉 자유주의 사상을 벗어나지 못하고
'거지 취미의 전통을 지키는 불량학생'의
차림새(《동양지광》 1943년 6월호, 23쪽)

일본 관중이 끼어들면서 소란이 생기고 경기는 끝내 중단되고 말았
다. 심판에 항의했던 나이든 '불량학생'이 그다음 해에 베를린 올림픽
에서 금메달을 딴 손기정이다.[124] 스포츠에서 울분이 터져 나온 사례
는 아주 많다.

　엄격한 규율을 적용했던 기숙사에서도 학생들은 그들 나름의 집단
의식을 형성했다. 보기를 들면 광주학생운동 때 광주여자고등보통학
교 기숙사생들은 교정에서 〈독립가〉를 합창하며 만세를 외치고 사감

실에 돌을 던져 유리창을 파괴하는 등 격렬하게 항쟁했다.[125]

수학여행에서도 교육 당국의 의도를 벗어나는 학생이 적지 않았다. 수학여행이 민족의식을 깨우치는 계기가 되기도 했다. 보기를 들면 지방 도시를 둘러보면서 번화한 곳 어디나 일본 사람이 다 차지한 것을 보고 마음 상하면서 민족의 정신을 가다듬자는 토론도 했다.[126] 그런 사례는 많다. 그뿐만 아니라 공식적인 수학여행 보고회에서도 뜻밖의 일이 터지곤 했다. 광주공립고등보통학교 보고회가 그렇다. 그 학교는 135명이 수학여행을 갔다. 인천에 들어온 군함도 보았다. 수학여행이 끝나고 학교로 돌아와서 강당에 모여 여행 소감을 거리낌 없이 발표하게 허락했다. "이왕직 박물관에 진열된 고려자기를 보고 과거 조선 문화의 찬란함을 떠올리며 오늘날 우리의 처지를 생각했다." "인천에서 인류 평화를 교란하는 살인용구에 불과한 군함에는 경례를 하라 하고 경성에서는 이조의 역대 제왕이 머물던 궁궐 앞을 그냥 통과할 때는 박물관 안에 놓아둔 태극 국기를 볼 때에 저절로 느끼게 되는 회고의 정이며 뼛속에 새겨지는 오늘의 비통과 이에 따라 우리 두 어깨에 짐 지워진 무게를 생각하게 된다." 이런 발언이 이어졌다. 일본인 교장과 선생은 크게 실망한 채 "앞으로는 온건한 생각으로 학문만을 몸에 익히라. 불온한 생각을 가진 생도는 반드시 학교를 그만두게 하겠다는 등의 심한 말을 끝으로 보고회를 마쳤다.[127]

'일본정신을 함양하는 일본 수학여행' 보고회 때 생긴 엇박자를 보자. 전주고등보통학교에서 2주 동안의 일본 수학여행이 끝난 뒤에

'조행이 방정한 우등생'에게 소감을 발표하게 했다. 모범 답을 기대했
으리라. 그러나 뜻밖의 일이 벌어졌다. 첫 번째 학생이 "일본 사람이
한국 사람을 드러내놓고 무시하는 것을 보고 지금껏 배워온 내선일
체니 문화일본이니 하는 말이 허구이고 우리는 사기 교육을 받았다"
고 말했다. 장내는 쥐 죽은 듯 조용했고 교장과 교사들이 놀라움을 넘
어 파랗게 질렸다. 재빨리 두 번째 학생에게 발언권을 주었다. "일본
이 아름다운 나라라고 하더니 무엇이 아름다운가" 하면서 학교교육
이 잘못되었음을 비판했다. 세 번째 학생은 더욱 구체적으로 내선일
체론이 허구임을 비판했다. "일본 사람은 우리를 전염병 환자처럼 대
했다. 여관에서는 무슨 밥을 그렇게 많이 먹느냐고 핀잔이고 밤에 요
를 달라니까 한국인도 요를 까느냐고 말했다."

　담임교사가 단상에서 내려오라고 소리치는 바람에 일본 수학여행
보고회는 중단되고 말았다. 그 불온한 학생들은 어떻게 되었을까. 처
벌을 받았을 법한데, 별 탈 없이 지나갔다. 학생들은 체육선생인 야마
시타山下 덕택으로 생각했다.[128] 그는 교장의 교육방침에 맞섰으며 뒷
날 일본에서 사회주의운동에 뛰어든 것으로 알려졌다.[129]

　각종 기념일 행사에서 일본 국가를 불러야 할 때는 소리를 내지 않
고 입만 움직이는 학생이 적지 않았고 신사참배 때도 머리를 숙이지
않는 학생이 많았다. 일제가 궁성요배나 봉안전 예배를 강요하자 일
부 학생이 일왕 부처의 사진액자 속에 지렁이를 집어넣어 기어 다니
게 한 적도 있었다.[130] 하물며 터무니없는 훈화와 지루한 강연을 학생

들이 마음에 담아둘 까닭이 없다. 다음 글은 일제 교육정책을 속으로 부터 거부하는 불온학생 강상규의 일기다.

1시간 공부한 후 육군 중장 와다和田라는 사람의 강연을 듣게 되어 전원 강당에 집합 (…) 조선과 자기 나라의 관계를 말할 때 이 도적이 우리 조선 인은 대단히 어리석은 자라고 한다. "내선융화를 이야기한 시대는 이미 옛 날의 일이고 지금은 조선인이 곧 일본인, 일본인이 곧 조선인이다. 지금 내 선융화 등의 말을 이야기할 필요는 없으며, 우리나라의 천황이 곧 조선인 의 천황이다"고. 이러한 더럽고 부아가 치미는 것을 말한다. 나는 얼마나 부아가 나고 슬펐는지 단상으로 올라가서 이 도적을 처치하고 싶은 생각 이 몇 번이나 일어났으나 나의 지위가 아직 그렇게 할 수가 없으므로 억지 로 인내하였다. 아아, 슬프다.[131]

이 불온학생 강상규는 벚꽃놀이에 가서 여러 차례 급우들과 무리 지어 노래 부르고 구경 온 여자들을 '히야카시'하는 불량학생이기도 했다.[132] 대구여자고등보통학교 사례를 더 보자. 학교에서는 일본 천 황 탄생일이라는 천장절에 '국민으로서 마음가짐을 가져야 한다'는 식의 훈화를 하면서 교육목적을 이루려고 했다. 그러나 정작 여학생 들은 그 행사 때 떡과 빵 만들기, 오르간 연주에서 재미를 느끼며 천 장절을 비틀어 즐겼다.[133]

근로동원 때 갖가지 일탈과 크고 작은 저항이 있었음은 말할 나위 없다. "조선인 학생들은 등짐을 지다가도 휴식 신호가 떨어지면 길가에 주르륵주르륵 짐을 쏟아놓고 비웃는 듯한 웃음을 지었다."[134] "점점 반항적이 되어 일하는 시간에 학교 울타리를 넘어 도망가서 놀러 다니기도 했다."[135] 초등학교 학생 가운데 이미 근로동원을 기피하거나 동맹휴학을 하는 사람이 나타났다. 중등학교의 경우 근로의 고통을 호소할 뿐만 아니라 학과 시간 단축에 불만을 드러내었다. 때로는 야간 합숙소를 탈출해 먹고 마시거나 '반전적 불온행동'을 일삼았다. 더욱이 비밀결사를 조직해 불온획책을 하는 일이 적지 않았다. '완고한 학부형'은 "고액의 학비를 투자하여 통학시키는 것이 노동자 흉내를 내게 하려는 것은 아니다"라며 분노의 목소리를 내는 지경에 이르렀다.[136] 일제 관헌 자료는 그 사실을 다음과 같이 적었다.

근로동원을 강화하면서 학업에 열의를 잃고 끝내는 퇴학하는 경우도 발견되는 등 이기타산적인 개인주의 관념으로부터 벗어나지 못하여 (…) 또 다수의 학도가 장기간에 걸쳐 교외로 출동하여 숙박한 결과 불량학도가 기승을 부리게 되어 야간 숙사를 탈출해 음주하는 등 풍기 문란으로 퇴학처분 받는 자, 비행장 공사에 출동 중 반전反戰의 불온언동을 하여 사상사건으로 검거되는 사례, 또는 노무자에게 접근하여 영향을 미쳐 불규율 무질서하게 되는 것 등 학교 교칙의 감독상 결함이 폭로되는 사안도 없지 않다.[137]

이 글에서 보듯이 일제는 근로동원 때 풍기 문란을 일으키는 '불량학생'과 반전사상을 퍼뜨리는 '불온학생'에게 바짝 신경을 썼다. 그럼에도 학생들은 태업·탈출 등 여러 방식으로 근로동원에 저항했다. 계성학교 학생들은 1945년 4월에 철공소마다 30명씩 동원되어 탄환·수류탄, 포탄 껍데기를 만들었는데, 솜씨가 서투르다는 구실로 불량품을 만들어 저항하기도 했다.[138]

학생 군사훈련인 교련을 다른 방식으로 전유하는 학생도 있었다. 그들은 일본 병사 만들기 훈련인 교련을 독립과 건국에 필요한 교육으로 뒤집어 활용했다.[139] 학생 교련 때는 엄격한 군사규율 때문에 학생이 저항하기 힘들었다고 생각하기 십상이다. 그러나 뜻밖의 일이 벌어진 사례를 보자. 광주에서 중등학교 연합교련을 할 때였다. 견원지간인 광주서공립중학교 학생(이하 서중학생)과 광주동공립중학교 학생(일본인, 이하 동중학생)이 대촌면 야산에서 대치해 돌격전 훈련을 했다. 그때 누군가가 "언제인가는 우리가 왜놈들과 죽고 죽이는 싸움을 하게 될 터인데 마침 잘됐다. 오늘 천재일우의 이 기회를 놓치지 말고 총칼로 왜놈들을 무찌르자"고 외치자 이틀 동안의 야전훈련野戰訓練에 피곤한지도 모르고 힘찬 함성을 지르며 일제히 돌격했다. 훈련교범에 따르면 돌격훈련에서 마지막 상대방과는 10미터의 대치간격을 꼭 지키게 되어 있었다. 그러나 나금주 등 몇몇 서중학생 훈련 간부들은 동중학생들과 몸에 부딪힐 만큼 접근해 목덜미에다 진짜로 총검을 바싹 들이댔다. 동중학생들이 기겁해 땅바닥에 주저앉아버리자

총검으로 린치 구타하는 사건이 발생하고 말았다. 이 사건으로 중대장인 나금주를 비롯해 관련 학생들이 유기정학 또는 무기정학을 당했다. 전라남도 학무과는 그다음 해부터 합동 야영훈련을 중단하고 말았다.[140]

전시체제기에 생활 속의 작은 저항들이 이어졌다. 전시 유언비어와 같은 불온언동이 끊이지 않았다. 시간이 갈수록 일본의 패전과 조선 독립에 대한 열망이 담긴 유언비어가 늘어났다. 일제는 그 유언비어를 '불온언동'이라고 불렀다. 곳곳에 '불온낙서'가 적혀 있었다. 인생과 청춘에 대한 방황에서부터 조선 민족의 각성을 촉구하는 내용, 전쟁과 자본주의에 대한 회의 등 갖가지였지만, 일상을 부정하고 극복하려는 바람이 담겨 있었다. 특히 중등학생이 유언비어와 불온낙서에 적극 가담했다.[141]

5

서슬 푸른
'보도연맹'[142]

'학생풍기'를 숙청하라

국민보도연맹이 있었다. 보도保導라는 말이 낯설다. 사전을 찾아보면
'보호하고 지도한다'고 적혀 있다. '좌익 추종자들을 보도연맹에 가입
하게 하고 선도해 국민의 품 안으로 끌어들이겠다'는 것이 국민보도
연맹의 취지였다. '전향자 지도 조직'[143]인 국민보도연맹은 1949년 4
월 무렵부터 준비해서 6월 5일에 닻을 올렸다. 오제도·선우종원 등
사상계 검사가 내무부·국방부·법무부와 협의하고 김준연 등 극우
인사들의 도움을 받아 만든 단체였다. 여러 설이 있지만 한국전쟁이
일어나기 전까지 국민보도연맹원은 30만 명 남짓했다. 숫자로만 따
진다면 엄청난 사람을 한꺼번에 '전향'시킨 셈이다. 국민보도연맹은

여러 사람을 강제로 가입시켰다. '좌익' 활동을 하지 않았던 사람도 온갖 협박으로 국민보도연맹에 가입시킨 일이 많았다. 국민보도연맹원은 갖가지 시달림을 받았다. 그들은 더는 '빨갱이'로 의심받지 않으려고 온갖 억울한 일을 말없이 견뎌야 했다. 그럼에도 국가는 그들을 집단학살했다. 국민보도연맹원을 학살한 국가폭력은 오래 동안 묻혀 있었다. 얼마나 죽였을까. 20만 명 넘게 학살했다는 주장도 있지만 적어도 6만 명 안팎, 어쩌면 10만 명 넘게 집단학살했다. 이 국민보도연맹원 학살사건은 '20세기 최대의 대참극'이었다.[144]

일제강점기에 '학생'보도연맹이 있었다. '해방' 뒤의 국민보도연맹은 이제 조금씩 그 모습을 알게 되었지만, 식민지시대의 '학생'보도연맹은 잘 알려지지 않았다. 이제 그 내용을 살펴보자. 정식으로 학생보도연맹이 닻을 올린 것은 1933년 7월 22일이다. 이날 경기도 학무과가 주관해 경성보도연맹을 조직했다. 학교장 등 100명 남짓이 그 모임에 참여했다. 규약도 만들었다. 그들은 "미국에서 이미 30년 전에 보도연맹과 같은 조직을 만들어 좋은 성과를 거두었다"고 주장했다.[145] 일본에서도 1933년에 각 도시에서 보도기관이 생겼다고 했다.[146] 경성보도연맹은 "학교와 각 가정의 연락을 긴밀히 하여 청소년을 보호·선도하고 사회를 정리·정화시키는 것"을 목표로 삼았다.[147] 경성보도연맹은 '학생 불량화'를 막고 "학생들의 교외 행동을 교내와 똑같이 감독해 교육의 목적을 완전히 이룩한다"고 했다.[148] 그러나 이것이 다는 아니었다. 그들이 노린 근본 목적은 다른 데 있었다. 학생의 비밀사상운동을 막겠다는 뜻이 컸다. 학무과에 소속된 보도연맹은 '학생풍기 숙청'을 깃발로 내걸었다. 보도연맹은 "학생 신원조사와 서적조사, 연설회와 강연회 참가자 조사" 등에 힘을 쏟았다.[149] 보도연맹의 손길은 전문학교에도 뻗쳤다. 나아가 학원과 강습소 학생도 단속한다고 했다.

1930년대 후반 학생의 '사상문제'가 수그러졌다고 판단한 보도연맹은 불온학생보다 불량학생을 더 많이 감시하는 쪽으로 방향을 틀었다. 보도연맹회의에서 경찰서장·도서관장, 경성 부근 역장驛長도 이 사회에 참여해 적극 협력한다는 방침을 세웠다.[150] 경찰서장이 회의에 참여한 것은 경찰서 학생계 활동을 염두에 둔 것일 뿐만 아니라 보도연맹과 경찰이 협력해 불온학생을 단속하려는 뜻이었다. 도서관장이 회의에 참여하는 것은 '좌익 불온서적' 단속과 도서관 안에서 일어나는 학생들의 '풍기문제' 때문으로 보인다. 또 철도 역장이 참여한 것은 통학생들의 풍기문제 때문이었다.

보도연맹은 태평양전쟁이 터지자 다시금 학생들의 '사상 감독'을 철저하게 했다. 보도연맹은 1941년 〈사상예방구금령〉에 발을 맞추어 학생 '풍기정화'를 더욱 강화하기로 했다.[151] 태평양전쟁 막바지에 이르면 아예 학무과 안에 '생도사상대책위원회'를 두어 학생들의 '사상지도'를 맡게 했다.[152] 학생들의 일제 패망론과 반전사상 그리고 갖가지 '유언비어' 등을 단속했을 것으로 보인다. 그 밖에 보도연맹은 학교 밖에서도 국어(일본어)를 쓰라고 강요했으며,[153] '통학은 도보로' 하라는 등의 전시 체력단련 캠페인을 벌이기도 했다. 보도연맹은 감시와 처벌의 채찍만 휘두른 것은 아니었다. 때로는 '모범학생'에게 상을 주었다.[154] 영화회를 열어 '학생에게 좋은 영화'를 상영하기도 했다. '좋은 영화'란 일제의 전쟁동원정책을 선전하는 '시국영화'거나 여학생 '순결교육' 영화였다.[155]

블랙리스트

불량학생 문제로 매스컴이 떠들썩했다. 신문과 잡지는 학생풍기가 매우 문란해서 앞으로 큰 문제가 생길 것이라고 부풀려 글을 썼다. 때맞추어 일제 경찰이 발 벗고 나섰다. '변장경찰'까지 동원해 학생을 단속하고 처벌했다. 경찰은 "정면과 측면으로 사진을 찍어" 불량학생 '명부록'을 만들었다."[156] 이에 뒤질세라 보도연맹도 염마부를 만들었다.[157] 염라대왕 장부인 '염마부'는 블랙리스트를 일컫는다. 블랙리스트를 흑표대장黑票臺帳이라고 번역하기도 했다.[158]

　보도연맹은 가정에서 자식에게 관심을 두지 않고 학교와 사회가 감독하지 않기 때문에 불량학생이 생긴다고 주장했다. 그러나 보도연맹마저도 불량학생이 느는 것을 어쩌지 못한다고 고백했다. 그럴수록 보도연맹은 불량학생을 협박하는 수단으로 블랙리스트를 즐겨 썼다. 보도연맹은 불량학생 블랙리스트를 하나의 제도로 굳혔다. 그들은 각 학교 보도주임회의를 열고 새롭게 보도반을 설치해 불량학생 명부를 만들어서 조직적으로 불량학생을 단속하기로 했다.[159] 아예 입학할 때부터 '블랙리스트식'으로 하기로 했다. 학교는 입학하려는 학생의 소질과 가정상황 학력 등을 꼼꼼하게 조사했다. 그 밖에도 보증인을 엄중하게 할 것이며 선생들이 학생의 성행 신분을 철저히 조사하고 기밀이 밖으로 새나가지 않게 했다.[160]

보도연맹이 만든 블랙리스트는 심각한 인권침해였다.《동아일보》는 다음과 같이 적었다.

> 일부에서는 경찰의 블랙리스트와 같은 제도를 두는 것은 생도로 하여금 일종의 공포심을 주게 하여 진취성을 잃어버리게 하며 일단 요시찰로 지목된 생도는 전과자 모양으로 되어 좀처럼 요시찰의 굴레를 벗기 힘든 등 폐단이 적지 않다는 비난이 높다. 그리고 이러한 일을 중심으로 종래의 보도제도가 너무나 경찰적 태도로 생도를 취급하여 생도의 품행 방정의 지도보다 소극적인 단속방침에만 치우친 느낌이 있다 하여 보도제도의 재검토가 요망된다.[161]

일찍부터 경찰은 민족해방운동가를 탄압하려고 '요시찰 인물' 블랙리스트를 만들었다. 경찰은 학생도 감시하고 단속했다. 경찰서 학생계가 그 임무를 맡았다. 이들이 불온학생을 검거하는 데 앞장섰음은 말할 나위 없다. 그뿐만 아니다. 경찰서 학생계는 '학생정화'에 나서서 불량학생을 검색하기도 했다. 그들은 학교에 가지 않고 다방이나 극장에 드나드는 '태업학생'을 처벌했다.[162] 또 경찰서 학생계는 보도연맹과 협력해 남녀학생의 '밀회'를 단속하기도 했다.[163] 그 밖의 학생 단속에도 보도연맹과 경찰은 긴밀하게 협조했다.[164] 경찰 학생계는 학생에게 공포였다. 이러한 사회 분위기를 틈타 자신의 이익을

〈그림 158〉 '블랙리스트 식' 입학을 보도한 기사
《조선일보》 1927년 10월 30일

챙기려는 사람도 생겼다. 학생풍기를 단속한다고 극장과 음식점을 돌아다니며 가짜 경찰 행세를 해서 '불량학생'의 돈을 빼앗아 가는 사람이 그들이다.[165]

블랙리스트는 불량교원에게도 해당되었다. '불량교원'을 단속하려는 보도연맹은 경찰에게 협조를 요청했다. 이에 따라 경찰은 "카페나 바 같은 유흥장에 자주 가는 '불량교원'의 사진을 수집하여 블랙리스트를 만들었다."[166] 학교가 경찰을 불러들였고 경찰은 선생까지도 블랙리스트 대상에 올렸다.

맺음말

선생이 가르치는 것은 무엇이고 학생이 배우는 것은 또 무엇인가. "가르치고 배우는 것은 서로가 희망에 대해서 말하는 것이다." 참 지식을 서로 나누어 인간다운 삶을 누리게 하는 것이 교육의 목표라고 한다면 근대교육은 제 역할을 한 것일까. 1927년 《현대평론》에 〈현대 교육의 결함에 대하여〉라는 글이 실렸다. 지금 보아도 여러 가지를 생각하게 만들기에 간추려 그 내용을 소개한다. 첫째, 교육은 사회 개조에 힘써야 한다. "소수의 권력계급이 다수의 민중을 강압적으로 지배하며 소수의 유산계급이 다수의 무산군중을 압박하고 강한 민족이 약한 민족을 학대하며 남자가 여자의 인권을 유린하는 것"을 막는 교육이어야 한다. 둘째, 편협한 국가주의교육을 피해야 한다. "국민의 개성을 존중하며 개인의 인격을 완성하기보다는 국가조직에 적합한 국민을 양성하는 것"을 목표로 삼아서는 안 된다. 오늘날에도 뼈아픈 지적이다. 셋째, 획일주의교육을 피해야 한다. "긴 것은 잘라내고 짧은 것은 늘려서 같은 틀에 판박이로 찍어낸 듯한 사람을 만드는 교육"이 아니라 개인의 특성을 살려 인격을 완성하는 길로 이끌어야 한다. 넷째, 지식편중교육을 피해야 한다. "현대의 교육은 잡다한 지식을 기계적으로 주입하고 있으며" "수신과 윤리 과목에서도 증오와 학살을 충의니 애국이니 하면서 가르치고 있다." 다섯째, 여자교육에 대한 근본 착오에서 벗어나야 한다. "여자가 학문을 많이 배우면 주제넘어 건방지게 된다"는 그릇된 생각에서 벗어나서 여자도 남자와 똑같이 교육받을 권리가 있다는 것을 알아야 한다. 여섯째, 무산자교육에 신경을 써야 한다. "무산자의 자제는 아무리 우수한 재질을 가졌어도 고등교육을 받을 기회가 없다." 이 글은 1920년대 식민교육이 국가주의교육이었으며 획일주의교육이었고 무산자의 교육은 전혀 신경 쓰지 않은 채 여자교육마저 차별했음을 고발했다.

일제의 식민교육이 '사회 개조'가 아닌 제국주의교육이었음은 말할 나위 없겠다. 일제의 제도교육은 지배 이데올로기에 순종할 수 있는 주체를 재생산하는 것을 목적으로 삼았다. 전시체제기 학교는 황국신민을 길러내는 곳이 되었다. 시간이 흐를수록 학교는 더욱 병영처럼 되었고, 학생은 예비전사가 되어야 했으며, 여학생은 군국의 어머니가 될 소양을 닦아야 했다. 그곳은 이미 학교가 아니고 식민지형 인간을 만드는 '공장'이었다. 어쩌면 학교란 본디 그런 곳일 수도 있겠다. 근대국가는 그 자체가 '인간을 다시 만들어내는 하나의 교육 장치'고, 근대적 학교제도는 이러한 기능을 맡고 있는 '공장' 역할을 한다고 한다.[1] 굳이 현대의 이론을 빌리지 않더라도 이미 1920년대에 이 땅에서도 그 사실을 지적한 글이 있다. 그 글은 "학교는 공장이고 선생은 노동자이며 학생은 원료품이고 졸업은 상품이다"라고 주장했다.[2] 선생을 노동자라고 부르는 것에 반감이 있을 것을 예상해서 다음과 같이 설명했다. "삯돈 받아먹고 일한다든지 학교에서 쫓아내면 나가게 생겼다든지 연구야 했든 말았든 시간이 되면 가르쳐야 된다든지 하는 것이 모두 우리가 보통 부르는 노동자와 다른 것이 없다."[3] 반감은커녕 스스로 노동자라고 여기며 식민교육에 저항했던 선생님도 있었다. 교원노동조합의 핵심 인물인 김두영이 그러했다. 그는 각 학교 교원은 아동을 위해 교육하는 것이 아니고 월급을 받기 위해 일한다고 말했다. 선생은 관료적이며 기계적이고 상급관청에만 신경을 쓴다고도 했다. 그리고는 식민지교육 현실을 다음과 같이 비판했다.

아동의 가정 사정, 환경, 개성 등을 연구하는 일은 없다. 형식적으로 가르치면 그만이다. 죄 없는 아동만 희생자가 된다. 이것뿐만 아니다. 수업료 납입이 늦게 되면 담임선생은 불온한 선생으로 취급되고 또 빨리 납입하는 아이에게는 상품을 주고 늦게 바치는 아이에게는 질책을 한다. 그야말로 수업료를 징수하는 것이 교육자의 일인 듯하다. 온정으로써 지내야 할 사제 사이에 마치 채권채무자의 관계를 맺게 된다. 취학 아동은 전조선 학령아동의 2할에 해당한다. 날마다 빈곤으로 퇴학하는 아동이 속출하는 것은 슬픈 일이다. 혹 야학 같은 것을 설치하고 교육하면 당국은 어떤 이유 없이 폐쇄를 명한다. 교육계의 암흑 면을 폭로한다면 양심 있는 사람은 슬퍼할 것이다.[4]

학교는 마르크스주의 철학자인 루이 알튀세르Louis Althusser에게서 '이데올로기적 국가장치'라는 딱지를 얻기도 하고, 사회학자인 피에르 부르디외Pierre Bourdieu에게서 '계급 재생산의 공간'으로 지목되기도 한다. 겉보기에 사회적으로 중립적인 과학지식을 전수하는 곳으로 비치는 학교는 기존 질서가 정당하다고 판단한 특별한 문화를 전수하는 곳, 문화적 전횡의 공간이라는 것이다.[5] 일제의 황국신민교육에서 학교가 '이데올로기적 국가장치' 역할을 했음을 쉽게 알 수 있다. '품행이 방정한 모범학생'을 장려하고 무산계층을 배제한 데서 학교가 '계급 재생산의 공간'이었음도 이해할 수 있겠다. 또한 '현대식 병정'과 '산업노동자'를 만들려고[6] 근대교육을 이식했다는 것도 긴 설명이 필요 없다. 그것을 위해 학생이 갖가지 '근대적' 규율을 몸에 익히게 했다. 학교 공간은 규율하기 알맞게 설계되었고 학교의 시간은 시간표에 따라 움직였다. 근대의 규율적 공간과 표준화한 시간이 학생을 지배했다. 근대교육의 특징 가운데 하나는 관리와 통제였다. 학교는 학적부와 조행평가, 그리고 상과 벌을 동원했다.

전쟁 바람이 불자 학교 규율은 군사주의적 성격을 띠었다. 황국신민화교육정책 속에서 천황숭배 규율이 학교에 넘쳐났다. 일제는 '황국신민의 자질'을 높이는 방법으로 '인고단련'·'내선일체'·'국체명징' 따위를 내걸었다. 그들은 학교를 통해 통치 이데올로기를 퍼뜨리고 학생을 '황국신민'으로 길러내려 했다. 그 '황국신민'이 앞으로 '황국'의 노동자가 되고 '황국'의 병사가 될 것이다. 일제는 학생들에게 군국주의와 파시즘을 몸과 마음에 새기게 했다. 그들은 학생에게 엄격한 규율을 요구했고, 아주 자잘한 것까지 통제하면서 체제에 복종하는 인간을 길러냈다. 온갖 '국가운동행사'에 소나 말 부리듯이 학생을 동원했다. 일종의 정신훈련이었다. '근로보국대'를 만들어 학생의 노동력을 거저 착취했다. 식민지 조선을 병참기지로 만드는 작업이기도 했다. 학생을 '연성'해 전쟁의 예비대로 만들려 했다. '연성'은 튼튼한 신체를 만들어 '굳센 병사'의 자질을 키우려는 것이었다. 학생 군사훈련이야말로 학교와 군대를 직접 연결하는 고리였다. 일제는 학교 교련으로 예비전사를 길러냈다. 이 모든 것이 서로 맞물리며 '학교를 통한 전쟁 폭력'을 이루었다.[7]

그러나 식민교육의 목표가 학생에게 그대로 관철된 것은 아니다. 식민교육은 양날의 칼이 되었다. '불량학생'은 학교 규율을 어기며 일제의 의도를 비껴갔다. 불온학생은 그야말로 불량한 선생과 학교에 맞서 동맹휴학을 일으켰다. 불온학생은 학교에서 가르치는 지식을 뛰어넘어 '과외 독서'로 교양을 쌓았고 유기적 지식인으로 발돋움했다. 그들의 칼끝은 식민통치 그 자체를 겨냥하기도 했다. 현모양처교육은 강력한 힘을 발휘했지만 의식 있는 여학생은 배척했으며 비판하는 목소리도 만만치 않았다.

이 책에서는 그동안 소홀하게 다루었던 불량학생을 비중 있게 다루었다. 국가 권력은 가정과 학교를 벗어난 학생을 위험한 존재로 보아 어떻게든 통제해야 한다고 생각했다. '학생풍기'는 그런 맥락에서 생겨난 말이었다. '풍기'라는 말에는 일상의 감시체계를 작동하려는 권력의 의지가 담겨 있었다. 갑자기 밀어닥친 식민지 도시문화와 그속에서 빚어지는 가치관의 혼동, 혼탁한 기성문화와 청소년들의 방황, 어두운 식민지 그늘에서 살아야 했던 고뇌가 어우러져 불량학생이 탄생했다. '불량학생'을 더 깊게 이해하려면 다음 사항을 주의해야 한다. 첫째 1910년대 새로운 문명의 개척자이자 사회계몽의 주체로서 기대를 모았던 여학생 이미지는 1920년대에 이르러 소비적이며 성적으로 문란한 불량여학생 이미지로 옮겨가면서 대중매체의 표적이 되거나 소설 속의 새로운 전형으로 등장했다.[8] 이것은 여학생 표상에 대한 남성 중심적 재현 전략이었다. 둘째 사회에서 어떤 학생을 '불량'하다고 낙인찍기 이전에 이미 학교에서 학적부와 소견표를 통해 '품행방정'한 학생과 불량학생을 구분했다. 1939년부터 소견표는 입학시험 점수로 산정하고 취직할 때도 중요한 자료가 되었다.[9] 셋째 일제는 식민지 민중에게 '생활세계의 식민화'를 강요했다. 특히 전시체제기에는 '생활 혁신'을 내걸고 복장과 머리 스타일을 비롯해 학생문화 전반을 통제했다. 그런 뒤에 통제를 벗어난 모든 행위를 '불량'

이라고 공격했다. 넷째 대체로 1920년대에는 불온학생을 문제 삼았지만 1930년대에는 '풍기문제'가 사회적 이슈가 되었다. 왜 그럴까. "1930년대 학생계에서 불온사상이 자취를 감추어서 풍기문제가 클로즈업되었기 때문이다. 또 사상이 사라지자 정열을 쏟을 곳이 없어졌기 때문이다"라는 진단이 있다.[10] 이 진단은 일부 진실을 담고 있다. 1930년대 불온학생은 공개적인 학생운동을 하는 것이 아니라 비합법 사회주의 조직과 연결해 활동하거나 비밀독서회 등을 만들었다. 따라서 겉으로 보기에 불온사상, 더 정확하게 말하면 사회주의 사상은 자취를 감춘 채 속으로만 치열해졌다. 이에 견주어 도시 소비문화가 착시현상을 부추기며 학생 주변에 펼쳐졌다. 식민지 도시의 '에로 공간'도 넓어졌다. 1930년대에는 치열한 불온과 '화끈한' 불량이라는 양극단이 생겨날 계기가 충분히 마련되었다. 이미 일본에서도 그런 현상이 나타났다. "1930년대 '공황과 전쟁의 시대'를 맞이하여 일본 청년들은 일본의 긴자 거리를 배회하며 성적인 쾌락을 추구하는 '핑크'가 되거나 진지하게 사회주의 혁명을 실천하는 '마르크스 보이', '엥겔스 걸'이 되어 '아카(red)'가 되는 것, 둘 가운데 하나였다."[11] 식민지 조선도 이와 비슷했다. 식민지 조선의 일부 불온학생은 '적색 혁명가'가 되었으며, 일부 불량학생은 '에로의 공간'에서 '핑크'처럼 행동하려 했다.

3·1운동 때의 학생 활동이나 6·10만세운동과 광주학생운동, 그보다는 작지만 특별한 사건이었던 동맹휴학의 내용과 성격은 매우 중요

하다. 그동안 여러 글에서 그러한 학생운동을 주목했다. 그러나 이 책에서는 '운동'이랄 것도 없고, 눈에 띄지도 않을 만큼 사소했던 몇 개의 저항을 소개하면서 일제 지배정책에 균열과 틈새가 생기고 있음을 드러내려고 했다. 또한 '생활세계의 식민화'를 어긋나게 하는 에너지원이 이미 생활세계에 내장되어있음을 짚어보려고도 했다. 언젠가 바늘 끝 같은 균열은 더 큰 균열을 낳고 좁은 틈새는 더 벌어질지도 모른다. 작은 에너지가 서로 뭉쳐 크게 폭발할 때도 있을 것이다. '일상생활의 혁명'이란 그렇게 시작되는 것이 아닐까.

　전태일이 "인간답게 살고 싶다"고 했던 때는 1970년이었다. 인간답게 살고 싶다는 비정규 노동자의 목소리가 아직도 처절하다. 어떤 이가 "참다운 교육이 실시되어 모든 사람이 다 같이 자기 재능을 자유롭게 발휘하는 시기는 언제 올 것인가"라고 했던 때는 1920년대였다.[12] 참교육 시대를 바라는 마음이 아직도 간절하다.

주

머리말

1 최규진, 〈근대의 덫, 일상의 함정〉, 《역사연구》 25, 2013, 8쪽.

2 정근식, 〈식민지 일상생활 연구의 의의와 과제〉, 공제욱·정근식 편, 《식민지의 일상, 지배와 균열》, 문화과학사, 2006, 18~19쪽.

3 앙리 르페브르 저, 박정자 역, 《현대세계의 일상성》, 기파랑, 2005, 62쪽.

4 앙리 르페브르 저, 박정자 역, 《현대세계의 일상성》, 기파랑, 2005, 85쪽.

5 김왕배, 〈일상생활의 철학적 의미와 생활정치〉, 《세계화시대 일상공간과 생활정치》, 대윤, 1995, 19쪽.

6 앙리 르페브르 저, 박정자 역, 《현대세계의 일상성》, 기파랑, 2005, 97쪽.

7 강수택, 《일상생활의 패러다임》, 민음사, 1998, 26쪽.

8 김경일, 《한국의 근대와 근대성》, 백산서당, 2003, 26쪽.

9 천정환, 〈식민지 시기의 청년과 문학·대중문화〉, 《오늘의 문예비평》 55, 2004. 38쪽.

10 박철희, 〈일제 강점기 여자고등보통학교 교육기회분배와 졸업생 진로에 관한 연구〉, 《한국교육사학》 28-2, 2006, 47쪽.

11 오성철, 〈1930년대 초등교육 확대와 조선인의 교육 욕구〉, 《근대한국초등교육연구》, 교육과학사, 1998, 125쪽.

1. 식민지 학교와 '충실한 신민'

1   오성철, 《식민지 초등교육의 형성》, 교육과학사, 2000, 21쪽.

2   《동아일보》 1930년 4월 2일, 박로아, 〈나의 십 세 전후〉; 오성철, 《식민지 초등교육의 형성》, 교육과학사, 2000, 23쪽.

3   古川宣子, 《일제시대 보통교육체제의 형성》, 서울대 박사학위논문, 1995, 134쪽.

4   오성철, 《식민지 초등교육의 형성》, 교육과학사, 2000, 23쪽.

5   한우희, 〈식민지 전기의 보통학교〉, 《근대한국 초등교육연구》, 교육과학사, 1998, 90쪽.

6   《동아일보》 1935년 4월 11일, 오천석, 〈기미 이후 15년간 조선교육계〉.

7   한우희, 〈식민지 전기의 보통학교〉, 《근대한국 초등교육연구》, 교육과학사, 1998, 90~91쪽.

8   박지현, 〈식민지기 유교 지식인의 도시 이주와 가족사의 새로운 전개: 경북 비안의 향반 출신 해약 김광진 가족의 사례 연구〉, 《진단학보》 126, 2016, 134쪽.

9   김부자 저, 조경희·김우자 역, 《학교 밖의 조선여성들》, 일조각, 2009, 122~123쪽에서 재인용.

10   김부자 저, 조경희·김우자 역, 《학교 밖의 조선여성들》, 일조각, 2009, 215~216쪽.

11   이혜영·윤종혁·류방란, 《한국 근대 학교교육 100년사 연구 Ⅱ: 일제시대의 학교교육》, 한국교육개발원, 1997, 74쪽.

12   박철희, 《식민지기 한국 중등교육 연구》, 서울대 박사학위논문, 2002, 2쪽.

13   박철희, 《식민지기 한국 중등교육 연구》, 서울대 박사학위논문, 2002, 2쪽.

14   이혜영·윤종혁·류방란, 《한국 근대 학교교육 100년사 연구 Ⅱ: 일제시대의 학교교육》, 한국교육개발원, 1997, 35쪽.

15   안홍선, 《식민지시기 중등 실업교육 연구》, 서울대 박사학위논문, 2015, 2쪽.

16   오성철, 〈식민지기의 교육적 유산〉, 《교육사학연구》 8-1, 1998, 226쪽.

17   김혜경, 《식민지 근대가족의 형성과 젠더》, 창비, 2006, 105쪽.

18   이만규, 《조선교육사》, 살림터, 2010, 613~614쪽.

19   박로아, 〈여성공황시대〉, 《별건곤》 1930년 7월호, 62쪽.

20 강명숙, 〈일제시대 학교제도의 체계화: 제2차 조선교육령 개정을 중심으로〉, 《한국교육사학》 32-1, 2010, 2쪽.

21 권태억, 〈1920,30년대 일제의 동화정책론〉, 《한국사론》 53, 2007, 426쪽.

22 정재철, 《일제의 대한식민지교육정책사》, 일지사, 1985, 283쪽.

23 지호원, 《일제하 수신과 교육 연구》, 부산대 박사학위논문, 1997, 19쪽.

24 김태완, 〈일제 강점기의 배움과 가르침〉, 국사편찬위원회 편, 《배움과 가르침의 끝없는 열정》, 두산동아, 2005, 311~312쪽.

25 지호원, 《일제하 수신과 교육 연구》, 부산대 박사학위논문, 1997, 31쪽.

26 변은진, 《파시즘적 근대체험과 조선민중의 현실인식》, 선인, 2013, 111쪽.

27 지호원, 《일제하 수신과 교육 연구》, 부산대 박사학위논문, 1997, 32쪽.

28 이혜영·윤종혁·류방란, 《한국 근대 학교교육 100년사 연구 Ⅱ: 일제시대의 학교교육》, 한국교육개발원, 1997, 5장 참조.

29 김수진, 《신여성, 근대의 과잉》, 소명, 2009, 76쪽.

30 홍양희, 〈식민지시기 남성교육과 젠더: 양반 남성의 생활상과의 비교를 중심으로〉, 《아시아여성연구》 44-1, 2005, 140쪽.

31 박정애, 〈신여성의 이상과 현실〉, 《한국여성사 깊이 읽기》, 푸른역사, 2013, 253쪽.

32 《매일신보》 1942년 7월 12일.

33 《매일신보》 1943년 1월 25일.

34 《매일신보》 1943년 6월 27일.

35 김순전 외, 《제국의 식민지수신》, 제이앤씨, 2008, 295쪽에서 재인용.

36 김한종, 〈조선총독부의 교육정책과 교과서 발행〉, 《역사교육연구》 9, 2009, 326~327쪽.

37 김순전·장미경, 〈《보통학교수신서》를 통해 본 조선총독부의 여성 교육〉, 《일본어문학》 28, 2006, 210쪽에서 재인용.

38 김순전·장미경, 〈조선총독부발간 《여자고등보통학교수신서》의 여성상〉, 《일본학연구》 21, 2007, 162쪽에서 재인용.

39 지호원, 《일제하 수신과 교육 연구》, 부산대 박사학위논문, 1997, 164쪽.

40 김용갑·김순전, 〈일제강점기 《보통학교수신서》의 '조선'에 관한 서술변화 양상〉, 《일

본어문학》 29, 2006, 207~208쪽에서 재인용.

41 김한종, 〈내선일체론의 역사교육 적용〉, 《역사교육연구》 20, 2014, 340쪽.

42 김보림, 《일제하 국민학교 국민과의 도입과 '국사'(일본사) 교육》, 서울대 박사학위논문, 2006, 47쪽.

43 허우긍, 〈지도와 사회〉, 《한국고지도연구》 3-2, 2011, 11쪽.

44 정명규, 〈일제의 조선어 교육 변천과정에 대한 연구〉, 《배달말교육》 2, 1984, 119쪽.

45 장미경, 〈'일본어교과서'로 본 식민지 교육: 조선 《보통학교국어독본》과 대만 《공립교용국민독본》을 중심으로〉, 《일본어문학》 48, 2011, 208쪽.

46 박경수, 〈일제말기 《국어독본》의 교화로 변용된 '어린이'〉, 《일본어문학》 55, 2011, 556쪽.

47 이혜영·윤종혁·류방란, 《한국 근대 학교교육 100년사 연구Ⅱ : 일제시대의 학교교육》, 한국교육개발원, 1997, 148쪽.

48 김주연, 〈일제강점기 초등학교 창가에 투영된 식민지교육〉, 《일본연구》 18, 2012, 298~299쪽.

49 박경수·김순전, 〈조선총독부의 초등학교 음악과 군가의 영향관계 고찰〉, 《일본어문학》 58, 2013, 383쪽.

50 박경수·김순전, 〈조선총독부의 초등학교 음악과 군가의 영향관계 고찰〉, 《일본어문학》 58, 2013, 377쪽.

51 《매일신보》 1944년 11월 8일.

52 박경수, 〈일제강점기 초등학교 창가와 의식의 상관성〉, 《일본어문학》 56, 2013, 159쪽.

2. 학교생활과 교실 밖 수업

1 김정아, 《개항기 이후 한국 아동복식 연구》, 이화여대 박사학위논문, 2011, 112~113쪽.

2 김정아, 《개항기 이후 한국 아동복식 연구》, 이화여대 박사학위논문, 2011, 126쪽.

3   김정아, 《개항기 이후 한국 아동복식 연구》, 이화여대 박사학위논문, 2011, 126쪽.

4   국사편찬위원회 편, 《'지방을 살다': 지방행정, 1930년대에서 1950년대까지》, 국사편찬위원회, 2006, 12쪽.

5   김정아, 《개항기 이후 한국 아동복식 연구》, 이화여대 박사학위논문, 2011, 169쪽.

6   윤성순, 〈첫번 양복 입을 때 이야기〉, 《신가정》 1935년 4월호, 90쪽.

7   박철희, 〈일제 강점기 중등학교의 학생 규율에 관한 연구〉, 《한국교육》 30-1, 2003, 91쪽.

8   《동아일보》 1930년 4월 6일.

9   〈교단에서 본 남학생과 여학생. 남녀는 학생시대부터 어떻게 다른가〉, 《별건곤》 1929년 2월호, 44쪽.

10 박○석, 〈모표시비한 이에게〉, 《신여성》 1924년 2월호, 84쪽.

11 〈학생계 유행 2, 3〉, 《학생》 1929년 1월호, 102쪽.

12 리영희, 《역정: 나의 청년시대》, 창비, 1988, 77~78쪽.

13 《동아일보》 1929년 1월 1일.

14 〈교단에서 본 남학생과 여학생. 남녀는 학생시대부터 어떻게 다른가〉, 《별건곤》 1929년 2월호, 43쪽.

15 유수경, 《한국여성양장의 변천에 관한 연구》, 이화여대 박사학위논문, 1988, 158쪽.

16 〈교단에서 본 남학생과 여학생. 남녀는 학생시대부터 어떻게 다른가〉, 《별건곤》 1929년 2월호, 44쪽.

17 《매일신보》 1928년 9월 26일.

18 쌍S생, 〈남녀학교 소사대화〉, 《학생》 1929년 1월호, 86쪽.

19 조희진, 《근대적 복식 유행의 출현과 사회적 수용: 식민지시기 언론 매체 기사를 중심으로》, 고려대 박사학위논문, 2008, 201쪽.

20 김지혜, 《한국 근대 미인 담론과 이미지》, 이화여대 박사학위논문, 2015, 68쪽.

21 유수경, 《한국여성양장의 변천에 관한 연구》, 이화여대 박사학위논문, 1988, 182쪽.

22 이숙종, 〈경성 각 여학교 교복평, 실용과 미관을 주로〉, 《삼천리》 1939년 8월호, 180쪽.

23 《조선일보》 1938년 9월 10일.

24 《매일신보》 1938년 8월 26일.

25 《조선일보》 1939년 5월 28일.

26 오타 오사무 저, 이규태·김진숙 역, 〈중일전쟁 시기 대구 조선인 여학생의 학교생활: K양의 1937년 일기에서〉,《식민지 조선의 일상을 묻다》, 동국대학교출판부, 2013, 217쪽.

27 조희진,《근대적 복식 유행의 출현과 사회적 수용: 식민지시기 언론 매체 기사를 중심으로》, 고려대 박사학위논문, 2008, 136쪽.

28 유수경,《한국여성양장의 변천에 관한 연구》, 이화여대 박사학위논문, 1988, 194쪽.

29 히우라 사토코 저, 이언숙 역,《신사·학교·식민지》, 고려대학교출판문화원, 2016, 37쪽.

30 이윤미, 〈근대적인 교육공간과 신여성: 여성의 공적 교육 공간으로의 편입과 사회적 규범화〉,《여/성이론》6, 2002, 52~54쪽.

31 구수경,《근대성의 구현체로서의 학교: 시간·공간·지식의 구조화》, 한국교원대 박사학위논문, 2007, 135~136쪽.

32 강상훈,《일제강점기 근대시설의 모더니즘 수용: 박람회·보통학교·아파트 건축을 중심으로》, 서울대 박사학위논문, 2004, 112~126쪽.

33 구수경,《근대성의 구현체로서의 학교: 시간·공간·지식의 구조화》, 한국교원대 박사학위논문, 2007, 136쪽.

34 김진균·정근식·강이수, 〈일제하 보통학교와 규율〉, 김진균·정근식 편저,《근대주체와 식민지 규율권력》, 문화과학사, 1997, 90쪽.

35 유근직, 〈학교운동장의 성립과정에 관한 역사적 고찰〉,《한국체육학회지》39-3, 2000, 23쪽.

36 요시마 슌야 외 저, 이태문 역,《운동회, 근대의 신체》, 논형, 2007, 48쪽.

37 유근직, 〈학교운동장의 성립과정에 관한 역사적 고찰〉,《한국체육학회지》39-3, 2000, 27쪽.

38 구수경,《근대성의 구현체로서의 학교: 시간·공간·지식의 구조화》, 한국교원대 박사학위논문, 2007, 136~137쪽.

39 박노자,《나를 배반한 역사》, 인물과 사상사, 2003, 190~194쪽.

40 최지현, 《근대소설에 나타난 학교: 이태준, 김남천, 심훈의 장편소설을 중심으로》, 동국대 석사학위논문, 2003, 8쪽.

41 국사편찬위원회 편, 《'지방을 살다': 지방행정, 1930년대에서 1950년대까지》, 국사편찬위원회, 2006, 265쪽.

42 구수경, 《근대성의 구현체로서 학교: 시간·공간·지식의 구조화》, 한국교원대 박사학위논문, 2007, 144쪽.

43 리영희, 《역정: 나의 청년시대》, 창비, 1988, 103쪽.

44 오성철, 《식민지 초등 교육의 형성》, 교육과학사, 2000, 260쪽.

45 공채영, 《개화기 교과서 과학 삽화 연구》, 한예종 예술전문사학위논문, 2015, 38쪽.

46 리영희, 《역정: 나의 청년시대》, 창비, 1988, 44쪽.

47 오성철, 《식민지 초등 교육의 형성》, 교육과학사, 2000, 260쪽.

48 오성철, 《식민지 초등 교육의 형성》, 교육과학사, 2000, 259~260쪽.

49 《조선일보》 1936년 3월 20일.

50 김진균·정근식·강이수, 〈일제하 보통학교와 규율〉, 김진균·정근식 편저, 《근대주체와 식민지 규율권력》, 문화과학사, 1997, 91쪽.

51 국사편찬위원회, 《20세기 여성, 전통과 근대의 교차로에 서다》, 두산동아, 2007, 138쪽.

52 이정우, 〈일제 강점기 관립 중등학교 기숙사 건축에 관한 연구〉, 《한국산학기술학회논문지》 15-8, 2014, 5355~5362쪽.

53 문옥표, 〈일제시대 조선 청소년들의 삶과 경험〉, 《한국문화인류학》 39-2, 2006, 291쪽.

54 경북여자고등학교 편, 《경북여고칠십년사》, 경북여자고등학교, 1999, 209~210쪽.

55 계성90년사편찬위원회 편, 《계성90년사》, 계성중고등학교, 1996, 138쪽.

56 조백추, 〈기숙사생활의 이 모양 저 모양〉, 《신여성》 1926년 4월호, 34쪽.

57 조백추, 〈기숙사생활의 이 모양 저 모양〉, 《신여성》 1926년 4월호, 32쪽.

58 문옥표, 〈일제시대 조선 청소년들의 삶과 경험〉, 《한국문화인류학》 39-2, 2006, 291~292쪽.

59 전고·북중 80년사 편찬위원회 편, 《전고·북중 팔십년사》, 전고·북중 80년사 편찬위

원회, 1999, 159~160쪽.

60 이혜영·윤종혁·류방란,《한국 근대 학교교육 100년사 연구 Ⅱ: 일제시대의 학교교육》, 한국교육개발원, 1997, 267~269쪽.

61 이경숙,《일제시대 시험의 사회사》, 경북대 박사학위논문, 2006, 125쪽.

62 이기훈,〈일제하 보통학교 교원의 사회적 위상과 자기인식〉,《역사와현실》63, 2007, 116쪽.

63 팔봉산인,〈지배계급교화, 피지배계급교화〉,《개벽》1924년 1월호, 23쪽.

64 이혜영·윤종혁·류방란,《한국 근대 학교교육 100년사 연구 Ⅱ: 일제시대의 학교교육》, 한국교육개발원, 1997, 235쪽.

65 이기훈,〈식민지 학교 공간의 형성과 변화: 보통학교를 중심으로〉,《역사문제연구》17, 2007, 112쪽.

66 이만규,《조선교육사》, 살림터, 2010, 661~662쪽.

67 〈대풍자! 대희학, 현대 조선 10대 발명품 신제조법〉,《별건곤》1932년 1월호, 46쪽.

68 조윤정,《한국 근대소설에 나타난 교육장과 계몽의 논리》, 서울대 박사학위논문, 2010, 69~71쪽.

69 변은진,《파시즘적 근대체험과 조선민중의 현실인식》, 선인, 2013, 116~117쪽.

70 김혜경,《식민지하 근대가족의 형성과 젠더》, 창비, 2006, 211쪽.

71 오성철,〈식민지기 교육의 식민성과 탈식민성: 초등학교 규율의 내용과 형식〉,《한국교육사학》22-2, 2000, 39쪽.

72 김태완,〈일제 강점기의 배움과 가르침〉, 국사편찬위원회 편,《배움과 가르침의 끝없는 열정》, 두산동아, 2005, 351쪽.

73 김재화,《文敎の朝鮮》, 1931, 52~53쪽; 오성철,《식민지초등교육의 형성》, 교육과학사, 2000, 355쪽에서 재인용.

74 오성철,《식민지초등교육의 형성》, 교육과학사, 2000, 355쪽.

75 김성학,〈경성사범학교 학생 훈육의 성격〉,《경희대학교 교육문제연구소 논문집》15, 1999, 105쪽.

76 《매일신보》1938년 8월 26일.

77 《조선일보》1938년 8월 28일.

78 박철희, 〈일제 강점기 중등학교의 학생 규율에 관한 연구〉, 《한국교육》 30-1, 2003, 94쪽.

79 오성철, 〈식민지 학교 규율의 역사적 기원: 조회를 중심으로〉, 《교육사학연구》 16, 2006, 2쪽.

80 이치석, 《전쟁과 학교》, 삼인, 2005, 83쪽.

81 김진균·정근식·강이수, 〈일제하 보통학교와 규율〉, 김진균·정근식 편저, 《근대주체와 식민지 규율권력》, 문화과학사, 1997, 92~93쪽.

82 손준종, 〈'내신제' 도입의 사회적 성격에 관한 연구: 1930년대를 중심으로〉, 《교육사회학연구》 16-3, 2006, 134쪽.

83 이경숙, 〈학적부 분석: 일제말기 학교가 기록한 '국민학생'의 삶, 희망, 현실〉, 《교육철학》 31, 2007, 235쪽.

84 이혜영·윤종혁·류방란, 《한국 근대 학교교육 100년사 연구 Ⅱ: 일제시대의 학교교육》, 한국교육개발원, 1997, 299쪽.

85 정병욱, 《식민지 불온열전》, 역사비평사, 2013, 42쪽.

86 오타 오사무 저, 이규태·김진숙 역, 〈중일전쟁 시기 대구 조선인 여학생의 학교생활: K양의 1937년 일기에서〉, 《식민지 조선의 일상을 묻다》, 동국대학교출판부, 2013, 205쪽.

87 안태윤, 《일제하 모성에 관한 연구》, 성신여대 박사학위논문, 2001, 165쪽.

88 이경숙, 〈학적부 분석: 일제말기 학교가 기록한 '국민학생'의 삶, 희망, 현실〉, 《교육철학》 31, 2007, 58쪽.

89 조윤정, 〈이태준 소설에 재현된 식민지 조선의 학교〉, 《상허학보》 28, 23쪽.

90 《동아일보》 1926년 6월 21일.

91 《동아일보》 1925년 6월 14일.

92 박찬승, 〈1920년대 보통학교 학생들의 교원 배척 동맹휴학〉, 《역사와 현실》 104, 2017, 286쪽.

93 김시종 저, 윤여일 역, 《조선과 일본에 살다》, 돌베개, 2016, 71쪽.

94 이기훈, 〈식민지 학교 공간의 형성과 변화: 보통학교를 중심으로〉, 《역사문제연구》 17, 2007, 88쪽.

95 박철희, 《식민지기 한국 중등교육 연구》, 서울대 박사학위논문, 2002, 131쪽.

96 송찬섭·최규진, 《근현대 속의 한국》, 방송통신대학출판문화원, 2018, 300~301쪽.

97 이혜영·윤종혁·류방란, 《한국 근대 학교교육 100년사 연구 Ⅱ : 일제시대의 학교교육》, 한국교육개발원, 1997, 309~310쪽.

98 주요섭, 〈수학여행과 선수제도, 교육계의 양대문제〉, 《동광》 1931년 11월호, 33~34쪽.

99 송찬섭·최규진, 《근현대 속의 한국》, 방송통신대학출판문화원, 2018, 306쪽.

100 신영숙, 〈몸의 가치와 모성의 저항〉, 국사편찬위원회, 《'몸'으로 본 한국여성사》, 경인문화사, 2011, 279쪽.

101 리영희, 《역정: 나의 청년시대》, 창비, 1988, 29쪽.

102 《매일신보》 1939년 12월 23일.

103 송찬섭·최규진, 《근현대 속의 한국》, 방송통신대학출판문화원, 2018. 310쪽.

104 《매일신보》 1939년 4월 22일.

105 안태윤, 〈일제말기 전시체제와 모선의 식민화〉, 《한국여성학》 19-3, 2003, 97쪽.

106 송찬섭·최규진, 《근현대 속의 한국》, 방송통신대학출판문화원, 2018, 295~298쪽.

107 박환, 〈근대 수원지역 학교운동회 연구〉, 《한국민족운동사연구》 81, 2014, 19쪽.

108 국사편찬위원회 편, 《'지방을 살다': 지방행정, 1930년대에서 1950년대까지》, 국사편찬위원회, 2006, 155쪽.

109 리영희, 《역정: 나의 청년시대》, 창비, 1988, 29쪽.

110 오성철, 〈운동회의 기억. 해방 이후 초등학교 운동회를 중심으로〉, 《아시아교육연구》 12-1, 2011, 203쪽.

111 《매일신보》 1940년 8월 20일.

112 김명숙, 〈배화여고보 《졸업기념사진첩》으로 본 일제강점기 여학교의 일상과 식민지 근대〉, 《한국사상과 문화》 88, 2017, 182쪽.

113 조성운, 〈대한제국기 근대 학교의 소풍·수학여행의 도입과 확산〉, 《한국민족운동사연구》 70, 2012, 13쪽.

114 《매일신보》 1937년 10월 26일.

115 유수정, 《1930년대 식민지 초등학교 교육에 관한 구술사적 연구》, 서울교대 석사학위

논문, 2009, 95쪽.

116 《매일신보》1942년 5월 11일.

117 이병담·구희성, 〈일제강점기 아동의 체육활동과 식민성: 조선총독부《소학교보통학교체조교수서》와 국정교과서를 중심으로〉, 《일본어문학》 45, 2010, 367쪽에서 재인용.

118 윤소영, 〈관광명소의 탄생과 숙박시설〉, 《여행과 관광으로 본 근대》, 두산동아, 2008, 179~180쪽.

119 조성운, 〈대한제국기 근대 학교의 소풍·수학여행의 도입과 확산〉, 《한국민족운동사연구》 70, 2012, 13쪽; 윤소영, 〈관광명소의 탄생과 숙박시설〉, 《여행과 관광으로 본 근대》, 두산동아, 2008, 180쪽.

120 우미영, 〈전시되는 제국과 피식민 주체의 여행: 1930년대 만주수학여행기를 중심으로〉, 《동아시아 문화연구》 48, 2010, 40쪽.

121 조성운, 〈1920년대 수학여행의 실태와 사회적 인식〉, 《한국독립운동사연구》 42, 2012, 359쪽.

122 김태완, 〈일제 강점기의 배움과 가르침〉, 국사편찬위원회 편, 《배움과 가르침의 끝없는 열정》, 두산동아, 2005, 347쪽.

123 방지선, 〈1920-30년대 조선인 중등학교의 일본·만주 수학여행〉, 《석당논총》 44, 2009, 176쪽.

124 진영복, 〈일제말기 만주 여행서사와 주체 구성 방식〉, 《대중서사연구》 23, 2010, 35~36쪽.

125 임성모, 〈1930년대 일본인의 만주 수학여행: 네트워크와 제국의식〉, 《동북아역사논총》 31, 2011, 178쪽.

126 우미영, 〈전시되는 제국과 피식민 주체의 여행: 1930년대 만주 수학 여행기를 중심으로〉, 《동아시아문화연구》 48, 2010, 48쪽.

127 《조선일보》1930년 11월 12일.

128 전고·북중 80년사 편찬위원회 편, 《전고·북중 팔십년사》, 전고·북중 80년사 편찬위원회, 1999, 140쪽.

129 오타 오사무 저, 이규태·김진숙 역, 〈중일전쟁 시기 대구 조선인 여학생의 학교생활:

K양의 1937년 일기에서〉, 《식민지 조선의 일상을 묻다》, 동국대학교출판부, 2013, 235쪽.

130 엄성원, 《일제 강점기 수학여행의 양상과 성격》, 중앙대 석사학위논문, 2009, 18쪽.

131 권희주, 〈제국 일본과 식민지 조선의 수학여행: 그 혼종의 공간과 교차되는 식민지의 시선〉, 《한일군사문화연구》 15, 2013, 280쪽.

132 임성모, 〈1930년대 일본인의 만주 수학여행: 네트워크와 제국의식〉, 《동북아역사논총》 31, 2011, 184쪽.

133 청연필, 〈생명세탁〉, 《학생》 1930년 11월호, 64~65쪽.

134 채만식, 〈수학여행의 추억〉, 《신동아》 1934년 8월호, 157쪽.

135 장문락, 〈당대 중학생 변주곡〉, 《중앙》 1936년 4월호, 215쪽.

136 《동아일보》 1932년 10월 2일.

137 《동아일보》 1924년 5월 19일; 《매일신보》 1924년 5월 19일.

138 주요섭, 〈수학여행 시비, 과연 소득이 있느냐 없느냐〉, 《별건곤》 1931년 11월호, 16쪽.

139 《신동아》 1934년 8월호, 135쪽.

140 김태완, 〈일제 강점기의 배움과 가르침〉, 국사편찬위원회 편, 《배움과 가르침의 끝없는 열정》, 두산동아, 2005, 349쪽.

141 《매일신보》 1940년 8월 20일.

142 전고·북중 80년사 편찬위원회 편, 《전고·북중 팔십년사》, 전고·북중 80년사 편찬위원회, 1999, 139쪽.

143 《동아일보》 1931년 7월 25일.

144 《동아일보》 1937년 7월 13일.

145 《조선일보》 1930년 2월 15일.

146 박숙자, 《속물교양의 탄생》, 푸른역사, 2012, 151쪽.

147 최영수, 〈귀향행진곡〉, 《중앙》 1936년 7월호, 262쪽.

148 《매일신보》 1926년 7월 6일.

149 김동혁, 〈집에 안가도 좋다〉, 《학생》 1929년 4월호, 30쪽.

150 〈하기방학으로 시골에 돌아간 여학생들에게, 아울러 남아 있은 학생을 위하여〉, 《신

여성》 1926년 8월호, 13쪽.

김팔봉, 〈하기 휴가중 시골에 안가는 재경학생은 무엇을 할까?〉, 《학생》 1929년 7월
호, 6쪽.

《동아일보》 1929년 4월 3일.

가목사, 〈방학연장술〉, 《학생》 1930년 7월호, 91쪽.

《매일신보》 1939년 7월 16일.

유각경, 〈어떤 선물을 가지고 귀향할까〉, 《학생》 1929년 7월호, 38쪽.

최영수, 〈귀향행진곡〉, 《중앙》 1936년 7월호, 260~261쪽.

김순열, 〈여학생 미명을 악용치 말자〉, 《학생》 1929년 7월호, 39쪽.

최영수, 〈귀향행진곡〉, 《중앙》 1936년 7월호, 263쪽.

변은진, 《파시즘적 근대체험과 조선민중의 현실인식》, 선인, 2013. 112쪽.

《매일신보》 1939년 7월 6일.

《매일신보》 1942년 6월 16일.

《매일신보》 1943년 7월 22일.

《매일신보》 1920년 3월 23일.

《매일신보》 1922년 4월 19일.

리영희, 《역정: 나의 청년시대》, 창비, 1988, 53쪽.

香山光郎, 〈입학시험〉, 《半島の光》 1943년 5월호, 14쪽; 최규진, 〈학교를 덮친 '전시
체제', 동원되는 학생〉, 《내일을 여는 역사》 50, 2013, 277쪽.

리영희, 《역정: 나의 청년시대》, 창비, 1988, 51쪽.

3. 학생의 꿈과 좌절, 기쁨과 우울

서종원, 《한국의 근대 놀이문화》, 채륜, 2015. 186~194쪽 참조.

《매일신보》 1920년 8월 1일.

《매일신보》 1914년 9월 14일.

《매일신보》 1927년 10월 19일.

5   권희주, 〈제국 일본의 완구와 '소국민문화'〉, 《외국학연구》 29, 2014, 390쪽.

6   권희주, 〈제국일본의 문화산업과 식민지 조선의 '향토완구'〉, 《일본학보》 100, 2014, 389쪽.

7   백철, 〈문화현상으로 본 요요의 유행성〉, 《신여성》 1933년 5월호, 87~88쪽.

8   소래섭, 《불온한 경성은 명랑하라》, 웅진지식하우스, 2011, 211쪽.

9   《매일신보》 1941년 12월 21일, 김효식, 〈전쟁노름〉; 김화선, 〈식민지 어린이의 꿈, '병사되기'의 비극〉, 《창비어린이》 4-2, 2006.

10   무명초, 〈생명을 좌우하는 유행의 마력〉, 《신여성》 1931년 11월호, 64쪽.

11   무명초, 〈생명을 좌우하는 유행의 마력〉, 《신여성》 1931년 11월호, 64쪽.

12   《별건곤》 1927년 2월호, 82쪽.

13   안석영, 〈모던 보이의 산보〉, 《조선일보》 1928년 2월 7일.

14   김수진, 《신여성, 근대의 과잉》, 소명, 2009, 76쪽.

15   서지영, 〈식민지 조선의 모던걸: 1920-30년대 경성 거리의 여성산책자〉, 《한국여성학》 22-3, 2006. 204쪽.

16   천정환, 《근대의 책읽기》, 푸른역사, 2003, 359쪽.

17   백귀녀, 〈격檄!, 남학생 제군에게〉, 《학생》 1929년 5월호, 81쪽.

18   박로아, 〈여학생의 취미 검토〉, 《신여성》 1931년 5월호, 73쪽.

19   범부, 〈범부凡夫의 느낌〉, 《신가정》 1934년 12월호, 357쪽; 김옥란, 〈근대 여성 주체로서의 여학생과 독서 체험〉, 《상허학보》 13, 2004, 256쪽에서 재인용.

20   천정환, 《근대의 책읽기》, 푸른역사, 2003. 349쪽.

21   김미지, 《누가 하이카라 여성을 데리고 사누》, 살림, 2005, 41쪽.

22   김미지, 《누가 하이카라 여성을 데리고 사누》, 살림, 2005, 41쪽.

23   김옥란, 〈근대 여성 주체로서의 여학생과 독서 체험〉, 《상허학보》 13, 2004, 265쪽.

24   이기훈, 〈독서의 근대, 근대의 독서: 1920년대의 책읽기〉, 《역사문제연구》 7, 2001, 35쪽.

25   천정환, 〈근대 초기의 대중문화와 청소년의 책읽기〉, 《독서연구》 9, 2003, 315쪽.

26   이정순, 〈사회과학을 우리에게: 여학생으로서의 원망〉, 《신여성》 1926년 1월호, 13쪽.

27   고은지, 〈1930년대 대중문화 속의 '춘향전'의 모던화 양상과 그 의미: 〈만화 모던 춘

향전〉을 중심으로〉, 《민족문학사연구》 34, 2007, 285쪽.

28 《동아일보》 1940년 4월 13일.

29 《동아일보》 1940년 4월 13일.

30 《동아일보》 1940년 4월 13일.

31 조용만, 《경성야화》, 창, 2012, 65쪽.

32 이승원, 《학교의 탄생》, 휴머니스트, 2005, 169쪽.

33 이영아, 《육체의 탄생》, 민음사, 2008, 126쪽.

34 남상찬, 〈학교와 가정의 시급문제, 성교육 실시방책〉, 《별건곤》 1929년 2월호, 59쪽.

35 이명선, 〈식민지 근대의 '성과학' 담론과 여성의 성sexuality〉, 《여성건강》 2-2, 2001. 100쪽.

36 이영아, 《육체의 탄생》, 민음사, 2008, 88쪽.

37 《매일신보》 1922년 11월 9일.

38 《조선일보》 1925년 8월 22일.

39 《동아일보》 1926년 8월 17일.

40 《조선일보》 1926년 3월 5일.

41 이경민, 〈욕망과 금기의 이중주, 에로사진과 식민지적 검열〉, 《황해문화》 58, 2008. 392쪽.

42 〈벌거숭이 남녀사진〉, 《별건곤》 1927년 12월호, 142쪽.

43 《매일신보》 1929년 1월 16일.

44 송찬섭·최규진, 《근현대 속의 한국》, 방송통신대학출판원, 2018, 199~200쪽.

45 춘파, 〈한번 주목할 만한 남녀 학생간의 연애문제〉, 《부인》 1923년 6월호, 32쪽.

46 〈신유행, 괴유행〉, 《별건곤》 1928년 12월호, 151쪽.

47 장문락, 〈당대 중학생 변주곡〉, 《중앙》 1936년 4월호, 217쪽.

48 《조선일보》 1922년 12월. 6일.

49 울금향, 〈당세 여학생독본〉, 《신여성》 1933년 10월호, 64쪽.

50 차민정, 《1920~30년대 '변태'적 섹슈얼리티에 대한 담론연구》, 이화여대 석사학위 논문, 2009, 63쪽.

51 박차민정, 《조선의 퀴어》, 현실문화, 2018, 232쪽.

52 《조선일보》 1925년 4월 24일.

53 〈여류명사의 동성연애기〉, 《별건곤》 1930년 11월호, 120~123쪽.

54 소춘, 〈요때의 조선 신여자〉, 《신여성》 1923년 11월호, 64쪽.

55 〈동성3각연애합전〉, 《학생》 1930년 11월호, 53쪽.

56 《조선일보》 1939년 7월 12일.

57 〈여성평론〉, 《신여성》 1926년 3월호, 18쪽.

58 이명선, 〈식민지 근대의 '성과학' 담론과 여성의 성〉, 《여성건강》 2-2, 2001, 110쪽.

59 소춘, 〈서울여자고등보통학교의 생활〉, 《부인》 1922년 10월호, 39쪽.

60 박생, 〈학부형의 한 사람으로 여선생 여러분께〉, 《신여성》 1926년 1월호, 8쪽.

61 〈모던어 사전〉, 《신여성》 1932년 2월호, 77쪽.

62 《동아일보》 1938년 2월 4일.

63 《중외일보》 1928년 3월 26일.

64 《조선일보》 1940년 3월 30일.

65 《조선일보》 1937년 12월 2일.

66 이경숙, 《일제시대 시험의 사회사》, 경북대 박사학위논문, 2006, 52쪽.

67 문옥표, 〈일제시대 조선 청소년들의 삶과 경험〉, 《한국문화인류학》 39-2, 2006, 289~290쪽.

68 《조선일보》 1926년 3월 17일.

69 손종현, 《일제 제3차조선교육령하 학교교육의 식민지배 관행》, 경북대 박사학위논문, 1993, 203쪽.

70 신형철, 〈졸업기·입학기 앞두고 학해에 경보〉, 《별건곤》 1932년 3월호, 11쪽.

71 조윤정, 《한국 근대소설에 나타난 교육장場과 계몽의 논리》, 서울대 박사학위논문, 2010, 60쪽.

72 《동아일보》 1938년 10월 2일.

73 손종현, 《일제 제3차 조선교육령하 학교교육의 식민지배 관행》, 경북대 박사학위논문, 1993, 215쪽.

74 《조선일보》 1938년 1월 17일.

75 《조선일보》 1938년 1월 17일.

76 《조선일보》1940년 7월 14일, 송창, 〈학기시험〉.

77 청연필, 〈시험횡렬진〉, 《학생》1930년 10월호, 57쪽.

78 박철희, 〈식민지학력경쟁과 입학시험준비교육의 등장〉, 《아시아교육연구》4-1, 2003, 87~88쪽.

79 연도경, 〈남녀학생 시험 때 뇌력 증진법〉, 《학생》1929년 7월호, 11쪽.

80 《동아일보》1939년 8월 11일.

81 김형두, 〈시험잡영〉, 《학생》1929년 7월호, 96쪽; 이승원, 《학교의 탄생》, 휴머니스트 2009, 316~317쪽.

82 씽S생, 〈중학교 만화, 호랑이 똥과 콩나물〉, 《학생》1929년 7월호, 82쪽.

83 청연필, 〈시험횡렬진〉, 《학생》1930년 10월호, 58쪽.

84 《조선일보》1934년 3월 16일, 최창규, 〈시험지옥과 애의 신〉.

85 청연필, 〈시험횡렬진〉, 《학생》1930년 10월호, 61~62쪽.

86 《동아일보》1934년 7월 23일, 최영수, 〈탄식하는 서울거리〉.

87 〈학생계 유행 2, 3〉, 《학생》1929년 1월호, 102쪽.

88 손정목, 《한국근대화 100년》, 한울, 2015, 32쪽.

89 손종현, 〈일제시대 학교시험제도의 정치학〉, 《교육철학》31, 2007, 41쪽.

90 이경숙, 《일제시대 시험의 사회사》, 경북대 박사학위논문, 2006, 2쪽.

91 김재소, 〈가난한 집 자식〉, 안승현 편, 《한국노동소설전집》3, 보고사, 1995, 17쪽; 김혜경, 《식민지하 근대가족의 형성과 젠더》, 창비, 2006, 243쪽에서 재인용.

92 《동아일보》1939년 3월 24일.

93 齊藤作松, 〈普通學校授業料納入成績向上方案〉, 《文教の朝鮮》1928년 4월호, 97쪽.

94 齊藤作松, 〈普通學校授業料納入成績向上方案〉, 《文教の朝鮮》1928년 4월호, 100~101쪽; 강명숙, 〈영화 '수업료'를 통해 보는 전시체제기 교육〉, 《한국교육사학》 37-2, 2015, 102쪽에서 재인용.

95 임용화, 〈학교와 가정의 중간에서 여학생의 희망〉, 《별건곤》1927년 7월호, 114쪽.

96 강명숙, 〈영화 '수업료'를 통해 보는 전시체제기 교육〉, 《한국교육사학》37-2, 2015, 101쪽.

97 〈학생생활의 이면상〉, 《文教の朝鮮》 1927년 7월호, 78쪽.

98 《동아일보》 1926년 12월 15일.

99 김학순, 〈이래야 옳습니까. 학부형으로부터 학교 당국에〉, 《별건곤》 1931년 10월호, 10쪽.

100 《조선일보》 1926년 3월 14일.

101 《동아일보》 1924년 2월 11일.

102 리영희, 《역정: 나의 청년시대》, 창비, 1988, 91쪽.

103 《조선일보》 1926년 3월 16일, 〈신학기 임박(3)〉.

104 《동아일보》 1923년 5월 15일.

105 《동명》 1923년 3월호, 15쪽.

106 권덕규, 〈갈돕회會로 갈돕해解까지〉, 《갈돕》 1922년 8월호, 9쪽.

107 김현철, 《일제기 청소년 문제에 대한 연구》, 연세대 박사학위논문, 1999, 81쪽.

108 남신동, 〈고학苦學과 혁명의 시대, 최초의 사회주의학교의 등장〉, 《교육비평》 11, 2003, 125~126쪽.

109 《동아일보》 1935년 4월 11일, 오천석, 〈기미 이후 십오년간 조선교육계의 변천(완)〉.

110 이기훈, 〈일제하 보통학교 교원의 사회적 위상과 자기인식〉, 《역사와현실》 63, 2007, 110쪽.

111 《동아일보》 1934년 4월 1일.

112 《조선일보》 1936년 3월 21일, 〈낙제생! 실직생! 그들은 어디로 갈까?〉(3).

113 鮮于文壽峰, 〈卒業生指導〉, 《朝鮮の教育研究》 1931년 9월호, 84쪽; 이기훈, 〈일제하 농촌보통학교의 '졸업생 지도'〉, 《역사문제연구》 4, 2000, 273쪽에서 재인용.

114 김부자 저, 조경희·김우자 역, 《학교 밖의 조선여성들》, 일조각, 2009, 255쪽.

115 서지영, 〈여공의 눈으로 본 식민지 도시 풍경〉, 《역사문제연구》 22, 2009, 16쪽.

116 오성철, 《식민지 초등교육의 형성》, 교육과학사, 2000, 389쪽.

117 《조선일보》 1940년 5월 19일.

118 《조선일보》 1934년 3월 3일.

119 이혜영·윤종혁·류방란, 《한국 근대 학교교육 100년사 연구 II: 일제시대의 학교교육》, 한국교육개발원, 1997, 323~324쪽.

120 SW생, 〈망난이 자식〉, 《개벽》 1924년 10월호, 118쪽.

121 이혜영·윤종혁·류방란, 《한국 근대 학교교육 100년사 연구 Ⅱ : 일제시대의 학교교육》, 한국교육개발원, 1997, 324쪽.

122 박철희, 《식민지기 한국 중등교육 연구》, 서울대 박사학위논문, 2002, 235쪽.

123 신형철, 〈현하에 당면한 조선여성의 3대난〉, 《신여성》 1931년 11월호, 13쪽.

124 김XX, 〈갈 곳이 없습니다〉, 《신여성》 1923년 11월호, 32~33쪽.

125 이현경, 〈어데로 갈가요. 졸업을 닥드리는 처녀의 번민〉, 《별건곤》 1927년 7월호, 118쪽.

126 이만규, 〈여자교육의 재음미〉, 《학등》 1936년 2~3월 합호, 12쪽.

127 김수진, 《신여성, 근대의 과잉》, 소명, 2009, 81쪽.

128 김수진, 《신여성, 근대의 과잉》, 소명, 2009, 84쪽.

129 박철희, 〈일제 강점기 여자고등보통학교 교육기회분배와 졸업생 진로에 관한 연구〉, 《한국교육사학》 28-2, 2006, 69쪽.

130 함상훈, 〈조선여성에게 보내고 싶은 말〉, 《전선》 1933년 1월호, 84쪽.

131 유철·김순전, 〈일제강점기 《국어독본》에 투영된 군사교육〉, 《일어일문학》 56, 2012, 341쪽에서 재인용.

132 《매일신보》 1944년 11월 8일.

133 이선애, 《1930년대 중반 이후 식민지 초등학교 교육에 관한 구술사적 연구: 충북 괴산 지역을 중심으로》, 청주교대 석사학위논문, 2007, 42~43쪽.

134 오타 오사무 저, 이규태·김진숙 역, 〈중일전쟁 시기 대구 조선인 여학생의 학교생활: K양의 1937년 일기에서〉, 《식민지 조선의 일상을 묻다》, 동국대학교출판부, 2013, 226쪽.

135 리영희, 《역정: 나의 청년시대》, 창비, 1988, 84쪽.

136 《조선일보》 1938년 6월 3일.

137 정수남, 〈거리 위의 모더니티: 서울의 '러시아워' 현상에 관한 시·공간의 사회학적 연구〉, 《사회연구》 8, 2004, 218~219쪽.

138 《조선일보》 1939년 7월 18일, 김광섭, 〈경성론〉(4).

139 돌이, 〈어여쁜 여학생의 신안 호신구〉, 《별건곤》 1928년 2월호, 98쪽.

140 《조선일보》 1939년 6월 1일.

141 《매일신보》 1940년 6월 16일.

142 선린상업고등학교, 《선린 팔십년사》, 343쪽; 이혜영·윤종혁·류방란, 《한국 근대 학교교육 100년사 연구 Ⅱ : 일제시대의 학교교육》, 한국교육개발원, 1997, 299쪽에서 재인용.

143 부산상업고등학교, 《부산상 백년사》, 159쪽; 이혜영·윤종혁·류방란, 《한국 근대 학교교육 100년사 연구 Ⅱ : 일제시대의 학교교육》, 한국교육개발원, 1997, 299쪽에서 재인용.

144 《매일신보》 1941년 8월 8일.

145 《동아일보》 1939년 3월 6일.

146 사우춘, 〈열차 통학생〉, 《태양》 1940년 1월호, 87쪽.

147 장세걸, 〈통학타령〉, 《학생》 1929년 1월호, 98쪽.

148 박천홍, 《매혹의 질주, 근대의 횡단》, 산처럼, 2003, 370쪽.

149 사우춘, 〈열차 통학생〉, 《태양》 1940년 1월호, 85~86쪽.

150 장세걸, 〈통학타령〉, 《학생》 1929년 1월호, 98쪽.

151 사우춘, 〈열차 통학생〉, 《태양》 1940년 1월호, 85~86쪽.

152 《매일신보》 1939년 11월 29일.

153 사우춘, 〈열차 통학생〉, 《태양》 1940년 1월호, 86쪽.

154 최영수, 〈하숙구걸행장기〉, 《신동아》 1936년 7월호, 153쪽.

155 일기자, 〈여성평론〉, 《신여성》 1926년 4월호, 16쪽.

156 청연필, 〈시험횡열진〉, 《학생》 1930년 10월호, 56쪽.

157 풍천조, 〈보도연맹이 본 중등학생과 경성〉, 《조광》 1941년 4월호, 241쪽.

158 최영주, 〈학창의 추억, 단상 2,3〉, 《학생》 1930년 6월호, 22쪽.

159 《조선일보》 1940년 4월 17일.

160 《조선일보》 1939년 11월 14일.

161 리영희, 《역정 : 나의 청년시대》, 창비, 1988. 92쪽.

162 최규진, 〈경성의 뒷모습, 전당포〉, 《내일을 여는 역사》 51, 2013, 241쪽.

163 최규진, 〈학교를 덮친 '전시체제', 동원되는 학생〉, 《내일을 여는 역사》 50, 2013을 수

정하고 보완했다.

164 최유리, 《일제 말기 식민지 지배정책연구》, 국학자료원, 1997, 86~90쪽.

165 김활란, 〈시국과 도회여성〉, 《총동원》 1939년 12월호, 30쪽.

166 정호기, 〈일제하 조선에서의 전쟁사자 추모 공간과 추모 의례〉, 《사회와 역사》 67, 2005, 157쪽.

167 《매일신보》 1942년 4월 7일.

168 《매일신보》 1942년 4월 8일.

169 《매일신보》 1939년 3월 10일

170 《매일신보》 1942년 4월 11일.

171 《매일신보》 1942년 6월 4일.

172 헬렌 리, 〈제국의 딸로서 죽는다는 것〉, 헨리 임·곽준혁 편, 《근대성의 역설》, 후마니타스, 2009, 322쪽.

173 《매일신보》 1942년 4월 20일.

174 손종현, 《일제 제3차 조선교육령하 학교교육의 식민지배 관행》, 경북대 박사학위논문, 1993, 93~95쪽.

175 권창규, 《상품의 시대》, 민음사, 2014, 238쪽.

176 《매일신보》 1939년 6월 24일.

177 《매일신보》 1938년 6월 28일.

178 이상의, 《일제하 조선의 노동정책 연구》, 혜안, 2006, 292쪽.

179 《매일신보》 1938년 6월 28일.

180 《매일신보》 1938년 6월 28일.

181 최재서, 〈근로와 문학〉, 《국민문학》 1943년 5월호, 79쪽; 이경훈, 《오빠의 탄생》, 문학과지성사, 2003. 318쪽에서 재인용.

182 《매일신보》 1938년 6월 14일.

183 《조선일보》 1938년 7월 22일.

184 권영배, 〈일제말 전시체제하 중등학교의 동원과 저항: 대구지역을 중심으로〉, 《역사교육논집》 40, 2008, 369쪽.

185 《매일신보》 1938년 7월 29일.

186 《조선일보》 1938년 8월 14일.

187 총독부는 1937년 9월 6일을 애국일로 정했다. 애국일에 대해 한 잡지는 다음과 같이 적었다. "전 조선에 있는 120만 명의 학교 생도 아동을 총동원해 일대 애국운동을 일으키게 되었습니다. 이날 하늘 높이 번쩍이는 일장기 밑에서 각 학교는 일제히 애국일 식을 거행한 다음 신사에 참배해 국위선양과 황국의 무운장구를 빈답니다. 그리고 각 학급에서 위문주머니를 만들어 3만 개를 북지에서 활약하는 장병에게 보내게 되었습니다"(《가정의 벗》 1937년 9월호, 412쪽).

188 《매일신보》 1938년 9월 6일.

189 《매일신보》 1939년 2월 22일.

190 《매일신보》 1939년 6월 4일.

191 《조선일보》 1939년 5월 28일.

192 《조선일보》 1939년 6월 16일.

193 《매일신보》 1939년 6월 17일.

194 신주백, 〈일제의 교육정책과 학생의 근로동원(1943~1945)〉, 《역사교육》 78, 2001, 82쪽. 강명숙, 〈일제말기 학생 근로 동원의 실태와 그 특징〉, 《한국교육사학》 30-2, 2008, 12쪽.

195 허수열, 〈조선인 노동력의 강제동원의 실태〉, 차기벽 편, 《일제의 한국 식민통치》, 정음사, 1985, 329쪽.

196 최숙영·김동환, 〈일제시대 여성교육에 대한 고찰: 제천공립실과여학교를 중심으로〉, 《지역문화연구》 3, 2004, 192쪽.

197 《매일신보》 1944년 1월 2일.

198 리영희, 《역정: 나의 청년시대》, 창비, 1988, 80쪽.

199 안홍선, 《식민지시기 중등 실업교육 연구》, 서울대 박사학위논문, 2015, 58쪽.

200 안재구, 《할배, 왜놈소는 조선소랑 우는 것도 다른강?》, 돌베개, 1997, 256~257쪽.

201 다카사키 소지 저, 이규수 역, 《식민지 조선의 일본인들》, 역사비평사, 2006, 166~167쪽.

202 김미현, 〈전시체제기 인천지역 학생 노동력 동원〉, 《인천학연구》 12, 2010, 172쪽.

203 리영희, 《역정: 나의 청년시대》, 창비, 1988, 85쪽.

204 김경미, 〈식민지교육 경험 세대의 기억: 경기공립중학교 졸업생의 일제 파시즘 교육 체제하의 경험과 기억을 중심으로〉, 《한국교육사학》 27-1, 2005, 19쪽.

205 《조선일보》 1939년 5월 28일.

206 장문락, 〈당대 중학생 변주곡, 요즈음 학생들의 딱한 이야기〉, 《중앙》 1936년 4월호, 216쪽.

207 《매일신보》 1939년 6월 24일.

208 《조선일보》 1939년 7월 16일.

209 《매일신보》 1939년 7월 6일.

210 변은진, 《일제 전시파시즘기(1937~45) 조선민중의 현실인식과 저항》, 고려대 박사학위논문, 1998, 23쪽.

211 〈우리 학교의 여름 연성〉, 《半島の光》 1943년 8월호, 18쪽.

212 〈우리 학교의 여름 연성〉, 《半島の光》 1943년 8월호, 18~19쪽.

213 일제는 해군지원병제를 앞두고 모든 국민이 수영을 할 수 있는 '개영운동皆永運動' 벌였다(《매일신보》 1943년 6월 26일).

214 〈우리 학교의 여름 연성〉, 《半島の光》 1943년 8월호, 19쪽.

215 곽건홍, 〈일제의 노동정책과 조선노동자: 1938~1945〉, 신서원, 2001, 192쪽.

216 〈우리 학교의 여름 연성〉, 《半島の光》 1943년 8월호, 19쪽.

217 〈우리 학교의 여름 연성〉, 《半島の光》 1943년 8월호, 20쪽

218 《매일신보》 1943년 7월 23일.

219 김민영, 〈일제강점기 국내 노무동원에 대한 연구: 전북지역의 사례〉, 《한일민족문제연구》 16, 2009, 64쪽.

220 다카사키 소지 저, 이규수 역, 《식민지 조선의 일본일들: 군인에서 상인, 그리고 게이샤까지》, 역사비평사, 2008, 167쪽.

221 정근식, 〈식민지지배, 신체규율, '건강'〉, 《생활 속의 식민지주의》, 산처럼, 2007, 111쪽.

222 《조선일보》 1924년 11월 17일.

223 《조선일보》 1924년 11월 19일.

224 《조선일보》 1924년 11월 19일.

225 《시대일보》 1924년 10월 15일.

226 1926년에 시작됐다는 설이 있지만(정근식, 〈식민지지배, 신체규율, '건강'〉, 《생활 속의 식민지주의》, 산처럼, 2007, 111쪽), 1925년부터 시작한 듯하다.

227 《매일신보》 1928년 4월 2일

228 《매일신보》 1928년 5월 13일, 5월 16일, 6월 21일, 7월 6일.

229 《매일신보》 1928년 12월 30일.

230 《매일신보》 1928년 7월 10일.

231 《매일신보》 1928년 5월 25일.

232 《매일신보》 1930년 4월 20일.

233 《매일신보》 1931년 4월 28일.

234 《조선일보》 1935년 5월 31일.

235 《매일신보》 1938년 1월 21일.

236 《매일신보》 1939년 5월 21일.

237 손종현, 《일제 제3차 조선교육령하 학교교육의 식민지배 관행》, 경북대 박사학위논문, 1993, 110~111쪽.

238 권영배, 〈일제말 전시체제하 중등학교의 동원과 저항: 대구지역을 중심으로〉, 《역사교육논집》 40, 2008, 376쪽.

239 박찬웅, 〈나의 중학시절 회상기〉, 《주간경기》 71, 1957년 2월 25일; 《경기백년사》, 169쪽; 김경미, 〈식민지교육 경험 세대의 기억: 경기공립중학교 졸업생의 일제 파시즘 교육체제하의 경험과 기억을 중심으로〉, 《한국교육사학》 27-1, 2005, 18쪽에서 재인용.

240 《조선일보》 1940년 3월 11일.

241 《조선일보》 1940년 3월 11일.

242 손종현, 《일제 제3차 조선교육령하 학교교육의 식민지배 관행》, 경북대 박사학위논문, 1993, 112쪽; 장정하, 《식민지 시기 광주사범연구》, 광주교대 석사학위논문, 2008, 35쪽.

243 손종현, 《일제 제3차 조선교육령하 학교교육의 식민지배 관행》, 경북대 박사학위논문, 1993, 115쪽.

244 《매일신보》 1943년 7월 9일.

245 《매일신보》 1943년 7월 8일.

246 《매일신보》 1943년 7월 7일.

247 《매일신보》 1943년 7월 3일.

248 《조선일보》 1939년 12월 13일.

4. 학생의 일탈과 저항

1   조재호, 〈남자는 천하 사상가, 여자는 천하미인〉, 《별건곤》 1929년 2월호, 39쪽.

2   장문락, 〈당대 중학생 변주곡〉, 《중앙》 1936년 4월호, 214쪽.

3   김남순, 〈일기 2, 3〉, 《신여성》 1931년 8월호, 47쪽.

4   김지영, 《매혹의 근대, 일상의 모험》, 돌베개, 2016, 137쪽.

5   《조선일보》 1932년 4월 17일, 〈시평. 학생의 풍기 문란〉.

6   장문락, 〈당대 중학생 변주곡〉, 《중앙》 1936년 4월호, 216쪽.

7   이승연, 《일제시대 대중음악과 한국인의 생활문화》, 연세대 석사학위논문, 2000, 72쪽에서 재인용.

8   이무영, 〈불량학생과 예술가 기질〉, 《신동아》 1935년 4월호, 98~100쪽.

9   《동아일보》 1923년 6월 27일.

10 《동아일보》 1923년 4월 25일.

11 《매일신보》 1938년 5월 5일.

12 주요섭, 〈학생 풍기 문란론〉, 《동광》 1931년 12월호, 50쪽.

13 유선영, 〈식민지의 스티그마 정치: 식민화 초기 부랑자표상의 현실효과〉, 《사회와 역사》 89, 2011, 55~56쪽.

14 《동아일보》 1933년 4월 6일.

15 《조선일보》 1935년 1월 21일.

16 《매일신보》 1936년 2월 1일, 〈불량성을 띤 생도들의 첫 시초는 여사, 보도연맹발 SOS〉.

17 《조선일보》 1938년 2월 8일.

18 김지혜, 〈미스 조선, 근대기 미인대회와 미인 이미지〉, 《미술사논단》 38, 2014, 222쪽.

19 《동아일보》 1937년 12월 17일

20 《매일신보》 1933년 8월 19일.

21 〈형형색색의 경성 학생상〉, 《개벽》 1925년 4월호, 39쪽.

22 W·C, 〈학생과 유혹, 불량학생의 수기, 촌에서 서울까지〉, 《별건곤》 1932년 3월호, 13쪽.

23 최규진, 〈직업여성, 또는 '걸' 그룹〉, 《내일을 여는 역사》 43, 2011, 307쪽.

24 〈나의 항의〉, 《별건곤》 1930년 8월호, 80쪽.

25 〈나의 항의〉, 《별건곤》 1930년 8월호, 79쪽.

26 〈나의 항의〉, 《별건곤》 1930년 8월호, 79쪽.

27 〈형형색색의 경성 학생상〉, 《개벽》 1925년 4월호, 38쪽.

28 복면기자, 〈가두잡화〉, 《신여성》 1926년 6월호, 46쪽.

29 K·H·S, 〈대경성 암흑면 탐조기〉(3), 《신민》 1927년 10월호, 103쪽.

30 주요섭, 〈학생 풍기 문란론〉, 《동광》 1931년 12월호, 51쪽.

31 W·C 〈학생과 유혹, 불량학생의 수기, 촌에서 서울까지〉, 《별건곤》 1932년 3월호, 13~14쪽.

32 선술집을 서서 마시는 곳 즉 입음점立飮店이라는 한자말로 함께 적어놓은 신문기사도 있다(《매일신보》 1935년 3월 10일).

33 경성의 술집 문화에 대해서는 최규진, 〈'경성의 명물' 선술집과 음주의 위계〉, 《일제강점기 경성부민의 여가생활》, 경인문화사, 2018을 참조.

34 〈경성명물집〉, 《별건곤》 1929년 9월호, 101쪽.

35 박로아, 〈카페의 정조, 서울맛·서울정조〉, 《별건곤》 1929년 9월호, 45쪽.

36 웅초, 〈경성 앞 뒤 골 풍경〉, 《혜성》 1931년 11월호, 129쪽.

37 팔보, 〈서울잡기장〉, 《조광》 1943년 4월호, 96쪽.

38 김진섭, 〈선술집에 대하여〉, 윤소영 외 역, 《일본잡지 모던일본과 조선 1939》, 어문학사, 2007, 266쪽.

39 《조선일보》 1939년 1월 26일.

40 거상찬, 〈삼형제가 색주가에〉,《별건곤》1927년 7월호, 138쪽.

41 《매일신보》1938년 7월 14일.

42 《매일신보》1924년 9월 11일.

43 《동아일보》1924년 7월 10일.

44 《매일신보》1932년 1월 7일.

45 주영하, 〈'주막'의 근대적 지속과 분화: 한국음식점의 근대성에 대한 일고〉,《실천민속학 연구》11, 2008, 19쪽.

46 일본에서는 1911년 4월에 긴자銀座에 카페 프렝탕이 생겼다. 1911년 8월에 생긴 카페 라이온은 맨 처음으로 여자종업원을 채용해 고객을 끌어들였다. 게이샤와 함께하려면 까다로운 절차도 필요하고 많은 돈도 내야 했지만, 카페는 중산층 월급쟁이들이 이용하기에 알맞았다(이노우에 마리코, 〈근대 일본 카페 여자종업원의 시선과 '모던'걸의 自我성립〉,《미술사연구》14, 2000, 233쪽).

47 웅초, 〈경성 앞 뒤 골 풍경〉,《혜성》1931년 11월호, 126쪽.

48 《삼천리》1931년 9월호, 54쪽.

49 고영환, 〈좀먹는 문화도시〉,《별건곤》1934년 3월호, 17쪽.

50 이상길, 〈"인텔리 위안소", 혹은 식민지 공론장의 초상〉,《문화과학》36, 2003, 128쪽.

51 석문량, 〈만담 공설카페 출현〉,《별건곤》1933년 2월호, 18쪽.

52 〈인테리 여급 애사〉,《삼천리》1932년 9월호, 72~73쪽.

53 〈인테리 여급 애사〉,《삼천리》1932년 9월호, 73쪽.

54 소현숙,〈식민지시기 '불량소년' 담론의 형성: 민족/국민만들기와 '협력'의 역학〉,《사회와 역사》107, 2015, 49~50쪽.

55 《매일신보》1938년 2월 2일: 이원동, 〈파시즘의 육체담론과 일제말기 이기영의 소설〉,《어문학》94, 2006, 360쪽.

56 《매일신보》1940년 7월 27일.

57 《동아일보》1938년 5월 21일.

58 《동아일보》1937년 12월 17일.

59 《조선일보》1939년 7월 30일.

60 〈형형색색의 경성 학생상〉,《개벽》1925년 4월호, 39쪽.

61 김은경, 〈경성부민의 영화 관람과 여가문화의 이중성: 1910~1930년대 중반〉,《일제 강점기 경성부민의 여가생활》, 경인문화사, 2018, 145쪽.

62 하소, 〈영화가 백면상〉,《조광》1937년 12월호, 231쪽.

63 《조선일보》1938년 5월 12일, 박치우, 〈현대학생풍기론: 그 사회적 근거와 변천상 3〉.

64 팔봉산인, 〈금일의 여성과 현대의 교육〉,《신여성》1925년 6월호, 61쪽.

65 하소, 〈영화가 백면상〉,《조광》1937년 12월호, 231쪽.

66 하소, 〈영화가 백면상〉,《조광》1937년 12월호, 234쪽.

67 변화영, 〈소설 《탁류》에 나타난 군산의 식민지 근대성〉,《지방사와 지방문화》7-1, 2004, 330쪽에서 재인용.

68 《조선일보》1928년 2월 7일, 안석영, 〈모던 뽀이의 산보〉.

69 《황성신문》1906년 4월 13일.

70 천정환,《근대의 책읽기》, 푸른역사, 2003, 128쪽.

71 하소, 〈영화가 백면상〉,《조광》1937년 12월호, 234쪽.

72 구인모, 〈근대기 유행가요와 '정서의 구조'〉,《국제어문》64, 2015, 123쪽.

73 〈형형색색의 경성 학생상〉,《개벽》1925년 4월호, 38~39쪽.

74 W·C, 〈학생과 유혹, 불량학생의 수기, 촌에서 서울까지〉,《별건곤》1932년 3월호, 13쪽.

75 《학우구락부》1939년 12월호, 42~43쪽.

76 〈여학생계 유행가 시비〉,《신여성》1924년 6월호, 46쪽.

77 《매일신보》1927년 11월 1일.

78 《조선일보》1925년 11월 28일.

79 W·C 〈학생과 유혹, 불량학생의 수기, 촌에서 서울까지〉,《별건곤》1932년 3월호, 14쪽.

80 〈형형색색의 경성 학생상〉,《개벽》1925년 4월호, 38쪽.

81 《조선일보》1927년 5월 31일.

82 《중앙일보》1932년 1월 24일, 〈신춘가두소견〉.

83 《매일신보》1930년 2월 25일.

84 《매일신보》1927년 11월 1일.

85 〈경성의 양상면〉,《혜성》1931년 7월호, 87쪽.

86 《조선일보》1928년 4월 11일.

87 《매일신보》1927년 11월 1일.

88 《매일신보》1932년 6월 22일.

89 《매일신보》1937년 1월 1일.

90 《조선일보》1939년 2월 3일.

91 소래섭,《불온한 경성은 명랑하라》, 웅진, 2011, 83~85쪽.

92 또돌이, 〈당구장으로 노동의 거리로〉,《별건곤》1929년 4월호, 139~140쪽.

93 《동아일보》1930년 10월 22일, 양하, 〈마작에 나타난 현대성〉.

94 〈경성라디오, 마작이냐 망작이냐〉,《별건곤》1929년 2월호, 155쪽.

94 樂천생, 〈大京城의 SOS〉,《별건곤》1934년 4월호, 30쪽.

96 주요섭, 〈학생풍기 문란론〉,《동광》1931년 12월호, 51쪽.

97 송찬섭·최규진,《근현대 속의 한국》, 방송통신대학출판문화원, 2018, 354쪽.

98 《조선일보》2006년 1월 21일, 전봉관, 〈30년대 조선을 거닐다〉.

99 손정목,《일제강점기 도시사회상연구》, 일지사, 1996, 186~187쪽.

100 이운곡, 〈전당포, 복덕방, 서울〉,《신동아》1936년 6월호, 254~255쪽.

101 송찬섭·최규진,《근현대 속의 한국》, 방송통신대학출판문화원, 2018, 432쪽.

102 A記者, 〈변장출동 임시OO되어본記, 전당국 서사가 되어 북쪽 경성의 속 살림을 보고〉,《별건곤》1927년 10월호, 17쪽.

103 남궁환, 〈모던 중학생 풍경〉,《학생》1930년 6월호, 30~36쪽.

104 《매일신보》1935년 10월 27일.

105 《매일신보》1930년 1월 26일.

106 장규식,《1920년대 학생운동》, 경인문화사, 2009. 278쪽.

107 장규식,《1920년대 학생운동》, 경인문화사, 2009. 279쪽.

108 장석흥,《6·10만세운동》, 경인문화사, 2009. 287쪽.

109 한규무,《광주학생운동》, 경인문화사, 2009. 3쪽.

110 김성민, 〈광주학생운동의 전국적 양상과 이념〉,《한국독립운동사연구》32, 2009, 250~251쪽.

III 현상윤, 〈조선중등생도에게 대한 감상과 권려〉, 《사해공론》 1936년 8월호, 65쪽.

II2 박달성, 〈어떤 학생의 고백: 십년 전 학생과 지금의 학생〉, 《학생》 1930년 1월호, 20~21쪽; 김동환, 〈일제시기 '모던' 중학생 문화에 대한 담론의 일고찰: 제2차 조선 교육령기를 중심으로〉, 《교육사회학연구》 8-2, 1998, 292쪽에서 재인용.

II3 《학생》 1930년 11월호, 29쪽.

II4 《出版物より觀たるの朝鮮人思想的傾向》, 조선총독부경무국도서과, 1931, 153쪽; 박철희, 《식민지기 한국 중등교육 연구》, 서울대 박사학위논문, 2002, 189쪽에서 재인용.

II5 《동아일보》 1932년 7월 18일.

II6 지수걸, 〈일제시기 브나로드 운동 재평가해야〉, 《역사비평》 11, 역사문제연구소, 1990, 262쪽.

II7 홍석률, 〈일제하 청년학생운동〉, 《한국사》 15, 한길사, 1994, 338~340쪽.

II8 이기훈, 〈젊은이들의 초상: 식민지의 학생, 오늘날의 학생〉, 《역사비평》 90, 2010, 76쪽.

II9 박철희, 《식민지기 한국 중등교육 연구》, 서울대 박사학위논문, 2002, 174쪽.

I20 박정애, 〈신여성의 이상과 현실〉, 《한국여성사 깊이 읽기》, 푸른역사, 2013, 254쪽.

I2I 흑성, 〈만년중학생〉, 《학생》 1930년 10월호, 88~90쪽; 김현철, 《일제기 청소년 문제에 대한 연구》, 연세대 박사학위논문, 1999, 93쪽.

I22 흑성, 〈만년중학생〉, 《학생》 1930년 10월호, 88쪽.

I23 광주제일고등학교동창회 편, 《광주고보·서중·일고 육십년사: 1920~1985》, 광주제일고등학교동창회, 1986, 467~468쪽; 박철희, 《식민지기 한국 중등교육 연구》, 서울대 박사학위논문, 2002, 191쪽.

I24 천정환, 《끝나지 않는 신드롬》, 푸른역사, 2005, 126~127쪽.

I25 김성민, 〈광주학생운동의 전국적 양상과 이념〉, 《한국독립운동사연구》 32, 2009, 221쪽.

I26 김택영, 〈부여 수학여행기〉, 《배재》 1922년 11월호, 74~75쪽.

I27 《동아일보》 1922년 7월 12일; 전우용, 〈한국인의 국기관과 '국기에 대한 경례'〉, 《동아시아문화연구》 56, 2014, 30쪽에서 재인용.

128 전고·북중 80년사 편찬위원회 편, 《전고·북중 팔십년사》, 전고·북중 80년사 편찬위원회, 1999, 140~143쪽.

129 전고·북중 80년사 편찬위원회 편, 《전고·북중 팔십년사》, 전고·북중 80년사 편찬위원회, 1999, 154쪽.

130 권영배, 〈일제말 전시체제하 중등학교의 동원과 저항: 대구지역을 중심으로〉, 《역사교육논집》 40, 2008, 378~379쪽.

131 정병욱, 〈경성 유학생 강상규, 독립을 열망하다(상)〉, 《역사비평》 83, 2008, 231쪽.

132 정병욱, 《식민지 불온열전》, 역사비평사, 2013, 61쪽.

133 오타 오사무 저, 이규태·김진숙 역, 〈중일전쟁 시기 대구 조선인 여학생의 학교생활: K양의 1937년 일기에서〉, 《식민지 조선의 일상을 묻다》, 동국대학교출판부, 2013, 232쪽.

134 정재정, 〈일제하 조선에서의 국가총력전체제와 조선인의 생활: '황국신민의 연성'을 중심으로〉, 《한일역사 공동연구보고서》 5, 2005. 451쪽.

135 안재구, 《할배, 왜놈소는 조선소랑 우는 것도 다른강?》, 돌베개, 1997, 257쪽.

136 조경달 저, 정다운 역, 《식민지기 조선의 지식인과 민중》, 선인, 2012, 253쪽.

137 《제85회 제국의회설명자료》; 변은진, 《일제 전시파시즘기(1937~45) 조선민중의 현실인식과 저항》, 고려대 박사학위논문, 1998, 65쪽에서 재인용.

138 권영배, 〈일제말 전시체제하 중등학교의 동원과 저항: 대구지역을 중심으로〉, 《역사교육논집》 40, 2008, 381쪽.

139 변은진, 《파시즘적 근대체험과 조선민중의 현실인식》, 선인, 2013. 338쪽.

140 광주제일고등학교동창회 편, 《광주고보·서중·일고 팔십년사: 1920~2003》, 광주고보·서중·일고 동창장학회, 2004. 317쪽.

141 변은진, 《파시즘적 근대체험과 조선민중의 현실인식》, 선인, 2013, 336~337쪽.

142 이 절은 최규진, 〈'불량학생 숙청'과 보도연맹〉, 《내일을 여는 역사》 46, 2012를 수정하고 요약했다.

143 《조선일보》 1949년 4월 23일.

144 서중석, 〈보도연맹〉, 《내일을 여는 역사》 7, 2001, 85쪽.

145 《동아일보》 1933년 7월 23일.

146 《매일신보》 1934년 1월 24일.

147 《매일신보》 1934년 1월 24일.

148 《동아일보》 1937년 9월 30일.

149 《매일신보》 1934년 1월 24일.

150 《조선일보》 1939년 3월 23일.

151 《매일신보》 1941년 2월 13일.

152 《매일신보》 1944년 6월 22일.

153 《매일신보》 1942년 10월 4일.

154 《동아일보》 1940년 4월 13일.

155 《매일신보》 1936년 6월 14일.

156 《매일신보》 1930년 2월 4일.

157 《조선일보》 1934년 1월 15일.

158 《매일신보》 1935년 2월 19일.

159 《조선일보》 1938년 4월 22일.

160 《조선일보》 1927년 10월 30일.

161 《동아일보》 1938년 2월 8일.

162 《동아일보》 1938년 6월 22일.

163 《매일신보》 1935년 9월 13일.

164 《조선일보》 1938년 5월 11일, 박치우, 〈현대학생풍기론(2)〉.

165 《매일신보》 1938년 4월 14일.

166 《조선일보》 1935년 2월 19일 ; 《매일신보》 1935년 2월 19일.

맺음말

1 가라타니 고진 저, 박유하 역, 《일본근대문학의 기원》, 민음사, 2002, 173쪽.

2 이봉수, 〈학교와 사회, 입학생급졸업생 제군에게〉, 《개벽》 1926년 3월호, 34~42쪽.

3 이봉수, 〈학교와 사회, 입학생급졸업생 제군에게〉, 《개벽》 1926년 3월호, 35~36쪽.

4   지중세 역편, 《조선 사상범 검거 실화집》, 돌베개, 1984, 160~161쪽; 강명숙,
     〈1930년대 교원조직운동 연구〉, 《교육사학연구》 4, 1992, 152~153쪽.

5   구수경, 《근대성의 구현체로서 학교: 시간·공간·지식의 구조화》, 한국교원대 박사학
     위논문, 2007, 1쪽.

6   주종건, 〈현대의 교육과 민중〉, 《개벽》 1925년 4월호, 14쪽.

7   최규진, 〈학교를 덮친 '전시체제', 동원되는 학생〉, 《내일을 여는 역사》 50, 2013,
     304쪽.

8   서지영, 〈식민지 조선의 모던걸: 1920-30년대 경성 거리의 여성산책자〉, 《한국여성
     학》 22-3, 2006, 205쪽.

9   이경숙, 〈모범인간의 탄생과 유통: 일제시대 학적부 분석〉, 《한국교육》 34-2, 2007,
     222쪽.

10   박치우, 〈현대조선학생론〉, 《사해공론》 1938년 7월호, 17쪽.

11   채석진, 〈제국의 감각: '에로 그로 넌센스'〉, 《페미니즘 연구》 5, 2005, 46쪽.

12   주종건, 〈현대의 교육과 민중〉, 《개벽》 1925년 4월호, 16쪽.

참고문헌

자료

신문과 잡지

《가정의 벗》《개벽》《동광》《동아일보》《매일신보》《별건곤》《삼천리》《신동아》《신여성》
《제일선》《조광》《조선일보》《조선중앙일보》《조선지광》《중앙》《중외일보》《총동원》《태
양》《학등》《학생》《학우구락부》《혜성》
《文敎の朝鮮》《半島の光》

관찬 자료

경기고등학교 동창회 편,《경기 90년사》, 경기고등학교 동창회, 1990

경기고등학교70년사편찬회 편,《경기70년사》, 경기고등학교, 1970

경북여자고등학교 편,《경북여고칠십년사》, 경북여자고등학교, 1999

경북중고등학교 동창회60년사 편찬회 편,《경북중고등학교60년사》, 경북중고등학교 동창
    회60년사 편찬회, 1976

계성90년사편찬위원회 편,《계성90년사》, 계성중고등학교, 1996

고창초등학교 개교 백년사 편찬위원회 편,《개교백년사: 1912～2012》, 고창초등학교 개교
    백년사 편찬위원회, 2012

광성중고등학교 편,《광성구십년사》, 광성중고등학교, 1984

광신칠십년사편찬회 편,《광신 70년사》, 광신중고등학교, 1975

광주제일고등학교동창회 편, 《광주고보·서중·일고 육십년사: 1920~1985》, 광주제일고
　　　등학교동창회, 1986

광주제일고등학교동창회 편, 《광주고보·서중·일고 팔십년사: 1920~2003》, 광주고보·서
　　　중·일고 동창장학회, 2004

군산중고등학교동창회 편, 《군산중고등학교칠십년사》, 군산중고등학교동창회, 1993

남성여고육십년사편찬위원회 편, 《남성여고육십년사》, 남성여자고등학교, 2001

대전고등학교 편, 《대전고등학교 50년지》, 대전고등학교, 1967

송도학원·송도중고등학교동창회 편, 《송도학원팔십년사》, 송도학원·송도중고등학교동창
　　　회, 1989

전고·북중 80년사 편찬위원회 편, 《전고·북중 팔십년사》, 전고·북중 80년사 편찬위원회,
　　　1999

중앙백년사 편찬위원회 편, 《(중앙중고등학교) 중앙백년사》, 중앙교우회, 2008

호수돈여자중고등학교 편, 《호수돈백년사》, 호수돈여자중고등학교, 1999

휘문칠십년사편찬위원회 편, 《휘문칠십년사》, 휘문중고등학교, 1976

기타 자료

국사편찬위원회 편, 《'지방을 살다': 지방행정, 1930년대에서 1950년대까지》, 국사편찬위
　　　원회, 2006

대한체육회, 《대한체육회 90년사(1) 1920~1990》, 2010

단행본

가라타니 고진 저, 박유하 역, 《일본근대문학의 기원》, 민음사, 2002

강만길 외, 《일본과 서구의 식민통치 비교》, 선인 2004

강수택, 《일상생활의 패러다임》, 민음사, 1998

고마고메 다케시 저, 오성철·이명실·권경희 역, 《식민지제국 일본의 문화통합》, 역사비평

사, 2008

곽건홍, 《일제의 노동정책과 조선노동자》, 신서원, 2001

국사편찬위원회 편, 《'몸'으로 본 한국여성사》, 경인문화사, 2011

＿＿＿＿＿＿＿＿, 《20세기 여성, 전통과 근대의 교차로에 서다》, 두산동아, 2007

＿＿＿＿＿＿＿＿, 《배움과 가르침의 끝없는 열정》, 두산동아, 2005

＿＿＿＿＿＿＿＿, 《여행과 관광으로 본 근대》, 두산동아, 2008

＿＿＿＿＿＿＿＿, 《옷차림과 치장의 변천》, 두산동아, 2006

권보드래, 《연애의 시대》, 현실문화연구, 2003

권창규, 《상품의 시대》, 민음사, 2014

김경미, 《한국 근대교육의 형성》, 혜안, 2009

김경일, 《여성의 근대, 근대의 여성》, 푸른역사, 2004

＿＿＿, 《한국의 근대와 근대성》, 백산서당, 2003

김미지, 《누가 하이카라 여성을 데리고 사누》, 살림, 2005

김부자 저, 조경희·김우자 역, 《학교 밖의 조선여성들》, 일조각, 2009

김수진, 《신여성, 근대의 과잉》, 소명출판, 2009

김순전 외, 《제국의 식민지수신》, 제이앤씨, 2008

김시종 저, 윤여일 역, 《조선과 일본에 살다》, 돌베개, 2016

김영희, 《일제시대 농촌통제정책 연구》, 경인출판사, 2003

김종욱, 《한국 소설의 시간과 공간》, 태학사, 2000

김주리, 《모던걸, 여우 목도리를 버려라, 근대적 패션의 풍경》, 살림, 2005

김지영, 《매혹의 근대, 일상의 모험》, 돌베개, 2016

＿＿＿, 《연애라는 표상》, 소명, 2008

김진균·정근식 편저, 《근대주체와 식민지 규율권력》, 문화과학사, 1997

김태수, 《꼿가치 피어 매혹케 하라》, 황소자리, 2005

김태웅, 《우리 학생들이 나아가누나》, 서해문집, 2006

김혜경, 《식민지하 근대가족의 형성과 젠더》, 창비, 2006

나가미네 시게토시 저, 다지마 데쓰오·송태욱 역, 《독서국민의 탄생》, 푸른역사, 2010

나리타 류이치 저, 서민교 역, 《근대 도시공간의 문화경험》, 뿌리와 이파리, 2011

나영균, 《일제시대 우리 가족은》, 황소자리, 2004

노지승, 《유혹자와 희생양》, 예옥, 2009

다카사키 소지 저, 이규수 역, 《식민지 조선의 일본인들》, 역사비평사, 2006

리영희, 《역정: 나의 청년시대》, 창비, 1988

리타 펠스키 저, 심진경 외 역, 《근대성과 페미니즘》, 거름, 1998

막스 폰 뵌 저, 천미수 역, 《패션의 역사 2》, 한길아트, 2000

미셸 푸코 저, 홍성민 역, 《권력과 지식》, 나남 1991

미야다 세쓰코 저, 이형랑 역, 《조선민중과 '황민화' 정책》, 일조각, 1997

미즈노 나오키 외 저, 정선태 역, 《생활 속의 식민지주의》, 산처럼, 2007

바네사 R. 슈와르츠 저, 노명우·박성일 역, 《구경꾼의 탄생》, 마티, 2006

박노자, 《나를 배반한 역사》, 인물과 사상사, 2003

_____, 《씩씩한 남자만들기》, 푸른역사, 2009

박숙자, 《속물교양의 탄생》, 푸른역사, 2012

박천홍, 《매혹의 질주, 근대의 횡단》, 산처럼, 2003

방기중 편, 《일제 파시즘 지배정책과 민중생활》, 혜안, 2004

변은진, 《파시즘적 근대체험과 조선민중의 현실인식》, 선인, 2013

볼프강 쉬벨부쉬 저, 박진희 역, 《철도여행의 역사》, 궁리, 1999

서정완·임성모·송석원 편, 《제국일본의 문화권력》, 소화, 2011

서종원, 《한국의 근대 놀이문화》, 채륜, 2015

소래섭, 《불온한 경성은 명랑하라》, 웅진, 2011

소영현, 《부랑청년 전성시대》, 푸른역사, 2008

손인수, 《한국교육사》, 문음사, 1997

송찬섭·최규진, 《근현대 속의 한국》, 방송통신대학출판문화원, 2018

씨울교육연구회 편역, 《일제 황민화교육과 국민학교》, 한울 1995

안승현 편, 《한국노동소설전집》 3, 보고사, 1995

안재구, 《할배, 왜놈소는 조선소랑 우는 것도 다른강?》, 돌베개, 1997

앙리 르페브르 저, 박정자 역,《현대세계의 일상성》, 기파랑, 2005

엄미옥,《여학생, 근대를 만나다》, 역락, 2011

에릭 홉스봄 저, 이용우 역,《극단의 시대》, 까치, 1997

역사교육자협의회 편, 김한종 외 역,《교사로 읽는 일본근현대사》, 책과함께, 2012

연구공간 수유＋너머 '일본근대와 젠더 세미나팀' 역,《확장하는 모더니티. 1920~30년대
　　　근대 일본의 문화사》, 소명출판, 2007

연구공간 수유＋너머 근대매체연구팀,《신여성》, 한겨레신문사, 2005

연세대학교 국학연구원 편,《일제의 식민지배와 일상생활》, 혜안, 2004

오성철,《식민지 초등 교육의 형성》, 교육과학사, 2000

오천석,《한국신교육사》상, 광명출판사, 1975

요시마 순야 외 저, 이태문 역,《운동회, 근대의 신체》, 논형, 2007

우에노 치즈코 저, 이선이 역,《내셔널리즘과 젠더》, 박종철출판사, 1998

우용제 외,《근대한국초등교육연구》, 교육과학사 1998

유봉호·김융자,《한국 근/현대 중등교육 100년사》, 한국교육학회 교육사연구회, 1998

유종호,《나의 해방 전후 1940~1949》, 민음사, 2004

이건만,《마르크스주의 교육사회학의 이론적 쟁점》, 집문당, 2009

이경훈,《오빠의 탄생》, 문학과지성사, 2003

이만규,《조선교육사》, 살림터, 2010

이병담,《한국근대 아동의 탄생》, 제이앤씨, 2007

이상의,《일제하 조선의 노동정책 연구》, 혜안, 2006

이승원,《학교의 탄생》, 휴머니스트, 2009

이승원·오선민·정여울,《국민국가의 정치적 상상력》, 소명출판, 2003

이영아,《예쁜여자 만들기》, 푸른역사, 2011

＿＿＿,《육체의 탄생》, 민음사, 2008

이윤미,《한국의 근대와 교육》, 문음사, 2006

이진경,《근대적 시·공간의 탄생》, 푸른숲, 1997

이충우,《경성제국대학》, 다락원, 1980

이치석, 《전쟁과 학교》, 삼인, 2005

이혜영·윤종혁·류방란, 《한국 근대 학교교육 100년사 연구 Ⅱ : 일제시대의 학교교육》, 한
　　국교육개발원, 1997

임종국 저, 민족문제연구소 편, 《빼앗긴 시절의 이야기》, 아세아문화사, 2007

장규식, 《1920년대 학생운동》, 경인문화사, 2009

장석흥, 《6·10만세운동》, 경인문화사, 2009

정병욱, 《식민지 불온열전》, 역사비평사, 2013

정재철, 《일제의 대한국식민지교육정책사》, 일지사, 1985

조경달 저, 정다운 역, 《식민지기 조선의 지식인과 민중》, 선인, 2012

조용만, 《경성야화》, 창, 2012

주진오·김선주·권순형·이순구·박정애·김은경, 《한국여성사 깊이 읽기》, 푸른역사, 2013

지중세 역편, 《조선 사상범 검거 실화집》, 돌베개, 1984

천정환, 《근대의 책읽기》, 푸른역사, 2003

＿＿＿, 《끝나지 않는 신드롬》, 푸른역사, 2005

최원규 편, 《일제말기 파시즘과 한국사회》, 청아출판사, 1988

최유리, 《일제 말기 식민지 지배정책연구》, 국학자료원, 1997

태혜숙 외, 《한국의 식민지근대와 여성공간》, 여이연, 2004

한국학의 세계화 사업단·연세대학교 국학연구원 편, 《일제 식민지 시기 새로 읽기》, 혜안,
　　2007

한규무, 《광주학생운동》, 경인문화사, 2009

한수영, 《전후문학을 다시 읽는다》, 소명출판, 2015

허영철, 《역사는 한번도 나를 비껴가지 않았다》, 보리, 2006

헨리 임, 곽준혁 편, 《근대성의 역설》, 후마니타스, 2009

호사카 유우지, 《일본제국주의의 민족동화정책 분석》, 제이앤씨, 2002

홍문종, 《조선에서 일본 식민지 교육정책》, 학지사, 2003

히우라 사토코 저, 이언숙 역, 《신사·학교·식민지》, 고려대학교출판문화원, 2016

논문

강명숙, 〈1930년대 교원조직운동 연구〉, 《교육사학연구》 4, 1992

_____, 〈영화 '수업료'를 통해 보는 전시체제기 교육〉, 《한국교육사학》 37-2, 2015

_____, 〈일제말기 학생 근로 동원의 실태와 그 특징〉, 《한국교육사학》 30-2, 2008

_____, 〈일제시대 학교제도의 체계화: 제2차 조선교육령 개정을 중심으로〉, 《한국교육사학》 32-1, 2010

강민수, 《근대소설에 나타난 식민지 교육의 문제적 양상 연구》, 중앙대 석사학위논문, 2004

강부원, 《식민지 시기 비행기 표상과 기술 지배로서의 신체제》, 성균관대 석사학위논문, 2009

강상훈, 《일제강점기 근대시설의 모더니즘 수용: 박람회·보통학교·아파트 건축을 중심으로》, 서울대 박사학위논문, 2004

강심호, 〈유행, 대중적 감수성, 문학의 변모〉, 《한국현대문학연구》 12, 2002

강영심, 〈일제시기 '충량한 신민 만들기' 교육과 학교문화: 1930,40년대 보통학교교육을 중심으로〉, 《이화사학연구》 33, 2006

강진호, 〈'조선어독본'과 일제의 문화정치: 제4차 교육령기 《보통학교 조선어독본》의 경우〉, 《상허학보》 29, 2010

고성호, 〈도시화와 청소년 일탈〉 18, 《한국청소년연구》, 1994

고은지, 〈1930년대 대중문화 속의 "춘향전"의 모던화 양상과 그 의미: 만화 〈모던 춘향전〉을 중심으로〉, 《민족문학사연구》, 34, 2007

고지현, 〈유행개념으로 바라본 식민지 조선의 근대성〉, 《대동문화연구》 71, 2010

古川宣子, 《일제시대 보통교육체제의 형성》, 서울대 박사학위논문, 1995

공임순, 〈가난과 국가, 군국모의 연기하는 신체정치: '나가라'의 전시모성과 일상의 신체 변용〉, 《한국어문학연구》 61, 2013

_____, 〈전시체제기 징병취지 '야담만담부대'의 활동상과 프로파간다화의 역학〉, 《한국근대문학연구》 26, 2012

공채영, 《개화기 교과서의 과학 삽화 연구: 1900년대 《박물학》과 《이과서》를 중심으로》, 한

예종 예술전문사학위논문, 2015

곽은희, 〈여성의 신체에 각인된 국민화 프로젝트:《매일신보》소재 여성 지식인의 친일담
　　론을 중심으로〉,《인문연구》47, 2004

곽진오, 〈일제와 조선 교육정책: 조선교육령을 중심으로〉,《일본문화학보》50, 2011

구난희, 〈일제하 천황인식 형성과 역사교과서의 천황서술: 1930년대 이후 역사교과서를
　　중심으로〉,《역사교육연구》12, 2010

구수경,《근대성의 구현체로서 학교: 시간·공간·지식의 구조화》, 한국교원대 박사학위논
　　문, 2007

구인모, 〈근대기 유행가요와 '정서의 구조'〉,《국제어문》, 64, 2015

국성하, 〈일제 강점기 동화정책 수단으로서의 "조선신궁"의 건립과 운영〉,《한국교육사학》
　　26-1, 2004

君島和彦, 〈조선에 있어서 전쟁동원체제의 전개과정〉, 최원규 편,《일제말기 파시즘과 한
　　국사회》, 청아출판사, 1988

권명아, 〈식민지 경험과 여성의 정체성: 파시즘 체제하의 문학, 여성, 국가〉,《한국근대문
　　학연구》11, 2005

권보드래, 〈연애의 형성과 독서〉,《역사문제연구》7, 2001

권성기,《일제말기 초등교육에 관한 구술사 연구: 서울덕수초등학교를 중심으로》, 서울교
　　대 석사학위논문, 2010

권영배, 〈일제말 전시체제하 중등학교의 동원과 저항: 대구지역을 중심으로〉,《역사교육논
　　집》40, 2008

권오현, 〈황국신민과 교육정책과 역사교육의 변화〉,《사회과 교육연구》18-4, 2011

권태억, 〈1920,30년대 일제의 동화정책론〉,《한국사론》53, 2007.

권희주, 〈제국 일본과 식민지 조선의 수학여행: 그 혼종의 공간과 교차되는 식민지의 시
　　선〉,《한일군사문화연구》15, 2013

_____, 〈제국 일본과 식민지 조선의 수학여행〉, 박진수 외《근대 일본의 '조선 붐'〉, 역락,
　　2013

_____, 〈제국 일본의 완구와 '소국민문화'〉,《외국학연구》29, 2014

_____, 〈제국일본의 문화산업과 식민지 조선의 '향토완구'〉, 《일본학보》 100, 2014

길진숙, 〈일제강점기 대중가요 속의 '서울-모던-여성'의 풍경〉, 《한국고전여성문학연구》 18, 2009

김경미, 〈'황민화' 교육정책과 학교교육: 1940년대 초등교육 '국사' 교과를 중심으로〉, 방기중(편), 《일제 파시즘 지배정책과 민중생활》, 혜안, 2004

_____, 〈식민지교육 경험 세대의 기억: 경기공립중학교 졸업생의 일제 파시즘 교육체제 하의 경험과 기억을 중심으로〉, 《한국교육사학》 27-1, 2006

_____, 〈일제하 사립중등학교의 위계적 배치〉, 《한국교육사학》 26-2, 2004

김경애, 〈현모양처론에 대한 근대 남성지식인의 비판담론〉, 《아시아여성연구》 48-2, 2009

김경일, 〈식민지 여성 교육과 지식의 식민지성: 식민 권력과 근대성의 각축〉, 《사회와 역사》 59, 2011

김경자·이경진, 〈일제강점기 초등교육의 공적 성격에 대한 비판적 고찰〉, 《교육과학연구》 35-1, 2004

김경희, 조효순, 〈한국 개화기 여성복식의 변천요인: 집단복식을 중심으로〉, 《복식》 32, 1997

김도연, 《경성중학교의 만주 수학여행》, 한국교원대 석사학위논문, 2017

김동환, 〈일제강점기 진학준비교육과 정책적 대응의 성격〉, 《교육사회학연구》 12-3, 2002

_____, 〈일제시기 '모던' 중학생 문화에 대한 담론의 일고찰: 제2차 조선교육령기를 중심으로〉, 《교육사회학연구》, 8-2, 1998

김명숙, 〈배화여고보 《졸업기념사진첩》으로 본 일제강점기 여학교의 일상과 식민지 근대〉, 《한국사상과 문화》 88, 2017

_____, 〈학적부를 통해 본 일제강점기 동덕여고 여학생의 특성 연구〉, 《여성과 역사》 26, 2017

김미현, 〈전시체제기 인천지역 학생 노동력 동원〉, 《인천학연구》 12, 2010

김민영, 〈일제강점기 국내 노무동원에 대한 연구: 전북지역의 사례〉, 《한일민족문제연구》 16, 2009

김백영, 〈제국의 스펙터클 효과와 식민지 대중의 도시 경험〉, 《사회와 역사》 75, 2007

김백영·조정우, 〈제국 일본의 선만鮮滿 공식 관광루트와 관광안내서〉, 《일본역사연구》 39, 2014

김보림, 《일제하 국민학교 국민과의 도입과 '국사'(일본사) 교육》, 서울대 박사학위논문, 2006

김성민, 〈1920년대 후반 서울지역 학생운동의 조직과 성격〉, 《한국근현대사연구》 31, 2004

_____, 〈광주학생운동의 전국적 양상과 이념〉, 《한국독립운동사연구》 32, 2009

김성학, 〈경성사범학교 학생 훈육의 성격〉, 《慶熙大學校 教育問題硏究所 論文集》 15, 1999

_____, 〈근대 학교운동회의 팽창: 그 실태와 동인〉, 《한국교육사학》 33-1, 2011

김수진, 〈1930년 경성의 여학생과 '직업부인'을 통해 본 신여성의 가시성과 주변성〉, 공제욱·정근식 편, 《식민지의 일상, 지배와 균열》, 문화과학사, 2006

_____, 《한국 근대 여성 육체 이미지 연구: 1910~30년대 인쇄미술을 중심으로》, 이화여대 석사학위논문, 2013

김순전·박경수, 〈동화장치로서 《보통학교수신서》의 축제일 서사〉, 《일본연구》 33, 2007

김순전·장미경, 〈《보통학교수신서》를 통해 본 조선총독부의 여성 교육〉, 《일본어문학》 28, 2006

_____, 〈조선총독부발간 《여자고등보통학교수신서》의 여성상〉, 《일본학연구》 21, 2007

김옥란, 〈근대 여성 주체로서의 여학생과 독서 체험〉, 《상허학보》 13, 2004

김왕배, 〈일상생활의 철학적 의미와 생활정치〉, 《세계화시대 일상공간과 생활정치》, 대윤, 1995

김용갑·김순전, 〈일제강점기 《보통학교수신서》의 '조선'에 관한 서술변화 양상〉, 《일본어문학》 29, 2006

김월순, 《1920년대 여자고등보통학교에 관한 연구》, 서울시립대 석사학위논문, 2004

김윤, 《해방 이전 여학생 교복에 관한 연구: 1886~1945년을 중심으로》, 성균관대 석사학위논문, 2014

김윤미, 〈총동원체제와 근로보국대를 통한' 국민개로'〉, 《한일민족문제연구》 14, 2008

김은경, 〈경성부민의 영화 관람과 여가문화의 이중성: 1910~1930년대 중반〉, 《일제강점기 경성부민의 여가생활》, 경인문화사, 2018

김은정, 〈근대적 표상으로서의 여성패션 연구: 모던 걸(개화기~1945년)을 중심으로〉, 《아시아 여성연구》 43-2, 2004,

_____, 《1920~30년대 한국 여성 패션과 소비문화의 변화》, 연세대 박사학위논문, 2013

김정아, 《개항기 이후 한국 아동복식 연구》, 이화여대 박사학위논문, 2011

김정우, 《일제하 초등교육과 근대적 주체의 형성에 관한 연구: 1920~40년대 보통학교 교육을 중심으로》, 연세대 석사학위논문, 1999

김정인, 〈일제 강점 말기 황국신민교육과 학교 경영〉, 《역사교육》 122, 2012

김주연, 〈일제강점기 초등학교 창가에 투영된 식민지교육〉, 《일본연구》 18, 2012

김지영, 〈식민지 대중문화와 '청춘' 표상〉, 《정신문화연구》 34-3, 2011

김지혜, 〈미스 조선, 근대기 미인대회와 미인 이미지〉, 《미술사논단》 38, 2014

_____, 《한국 근대 미인 담론과 이미지》, 이화여대 박사학위논문, 2015

김태완, 〈일제 강점기의 배움과 가르침〉, 국사편찬위원회 편, 《배움과 가르침의 끝없는 열정》, 두산동아, 2005

김한종, 〈내선일체론의 역사교육 적용〉, 《역사교육연구》 20, 2014

_____, 〈제2차조선교육령 시기 일선공학 정책과 조선인의 반응〉, 《역사와 담론》 48, 2007

_____, 〈조선총독부의 교육정책과 교과서 발행〉, 《역사교육연구》 9, 2009

김현철, 《일제기 청소년 문제에 대한 연구》, 연세대 박사학위논문, 1999

김혜경, 〈가사노동담론과 한국근대가족: 1920,30년대를 중심으로〉, 《한국여성학》 16-1, 1999

김혜련, 〈식민지기 국어과 교육과 '조산, 조선 문화, 조선인'의 재구성 기획〉, 《한국언어문화학》 5-1, 2008

_____, 〈식민지기 국어교육과 '지식'의 창출: 《여자고등조선어독복》을 중심으로〉, 《동국어문학》 19·20호, 2008

김혜숙, 〈전시체제기 식민지 조선의 '가정방공' 조직과 지식 보급〉, 《숭실사학》 27, 2011

김화선, 〈식민지 어린이의 꿈, '병사되기'의 비극〉, 《창비어린이》 4-2, 2006

김환표, 〈교복의 역사〉, 《인물과 사상》 159, 2011

김희정, 《별건곤》을 중심으로 본 신여성의 복장에 관한 연구〉, 《복식문화연구》 12-2, 2004

남신동, 〈고학苦學과 혁명의 시대, 최초의 사회주의학교의 등장〉, 《교육비평》 11, 2003

노지승, 《한국 근대 소설의 여성 표상에 관한 연구》, 서울대 박사학위논문, 2005

류종렬, 〈이주홍의 일제 말기 일문日文 만화 연구〉, 《한중인문학연구》 48, 2015

맹문재, 〈1930년대 여자고등학생들의 학교생활 고찰: 《배화培花》를 중심으로〉, 《한국학연
　　구》 29, 2008

문동석, 〈일제시대 초등학교 역사교육과정의 변천과 교과서〉, 《사회와 교육》 43-4, 2004

문소정, 〈1920~30년대 소작농가 자녀들의 생활과 교육〉, 《역사와 사회》 20, 1990

문영희, 〈공간의 재배치와 식민지 근대 체험〉, 태혜숙 외, 《한국의 식민지 근대와 여성공
　　간》, 여이연, 2004

문옥표, 〈일제시대 조선 청소년들의 삶과 경험〉, 한국문화인류학회, 《한국문화인류학》 39-
　　2, 2006

박경수, 〈일제강점기 초등학교 창가와 儀式의 상관성〉, 《일본어문학》 56, 2013

_____, 〈일제말기 《국어독본》의 교화로 변용된 '어린이'〉, 《일본어문학》 55, 2011

박경수·김순전, 〈조선총독부의 초등학교 음악과 군가의 영향관계 고찰〉, 《일본어문학》 58,
　　2013

박명진, 〈1930년대 경성의 시청각 환경과 극장문화〉, 《한국극예술연구》 27, 2008

박수빈, 〈일제의 황국신민화 정책과 《조선어독본》〉, 《어문연구》 39-1, 2011

박유미, 〈'군국의 어머니' 담론 연구〉, 《일본문화》 45, 2013

박정애, 〈초기 '신여성'의 사회진출과 여성교육〉, 《여성과 사회》 11, 2000

박지영, 〈잡지 《학생계》 연구: 1920년대 초반 중등학교 학생들의 '교양주의'와 문학적 욕망
　　의 본질〉, 《상허학보》 20, 2007

박지현, 〈식민지기 유교 지식인의 도시 이주와 가족사의 새로운 전개: 경북 비안의 향반 출
　　신 해약 김광진 가족의 사례 연구〉, 《진단학보》 126, 2016

박진숙, 〈기행문에 나타난 제도와 실감의 거리, 근대문학〉, 《어문론총》 54, 2011

박찬승, 〈1920년대 보통학교 학생들의 교원 배척 동맹휴학〉, 《역사와 현실》 104, 2017

_____, 〈20세기 한국 국가주의의 기원〉, 《한국사연구》 117, 2002

박철희, 〈1920~30년대 고등보통학생집단의 사회적 특성에 관한 연구〉, 《한국교육사학》 26-2, 2004

_____, 〈일제 강점기 여자고등보통학교 교육기회분배와 졸업생 진로에 관한 연구〉, 《한국교육사학》 28-2, 2006

_____, 〈일제 강점기 중등학교의 학생 규율에 관한 연구〉, 《한국교육》 30-1, 2003

_____, 〈일제강점기 인문중등학교 졸업생의 진로를 통해 본 식민교육의 차별성〉, 한국교육사회학회, 《교육사회학》 13-1, 2003

_____, 《식민지기 한국 중등교육 연구》, 서울대 박사학위논문, 2002

박현옥, 〈일제하 역사교과서와 식민지 지배 이데올로기: 《보통학교 국사》와 《초등국사》를 중심으로〉, 《중앙사론》 25, 2007

박환, 〈근대 수원지역 학교운동회 연구〉, 《한국민족운동사연구》 81, 2014

방지선, 〈1920-30년대 조선인 중등학교의 일본·만주 수학여행〉, 《석당논총》 44, 2009

방효순, 〈근대 출판사의 서적 판매를 위한 광고 전략에 대한 고찰: 일제 강점기 신문 서적 광고를 중심으로〉, 《출판잡지연구》 21, 2013

배경열, 〈일제 치하 식민지 근대화 여성교육 담론〉, 《현대문학이론연구》 34, 2008

변은진, 《일제 전시파시즘기(1937~45) 조선민중의 현실인식과 저항》, 고려대 박사학위논문, 1998

사희영, 〈일제강점기 초등학교 《지리》 교과서의 변화 고찰〉, 《일본어문학》 67, 2015

사희영·김순전, 〈조선총독부편찬 초등학교 《지리》 교과서 삽화 변화 고찰〉, 《일어일문학》 71, 2016

서종원·송재용, 〈식민지 시기 아동놀이의 실체와 특징: 울산 방어진 사례를 중심으로〉, 《실천민속학연구》 20, 2012

서중석, 〈보도연맹〉, 《내일을 여는 역사》 7, 2001

서지영, 〈식민지 시대 카페 여급 연구: 여급 잡지 《女聲》을 중심으로〉, 한국여성학회, 《한국여성학》 19-3, 2003

_____, 〈식민지 조선의 모던걸: 1920-30년대 경성 거리의 여성산책자〉, 《한국여성학》 22-

　　　3, 2006

_____, 〈여공의 눈으로 본 식민지 도시 풍경〉, 《역사문제연구》 22, 2009

석지혜, 《일제시대 교과서 삽화의 소년이미지 연구: 초등 《수신서》를 중심으로》, 이화여대
　　　석사학위논문, 2008

小林英夫, 〈총력전체제와 식민지〉, 최원규 편, 《일제말기 파시즘과 한국사회》, 청아출판
　　　사, 1988

소영현, 〈불량청년 대망론〉, 《내일을 여는 역사》 40, 2010

소현숙, 〈식민지시기 '불량소년' 담론의 형성: 민족/국민만들기와 '협력'의 역학〉, 《사회와
　　　역사》 107, 2015

손존중, 〈'내신제' 도입의 사회적 성격에 관한 연구: 1930년대를 중심으로〉, 《교육사회학연
　　　구》 16-3, 2006

_____, 〈일제 식민지 시기 학력 담론의 출현과 분화〉, 《한국교육학연구》 9-1, 2003

손종현, 〈일제 초등학교 수신교육 연구〉, 《한국교육》 22, 1995

_____, 〈일제시대 식민지 지배층화의 경로〉, 《교육철학》 35, 2008

_____, 〈일제시대 학교시험제도의 정치학〉, 《교육철학》 31, 2007

_____, 《일제 제3차 조선교육령기하 학교교육의 식민지배 관행》, 경북대 박사학위논문,
　　　1993

손준종, 〈'내신제' 도입의 사회적 성격에 관한 연구: 1930년대를 중심으로〉, 《교육사회학연
　　　구》 16-3, 2006

_____, 〈근대교육에서 국가의 몸 관리와 통제 양식 연구〉, 《한국교육학연구》 16-1, 2010

손현진, 《한국 근대 소설에 나타난 교사와 시대의 관계 양상 연구》, 국민대 석사학위논문,
　　　2005

신명직, 〈식민지 근대도시의 일상과 만문만화〉, 연세대학교 국학연구원 편, 《일제의 식민지
　　　배와 일상생활》, 혜안, 2004

신영갑 증언·오미일 대담, 〈적색교원노조사건과 부산지역 조공·사회당에서의 활동〉, 《역
　　　사비평》 16, 1992

신영숙, 〈몸의 가치와 모성의 저항〉, 국사편찬위원회, 《'몸'으로 본 한국여성사》, 경인문화

사, 2011

신주백, 〈일본의 '동화'정책과 지배전략: 통치기구 및 학교교육과의 관계를 중심으로〉, 강
　　만길 외, 《일본과 서구의 식민통치 비교》, 선인 2004

＿＿＿, 〈일제말기 조선인 군사교육〉, 《한일민족문제연구》 9, 2005

＿＿＿, 〈일제의 교육정책과 학생의 근로동원(1943~1945)〉, 《역사교육》 78, 2001

신지연, 〈1920~30년대 '동성(연)애' 관련 기사의 수사적 맥락〉, 《민족문화연구》 45, 2006

심정보, 〈태평양전쟁기의 일본 지정학 사상과 국민학교 지리교육〉, 《한국지리환경교육학
　　학회지》 23-3, 2015

안미영, 〈여학생과 문명에의 의지: 이상李箱 소설을 중심으로〉, 《한국현대문학연구》 8,
　　2000

안태윤, 〈일제말 전시체제기 여성에 대한 복장통제: 몸뻬 강제와 여성성 유지의 전략〉, 《사
　　회와 역사》 74, 2007

＿＿＿, 〈일제말기 전시체제와 모성의 식민화〉, 《한국여성학》 19-3, 2003

＿＿＿, 《일제하 모성에 관한 연구》, 성신여대 박사학위논문, 2001.

안홍선, 〈식민지시기 중등학교의 '국민성' 양성 교육 연구: 일본어, 수신과, 공민과 교과서
　　분석을 중심으로〉, 《한국교육사학》 37-3, 2015

＿＿＿, 《식민지시기 중등 실업교육 연구》, 서울대 박사학위논문, 2015

엄미옥, 〈근대소설에 나타난 여학생 연구: 1920~30년대 중반 교육을 통한 여성주체 형성
　　과정을 중심으로〉, 《어문연구》 131, 2006

엄성원, 《일제 강점기 수학여행의 양상과 성격》, 중앙대 석사학위논문, 2009

오미일, 〈전시체제기 지역사회의 기념(일)의례와 동원의 일상: 인천지역을 중심으로〉, 《사
　　림》 40, 2011

오성철, 〈식민지 학교 규율의 역사적 기원: 조회를 중심으로〉, 《교육사학연구》 16, 2006

＿＿＿, 〈식민지기 교육의 식민성과 탈식민성-초등학교 규율의 내용과 형식〉, 《한국교육사
　　학》 22-2, 2000

＿＿＿, 〈식민지기의 교육적 유산〉, 《교육사학연구》 8-1, 1998

＿＿＿, 〈운동회의 기억. 해방 이후 초등학교 운동회를 중심으로〉, 《아시아교육연구》 12-1,

2011

_____, 〈중등 직업교육에 대한 사회적 선호·기피 현상의 역사적 변천〉, 《초등교육연구》 14, 2004

오세원, 〈일제강점기 식민지 교육정책 변화연구: 조선총독부 발행 《수신서》를 중심으로〉, 《일본어문학》 27, 2005

오타 오사무 저, 이규태·김진숙 역, 〈중일전쟁 시기 대구 조선인 여학생의 학교생활: K양의 1937년 일기에서〉, 《식민지 조선의 일상을 묻다》, 동국대학교출판부, 2013,

오혜진, 《1920~1930년대 자기계발의 문화정치학과 스노비즘적 글쓰기》, 성균관대 석사학위논문, 2009

우미영, 〈전시되는 제국과 피식민 주체의 여행: 1930년대 만주 수학 여행기를 중심으로〉, 《동아시아 문화연구》 48, 2010

원두희, 《일제강점기 관광지와 관광행위 연구: 금강산을 사례로》, 한국교원대 석사학위논문, 2011

유근직, 〈학교운동장의 성립과정에 관한 역사적 고찰〉, 《한국체육학회지》 39-3, 2000

유선영, 〈식민지의 스티그마 정치: 식민화 초기 부랑자표상의 현실효과〉, 《사회와 역사》 89, 2011

_____, 〈육체의 근대화: 할리우드 모더니티의 각인〉, 《문화과학》 24, 2000

유수경, 《한국여성양장의 변천에 관한 연구》, 이화여대 박사학위논문, 1989

유수정, 《1930년대 식민지 초등학교 교육에 관한 구술사적 연구》, 서울교대 석사학위논문, 2009

유철, 《일제강점기 황국신민 교화를 위한 '신체'론》, 전남대 박사학위논문, 2015

유철·김순전, 〈일제강점기 《국어독본》에 투영된 군사교육〉, 《일어일문학》 56, 2012.

윤금선, 〈일제 강점기 여성지에 나타난 여성 독서: 《신여성》과 《여성》을 중심으로〉, 《국어교육》 139, 2012

_____, 〈일제 강점기 학생 독서활동 연구: 신문 독서 관계 기사를 중심으로〉, 《어문연구》 35-1, 2006

윤대석, 〈조선어의 마지막 수업〉, 《한국학연구》 18, 2008

윤선자, 〈1920~1930년대 여성잡지를 통해 본 여성들의 여가문화〉, 《역사민속학》 18, 2004

윤소영, 〈관광명소의 탄생과 숙박시설〉, 《여행과 관광으로 본 근대》, 두산동아, 2008

윤영옥, 〈1920~30년대 여성잡지에 나타난 신여성 개념의 의미 변화와 사회문화적 의의: 《신여성을 중심으로》〉, 《국어문학》 40, 2005

윤종혁, 〈일제하 마르크스주의 교육사상과 민족해방운동〉, 《교육문제연구》 10, 1998

윤택림, 〈구술 생애사를 통한 1930년대생들의 청소년기에 대한 심성사적 접근〉, 《구술사연구》 1, 2010

이경규·이행화, 〈근대 일본의 도시문화 수용을 통해 본 여성복식의 변천〉, 《일본근대학연구》 44, 2014

이경민, 〈욕망과 금기의 이중주, 에로사진과 식민지적 검열〉, 《황해문화》 58, 2008

이경숙, 〈모범인간의 탄생과 유통: 일제시대 학적부 분석〉, 《한국교육》 34-2, 2007

_____, 〈학적부 분석: 일제말기 학교가 기록한 '국민학생'의 삶, 희망, 현실〉, 《교육철학》 31, 2007

_____, 《일제시대 시험의 사회사》, 경북대 박사학위논문, 2006

이기훈, 〈근대적 독서의 탄생〉, 《역사비평》 62, 2003

_____, 〈독서의 근대, 근대의 독서: 1920년대의 책읽기〉, 《역사문제연구》 7, 2001

_____, 〈식민지 학교 공간의 형성과 변화: 보통학교를 중심으로〉, 《역사문제연구》 17, 2007

_____, 〈일제하 농촌보통학교의 '졸업생 지도'〉, 《역사문제연구》 4, 2000

_____, 〈일제하 보통학교 교원의 사회적 위상과 자기인식〉, 《역사와현실》 63, 2007

_____, 〈젊은이들의 초상: 식민지의 학생, 오늘날의 학생〉, 《역사비평》 90, 2010

이길상, 〈근대 교육주체의 특성과 한국 교육의 식민성〉, 《한국교육사학》 22-2, 2000

이노우에 마리코, 〈근대 일본 카페 여자종업원의 시선과 '모던'걸의 自我성립〉, 《미술사연구》 14, 2000

이명선, 〈식민지 근대의 '성과학' 담론과 여성의 성sexuality〉, 《여성건강》 2-2, 2001

이명실, 〈《학생》지를 통해 본 '교육받은 사람'의 표상〉, 《한국교육사학》 39-2, 2017

_____, 〈개화기·일제강점기 비제도교육 연구의 현황과 과제〉, 《한국교육사학》 28-1, 2006

이병담, 〈조선총독부 초등학교 《국사》에 나타난 식민사관과 신민 만들기〉, 《일본어문학》 30, 2005

_____, 〈조선총독부 초등학교 《국사》에 나타난 이데올로기와 아동의 역사인식〉, 《일어일 문학연구》 55-2, 2005

_____, 〈조선총독부 초등학교 《국사》에 나타난 침략사관과 식민지 아동의 탄생〉, 《일어일 문학》 27, 2005

이병담·구희성, 〈일제강점기 아동의 체육활동과 식민성: 조선총독부 《소학교보통학교체 조교수서》와 국정교과서를 중심으로〉, 《일본어문학》 45, 2010

이병담·문철수, 〈일제강점기의 《보통수신서연구》: 조선총독부의 식민지 교육과 지배이데 올로기〉, 《일어일문학》 24, 2004

이병례, 〈일제말기 노동력동원의 일상화와 민중의 대응방식: 제주도 주민동원을 중심으 로〉, 《역사연구》 17, 2007

_____, 〈일제하 전시체제기 경성부의 노동력 동원구조〉, 《사림》 24, 2005

이상경, 〈일제말기의 여성 동원과 '군국軍國의 어머니'〉, 《페미니즘 연구》 2, 2002

이상길, 〈"인텔리 위안소", 혹은 식민지 공론장의 초상〉, 《문화과학》 36, 2003

이선애, 《1930년대 중반 이후 식민지 초등학교 교육에 관한 구술사적 연구: 충북 괴산 지 역을 중심으로》, 청주교대 석사학위논문, 2007

이송순, 〈일제말 전시체제하 '국민생활'의 강제와 그 실태: 일상적 소비생활을 중심으로〉 《한국사학보》 44, 2011

이수라, 〈근대적 공간과 여성 인물의 운명〉, 《국어문학》 37, 2002

이승연, 《일제시대 대중음악과 한국인의 생활문화》, 연세대 석사학위논문, 2000

이원동, 〈파시즘의 육체담론과 일제말기 이기영의 소설〉, 《어문학》 94, 2006

이윤갑, 〈일제하의 근대교육론과 식민지 교육문화〉, 《계명사학》 10, 1999

이윤미, 〈근대적인 교육공간과 신여성: 여성의 공적 교육 공간으로의 편입과 사회적 규범 화〉, 《여/성이론》 6, 2002

_____, 〈근대적인 교육공간과 신여성: 여성의 공적 교육 공간으로의 편입과 사회적 규범

화〉,《여/성이론》 6, 2002

_____, 〈되살아나는 여성:《학생》에 나타난 식민지 근대의 '여학생'〉,《여/성이론》 10, 2004

_____, 〈식민지 교육의 연속성에 대한 관점과 식민주의의 '근대성'에 대한 논의〉,《한국교육사학》 26-2, 2004

이윤미·이정아, 〈식민지시기《학생》지에 나타난 여학생교육〉,《교육사상연구》 31-3, 2017

이정우, 〈일제 강점기 관립 중등학교 기숙사 건축에 관한 연구〉,《한국산학기술학회논문지》 15-8, 2014

이준식, 〈재조在朝 일본인 교사 죠코上甲米太郎의 반제국주의 교육노동운동〉,《한국민족운동사연구》 49, 2006

이학래, 〈일제 말기의 한국체육사 연구: 군국주의적 성격을 중심으로〉,《동아시아문화연구》 15, 1989

이해영,《일제 식민지 시기 조선인 중등학교 학생사회화 연구》, 한국교원대 석사학위논문, 2012

이혜령, 〈식민지 섹슈얼리티와 검열〉,《동방학지》 164, 2013

이희경, 〈1920~30년대 식민지 조선 여성교육의 성격: 2차 교육령과 여자고등보통학교 규정을 중심으로〉,《한국교육사학》 28-1, 2006

_____, 〈1920년대 '여학생'의 사회적 표상: 잡지《신여성》을 중심으로〉,《한국교육연구》 10-1, 2004

임성모, 〈1930년대 일본인의 만주 수학여행: 네트워크와 제국의식〉,《동북아역사논총》 31, 동북아역사재단, 2011

임태훈,《'음경音景'의 발견과 소설적 대응: 이효석과 박태원을 중심으로》, 성균관대 석사학위논문, 2008

장미경, 〈《수신서》로 본 조선총독부의 '식민지 여성' 교육〉,《일본어문학》 41, 2009

_____, 〈일본어교과서로 본 식민지 교육: 조선《보통학교국어독본》과 대만《공립교용국민독본》을 중심으로〉,《일본어문학》 48, 2011

장신, 〈일제하 초등학교 교사의 조선사 인식〉,《정신문화연구》 31-2, 2008

____, 〈조선총독부 학무국 편집과와 교과서 편찬〉, 한국학의 세계화 사업단·연세대학교 국
　　　학연구원 편, 《일제 식민지 시기 새로 읽기》, 혜안, 2007

____, 〈한말·일제강점기의 교과서 발행제도와 역사교과서〉, 《역사교육》 91, 2004

장정하, 《식민지 시기 광주사범연구》, 광주교대 석사학위논문, 2008

전봉관, 〈일제강점기 지식인 실업 문제의 문학적 형상화 양상 연구〉, 《현대소설연구》 58,
　　　2015

전성현, 〈일제말기 부산·경남지역 근로보국대와 국내노무동원: 학교와 학생을 중심으로〉,
　　　《역사와 경계》 95, 2015

_____, 〈전시체제기 학교 隊조직의 변화와 집단 노동력 동원: 조선총독부의 학생동원정
　　　책을 중심으로〉, 《석당논총》 62, 2015

전언후, 《일제시기 여학생 의식의 변화》, 이화여대 석사학위논문, 2001

전우용, 〈한국인의 국기관과 '국기에 대한 경례'〉, 《동아시아문화연구》 56, 2014

전현곤, 〈학교교육의 근대적 주체형성 문제와 교육적 대안〉, 《열린교육연구》 17-2, 2009

전희진, 〈식민지 초기 신여성의 공적영역으로의 초대와 그 실재: 문학의 장에서의 일세대
　　　여성작가의 배제를 중심으로〉, 《사회와 역사》 88, 2010

정경운, 〈근대 지식인 룸펜의 문화사적 고찰(1)〉, 《용봉인문논총》 38, 2011

정경은, 〈근대 학생들의 문명인식 고찰〉, 《한국학연구》 35, 2010

정규영, 〈전시동원체제와 식민지 교육의 변용〉, 《교육학연구》 40, 2002

정근식, 〈식민지지배, 신체규율, '건강'〉, 《생활 속의 식민지(주의)》, 산처럼, 2002

정명규, 〈일제의 조선어 교육 변천과정에 대한 연구〉, 《배달말교육》 2, 1984

정미경, 《일제시기 '배운여성'의 근대교육 경험과 정체성에 관한 연구》, 이화여대 석사학위
　　　논문, 2000

정병욱, 〈경성 유학생 강상규, 독립을 열망하다(상)〉, 《역사비평》 83, 2008

정선아, 《한국 교표 디자인의 역사와 문화적 변용 연구: 일제감점기 개교한 중등학교를 중
　　　심으로》, 서울대 석사학위논문, 2012

정선이, 〈개화기·일제강점기 제도교육 연구의 현황과 과제〉, 《한국교육사학》 28-1, 2006

정선태, 〈일제 말기 초등학교, '황국신민'의 제작 공간: 이이다 아키라의 《반도의 아이들》

을 중심으로〉,《한국학논총》 37, 2012

정수남, 〈거리 위의 모더니티: 서울의 '러시아워' 현상에 관한 시·공간의 사회학적 연구〉,
    《사회연구》 8, 2004

정재정, 〈식민도시와 제국일본의 시선〉,《일본연구》 45, 2010

_____, 〈일제하 조선에서의 국가총력전체제와 조선인의 생활: '황국신민의 연성'을 중심
    으로〉,《한일역사 공동연구보고서》 5, 2005

정준영, 〈동화의 이면裏面: 1910년대 식민지교육체제의 형성과 헤게모니경쟁〉, 서정완·임
    성모·송석원 편,《제국일본의 문화권력》, 소화, 2011

정혜정, 〈일제하 간이학교와 근대 '노작교육'〉,《한국교육사학》 30-2, 2008

정호기, 〈일제하 조선에서의 전쟁사자 추모 공간과 추모 의례〉,《사회와 역사》 67, 2005.

조성운, 〈1920년대 수학여행의 실태와 사회적 인식〉,《한국독립운동사연구》 42, 2012

_____, 〈1930년대 식민지 조선의 수학여행〉,《한일민족문제연구》 23, 2012

_____, 〈대한제국기 근대 학교의 소풍·수학여행의 도입과 확산〉,《한국민족운동사연구》
    70, 2012

_____, 〈일제하 문화통치기 보통교육의 확대와 '보통학교국사'의 한근근대사 서술 검토〉,
    《일본학》 39, 2014

조윤정, 〈근대 조선의 수학여행과 기행문 쓰기의 방법〉,《동방학지》 168, 2014

_____, 〈이태준 소설에 재현된 식민지 조선의 학교〉,《상허학보》 28, 2010

_____,《한국 근대소설에 나타난 교육장場과 계몽의 논리》, 서울대 박사학위논문, 2010

조은정, 〈한국 근대미술의 일하는 여성 이미지에 대한 연구〉,《여성학논집》 23-2, 2006

조희진, 〈1920~30년대 언론 매체에 나타난 여성 복식 유행과 유행 행동〉,《민속학연구》
    26, 2010

_____,《근대적 복식 유행의 출현과 사회적 수용: 식민지시기 언론 매체 기사를 중심으
    로》, 고려대 박사학위논문, 2008

주창윤, 〈1920~1930년대 '모던 세대'의 형성과정〉,《한국언론학보》 52-5, 2008

지수걸, 〈일제시기 브나로드운동, 재평가해야〉,《역사비평》 11, 1990

지호원,《일제하 수신과 교육 연구》, 부산대 박사학위논문, 1997

진영복, 〈일제말기 만주 여행서사와 주체 구성 방식〉, 《대중서사연구》 23, 2010

쭈주키 쭈고오, 〈일제 시대 도서관 열람자 상황: 1922~1941년 경성과 인천의 도서관을 중심으로〉, 《한국교육사학》 33-1, 2011

차민정, 〈1920~30년대 '성과학' 담론과 '이성애 규범성'의 탄생〉, 《역사와문화》 22, 2011

_____, 《1920~30년대 '변태'적 섹슈얼리티에 대한 담론연구》, 이화여대 석사학위논문, 2009

채석진, 〈제국의 감각: '에로 그로 넌센스'〉, 《페미니즘 연구》 5, 2005

채성주, 《근대교육 형성기의 모성 담론 연구》, 고려대 박사학위논문, 2006

천정환, 〈관음증과 재현의 윤리: 식민지 조선에서의 '근대적 시각'의 성립에 관한 일 고찰〉, 《사회와 역사》 81, 2009

_____, 〈근대 초기의 대중문화와 청소년의 책읽기〉, 《독서연구》 9, 2003

_____, 〈식민지 시기의 청년과 문학·대중문화〉, 《오늘의 문예비평》 55, 2004

최규진, 〈'경성의 명물' 선술집과 음주의 위계〉, 《일제강점기 경성부민의 여가생활》, 경인 문화사, 2018

_____, 〈근대의 덫, 일상의 함정〉, 《역사연구》 25, 2013

_____, 〈'불량학생 숙청'과 보도연맹〉, 《내일을 여는 역사》 46, 2012

_____, 〈불량학생, 시대를 들추다〉, 《내일을 여는 역사》 47, 2012

_____, 〈학교를 덮친 '전시체제', 동원되는 학생〉, 《내일을 여는 역사》 50, 2013

최배은, 《한국 근대 청소년소설의 형성과 이념 연구》, 숙명여대 박사학위논문, 2012

최숙영·김동환, 〈일제시대 여성교육에 대한 고찰: 제천공립실과여학교를 중심으로〉, 《지 역문화연구》 3, 2004

최지현, 《근대소설에 나타난 학교: 이태준, 김남천, 심훈의 장편소설을 중심으로》, 동국대 석사학위논문, 2003.

최현주, 〈탈식민주의 문학교육과 이병주의 《관부연락선》〉, 《한국문학이론과 비평》 53, 2011

태혜숙, 〈한국의 식민지 근대체험과 여성공간: 여성주의 문화론적 접근을 위하여〉, 《한국 여성학》 20-1, 2004

표영수, 〈일제강점기 조선인 군사훈련 현황〉, 《숭실사학》 30, 2013

하신애, 〈전시체제 하의 여성성과 징후로서의 동성애〉, 《반교어문연구》 32, 2012

한규무, 〈1920~1930년대 고학생갈돕회의 설립과 활동〉, 《한국민족운동사연구》 73, 2012

한우희, 〈식민지 전기의 보통학교〉, 《근대한국 초등교육연구》, 교육과학사, 1998

한우희, 〈일제식민통치하 조선인의 교육열에 관한 연구: 1920년대 공립보통학교를 중심으로〉, 우용제 외, 《근대한국초등교육연구》, 교육과학사 1998

허수열, 〈조선인 노동력의 강제동원의 실태〉, 《일제의 한국 식민통치》, 정음사, 1985

허우긍, 〈지도와 사회〉, 《한국고지도연구》 3-2, 2011

헬렌 리, 〈제국의 딸로서 죽는다는 것〉, 헨리 임, 곽준혁 편, 《근대성의 역설》, 후마니타스, 2009

현경미, 《식민지 여성교육 사례연구: 경성여자고등보통학교를 중심으로》, 서울대 석사학위논문, 1998

홍석률, 〈일제하 청년학생운동〉, 《한국사》 15, 한길사, 1994

홍양희, 〈식민지시기 남성교육과 젠더gender: 양반 남성의 생활상과의 비교를 중심으로〉, 《아시아여성연구》 44-1, 2005

_____, 《일제시기 조선의 '현모양처' 여성관의 연구》, 한양대 석사학위논문, 1997

황혜영, 《일제강점 후반기(1930~1940년대) '경성보도연맹'과 학생교외생활 지도사업》, 서울대 석사학위논문, 2010

히우라 사토코, 〈식민지 신사와 학교의 관계〉, 한국학의 세계화 사업단·연세대학교 국학연구원 편, 《일제 식민지 시기 새로 읽기》, 혜안, 2007

찾아보기